ADI DENİZ

"Delikanlım İyi Bak Yıldızlara ..."

Esen Rüzgâr

HERDEM
KİTAP

HERDEM KİTAP
Bülbülderesi Cd. No: 38/A - Küçükesat - ANKARA
Telefon: 0312 433 08 93 Faks: 0312 433 07 92 GSM: 0533 402 86 37
E-posta: info@herdemkitap.com / herdemkitapyayin@gmail.com
https://www.facebook.com/herdemkitap
https://www.twitter.com/herdemkitap
www.herdemkitap.com

Yayın No: 15

Belgesel - Anlatı: 1

ISBN: 978-605-4757-90-9

Yayıncı Sertifika No: 29377

5. Baskı: Ankara 2015

Genel Yayın Yönetmeni: Esen Rüzgar

Redaksiyon: Herdem

Kapak Tasarım: Cemil Baikoğlu

Mizanpaj: Herdem

Baskı: Bizim Büro Ofset / 26649 – Ankara

Dostluk ve Dayanışmayla…

ADI DENİZ

"Delikanlım İyi Bak Yıldızlara..."

Esen Rüzgâr

HERDEM
KİTAP

Güneşli gözleriyle gülümseyerek,
korkunun karanlığını yıkanlara...

Vatan, onu parsel parsel satanların değil; uğrunda dara-ğacına gidenlerindir...

Deniz GEZMİŞ

Birinci Baskı Önsöz

Bugün Deniz Gezmiş ile konuşuyor ya da röportaj yapıyor olsaydım kendisine nasıl hitap edeceğimi çok iyi bilemezdim sanırım, şu an yaşıyor olsaydı 65 yaşında koca bir çınar olacaktı. Yıllara meydan okumuş, haksızlıklara göğüs germiş ve hep ezilen halkın yanında yer almış koca bir çınar...

Kısacık hayatı, yoldaşları ile birlikte Türkiye halklarının haklı talepleri için sürekli kavga içinde geçen ve bu uğurda gözünü kırpmadan ölüme yürüyen bir genci, "Deniz'i" anlatmak, kaleme almak hiç de kolay değil. Üzerine yazılan onlarca kitap, şiir ya da biyografi hiçbir zaman yeterli kalmayacak ve hep bir adım daha ilerisi için yenisine ihtiyaç duyacağız.

Bu kitap hem kısa bir biyografi hem de Deniz ve yoldaşlarının yürüdüğü yolun belgeseli niteliğindedir. Kitabı hazırlarken kullandığım resimler ve diğer alıntılarla ilgili referansları kaynakça bölümünde görebileceğiniz gibi, birçoğunu dipnot olarak da gösterdik.

Her geçen gün özgürlüğün kavramını tam olarak idrak etmemiz gereken bu zor zamanlarda, muhalif olmanın ve bir vatanı karşılıksız sevmenin ne demek olduğunu Deniz'ler sayesinde bir kez daha fark etmemiz için...

"Biz hiçbir zaman bütün çabamıza rağmen Türkiye'nin bağımsızlığını temin edemedik. Bugüne kadarda bu özlem içinde kaldık." Deniz idam edilmeden birkaç gün ya da birkaç hafta önce, yani henüz 24 yaşındayken bunları söylüyordu iddianameyi hazırlayan savcıya. Peki, ya şimdi yaşıyor olsaydı 65 yaşındaki Deniz?..

Esen Rüzgâr
Ankara - 2012

Önsöz

Adı Deniz (Deniz Olunmalı)'in yaklaşık üç sene önce ilk baskısını yaptığımızda içimizde hep bir umut vardı yarına dair, her ne kadar sönmese de içimizdeki umudun alevi, bu süreçte yaşadıklarımız epey engel koydu aydınlık günlere kavuşacağımız güzel günlerin olduğu yola.

O kadar çok öldük ki, sırf adalet, temel hak ve özgürlüklerimizi talep ettiğimiz için... O kadar çok öldük ki, insan gibi yaşam, adil bir düzen için... O kadar çok öldürdüklerini sandılar ki, her hücremizde sonsuza kadar yaşayacak olan *Berkin, Ethem, Abdocan, Mehmet, Ali İsmail, Ahmet, Medeni, Hasan Ferit gibi...*

Şimdi daha umutlu, daha dirençli geliyoruz karanlığı aydınlatmaya, onlar öldürdükçe biz çoğalıyoruz, çocuklarımızın isimleri cellatların değil, umudun çocuklarının isimlerini alarak çoğalıyor, büyüyor...

Esen Rüzgâr
Ankara – 2015

Başlarken...

Tarihi anlatmak, yazmaktan daha kolaydır aslında. Hele ki bu tarih darağaçlarında, işkencehanelerde bedel ödenerek hafızalara kazınan bir tarihse...

Burada anlatılan, Deniz'in, Yusuf'un, Hüseyin'in hikâyesi, burada anlatılan senin de hikâyen. Sadece onların değil, Sinanların, Mahirlerin, Cihanların, İbolaların, Ulaşların da hikâyesi.

Dünya'da birçok ülkedekiyle eşzamanlı olarak meydana gelen Türkiye'deki 68 gençlik hareketine damgasını vuran, canlarını darağacında kaybeden, ama isimlerini daha sonra doğacak olan binlerce çocukta yaşatan ve Türkiye Sol Hareketi içerisinde simgeleşen *onların*; Deniz'in, Hüseyin'in ve Yusuf'un kısa ama onurlu bir mücadele içinde geçen hayatlarını anlatacağız.

Örgüt ve dernekler adına yayınlanan bildirileri, mahkeme tutanaklarını, savunmalarını aktaracağız. Bu dava tutanakları ve bildirilerin okunması dönem içinde yaşananları daha iyi anlamamızı sağlayacaktır.

CHP'nin idam kararına karşı vermiş olduğu itirazı ve yine aynı parti mensuplarından kimlerin evet oyu kullandığını da kitabın son bölümlerinde bulabileceksiniz.

Mare Nostrum

En uzun koşuysa elbet Türkiye'de de Devrim,
O, onun en güzel yüz metresini koştu
En sekmez lüverin namlusundan fırlayarak...
En hızlısıydı hepimizin,
En önce göğüsledi ipi...
Acıyorsam sana anam avradım olsun,
Ama aşk olsun sana çocuk, aşk olsun!

Can Yücel

Onlar ki dağların doruklarında
Kızıl güller sofrasında...
Onlar ki darağaçlarında hiç solmayacak üç fidan...
Onlar ki asırlarca yaşayacak
Deniz'ler, Mahir'ler, Sinan'lar...

Yok, Onlar Ölmedi...
Kavga Devam Ediyor...

Dağların doruklarında, fabrikalarda, dersliklerde, köylerde, şehirlerde tüketilen nefes, asırlardır süren zulme boyun eğmemenin mirasıdır bizlere. Pir Sultan Abdal'dan, Şeyh Bedrettin'den, Deniz'lere kadar uzanan bir mirastır bize kalan.

Sömürü, baskı ve zulüm sürdüğü sürece bu onurlu direniş gelecek nesillere miras olarak devredilmeye devam edecektir.

Mahir ve yoldaşları Kızıldere'de katledilirken son sözleri de, özlemleri de, tam bağımsız özgür Türkiye'ydi. Sinan'lar Nurhak'ta aynı sevda uğruna, İbrahim Kaypakkaya Diyarbakır zindanlarında aynı özlemi duyarken katledildi.

Onlar ölmek var dönmek yok dediler...

Deniz, Yusuf ve Hüseyin, üç yiğit yürek, üç can da aynı sevdayı düşleyerek vurdular boyunlarına ilmiği...

Yüzlerinde aşkın rengi, gözlerinde onurun ışıltısı, vurdular tabureye...

***

68, Küresel İsyanın adıydı. ABD'de, Fransa'da, Arjantin'de, Küba'da, Prag'da 68 baharı yaşanıyordu. Ayaklanmalar, eylemler, isyanlar iktidarların keyfi yönetimlerine, baskılarına korku salmaya başlamıştı. Avrupa'yı kasıp kavuran isyan dalgası, Ernesto Che Guevera'nın bir efsane gibi kulaktan kulağa yayılan mücadelesi, Filistin...

Ve Türkiyeli gençler tüm bu yaşananlardan etkilenir, zaten ülkenin içinde bulunduğu durum ve Amerikancı yönetim, oligarşik dikta da buna yeterli zemini bilmeden hazırlamıştır.

68 Kuşağının Türkiyeli devrimcileri henüz yeni üniversiteli olmuş, okumayı, araştırmayı, sorgulamayı seven bir gençlikti. Şimdiki gençliğin hayal bile edemeyeceği kadar entelektüel, insancıl ve gerçek vatanseverdi. Birçoğu iyi eğitimli ve varlıklı ailelerin çocuklarıydı. İsteseler hiçbir haksızlığı, zulmü sorgulamadan refah içerisinde bir hayat sürebilecek donanımlara sahiptiler. Ancak onlar sefalet içinde acı çeken halklarının yanında olmayı tercih ettiler, sırça köşklerinden ülkeyi peşkeş çeken ve halkına zulüm eden iktidarların yanında değil...

Deniz'lerin idamını engellemek için yola çıkan Mahir 10 yoldaşı ile Kızıldere'de katledildiğinde 27 yaşındaydı. Amerikan emperyalizmine ve sömürüye başkaldıran Sinan, Nurhak Dağları'nda bedenini kurşunlara siper ettiğinde henüz 27'sindeydi. İbrahim, Diyarbakır zindanında özgür Türkiye hayaline veda ederken daha 24'ünde bile değildi.

Evet, onlar koca bir dünya istemişlerdi. Onlar eşitlik, özgürlük istemişlerdi ve bu birilerini gerçekten çok rahatsız, huzursuz etmişti. Yüzyıllar boyunca her iktidar kendisini huzursuz eden, rantını engelleyen yiğit yürekli kadınları, adamları hep katletti. Kimisi darağaçlarında, kimisi kör kurşunlarla yok edildi, susturuldu. Ancak insanlık tarihi hiçbir zaman bu tiranları affetmedi, affetmeyecek...

Deniz, dönemin İçişleri Bakanına, "Ben, Türkiye Halk Kurtuluş Ordusu'nun kumandanı değil, neferiyim," diye çıkışıyordu. Bakanı susturuyordu. Arkasında işçiler, köylüler, öğrenciler, yani halkı olan Deniz.

Şimdiki iktidarın İçişleri Bakanı köylüsüne takla attırmaya, öğrencisini zindanlara atmaya, işçisini coplatmaya çalışıyor. Deniz öldü sanıyor, yanılıyor...

Bir ülkeyi karşılıksız sevmenin huzurunu yaşıyor, her adımını güvenle ve geleceğe dair binbir güzel umutla atıyorlardı. Onların özlemi eşit ve tam bağımsız bir Türkiye idi...

Dışa bağımlı özellikle ABD emperyalizmi ve sözcülüğü altında ülkeyi yönetmeye çalışan iktidar erklerinin yüzlerine yansıyan, her an sıkıntılı ruh hallerinden eser yoktu onlarda, onlar dürüst ve halkın gerçek refahı için yaşıyor, ölüyorlardı...

Gün geliyor direnişin adı ODTÜ oluyordu, gün geliyor Dolmabahçe. Bazen bir slogan her şeyi anlatmaya yetiyordu; "6. Filo Defol!"

Onların hiçbir zaman dillere destan, anlatılacak aşkları olmadı, olduysa da kimse bilmedi. Onların tek sevdası vatanları, halkları oldu.

Türküler, marşlar onları anlattı, bize taşıdı hep o umut için çırpınan yürekleri. "Beraber yürüdük biz bu yollarda" şarkısını en çok biz hak ettik, ... Ama bezirgânlar onu da satın aldı. Bize "Gündoğdu" marşı yetti...

Deniz, "Yaşasın Türk ve Kürt Halklarının Devrimci Bağımsızlık Mücadelesi!" diye haykırıyordu, son nefesinde; Yusuf, "Biz Halkımızın Hizmetindeyiz, Sizler Amerika'nın Hizmetinde!"; Hüseyin, "Yaşasın İşçiler, Köylüler ve Yaşasın Devrimciler! Kahrolsun Faşizm!" diyordu onuruyla ölümsüzlüğe doğru giderken.

Deniz'in özlemi devam ediyor, Kürt ve Türk halklarının devrimci bağımsızlık mücadelesi sürüyor. Yusuf'un söz ettiği iktidarlar on yıllardır halkı sömürüyor, zulüm ediyor. Hüseyin'in sloganlarında kavga büyüyor.

Ve bir sabah gazetelerde önemsiz bir haber; Ali Elverdi evinde boğularak öldü! Deniz'lerin darağacında sallanan bedenlerini sigara içerek ve gülümseyerek izleyen, üç yüreğin, üç fidanın katili, boğularak öldü!

Tarih, hiçbir zaman zulmedene kayıtsız kalmadı, kalmayacak. Er ya da geç halkın aşına, suyuna göz diken, kanı ile beslenen zorbalar eceliyle bile ölürken böyle can çekişecekti, çekişecekler...

Sadece 68 gençliği değildi bedel ödeyen, ancak onlar Türkiye halklarının simgesi olmayı da hak etmişler, öncü olmuşlardı bağımsızlık mücadelesinde. 78 gençliği de bedel ödedi, sokak ortalarında katledildi, darağaçlarında söylediler son sözlerini. Ama tarih ne Erdal'ları unuttu, ne de cuntacı, Amerika sevdalısı ressamları...

Deniz...

Yusuf...

Hüseyin...

DENİZ GEZMİŞ

Deniz, 27 Şubat 1947 tarihinde Ankara'nın Ayaş ilçesinde doğdu. Erzurum Ilıca İlçesi nüfusuna kayıtlı ilköğretim müfettişi olan babası Cemil Bey ve Erzurum Tortum İlçesi nüfusuna kayıtlı olan ilkokul öğretmeni Mukaddes Hanım'ın meslekleri gereği İlk ve Orta öğrenimini Sivas'ta tamamladı.

Cemil Bey ve Mukaddes Hanım'ın iki oğlu daha vardır. Büyük oğulları Bora Gezmiş hukuk fakültesini eğitimini yarıda bırakarak bankacılık yapmaya başlamış, küçük çocukları Hamdi Gezmiş ise mali müşavirdir. Deniz küçük kardeşi Hamdi'nin bilim adamı olmasını istemiştir, hatta vasiyetinde bunu belirtecek ve kitaplarını kardeşine bırakacaktır.

Lise öğrenimini İstanbul'da tamamlayan Deniz, bu dönemde Sol hareketle tanıştı ve eylemlere katılmaya başladı. 1965 senesinde Türkiye İşçi Partisi[1] (TİP) Üsküdar İlçe Başkanlığına üye oldu.

1966 tarihinde ilk gözaltıyla tanıştı. Bu gözaltı Ankara'dan İstanbul'a yürüyen ve Taksim Anıtına çelenk koymak isteyen Çorum Belediyesi temizlik işçilerinin Türk-İş yöneticilerinin protestosu esnasında gerçekleşti. 7 Kasım 1966'da İstanbul Hukuk Fakültesine kaydını yaptırdı ve kısa sürede gençlik mücadelesinde ön plana çıktı.

---

[1] Türkiye İşçi Partisi (TİP) 13 Şubat 1961 tarihinde kuruldu. Kurucuları içinde Şaban Yıldız, Kemal Nebioğlu, Rıza Kuas ve Kemal Türker gibi sendikacalar vardı. Avni Erakalın partinin ilk başkanıdır. Kurulduğu ilk yıllarda sosyalist bir çizgiden uzak olan TİP, sosyalist aydınlarla hareket etme kararını daha sonradan aldı ve 9 Şubat 1962 tarihinde Mehmet Ali Aybar Genel Başkanlığa seçildi. 1965 seçimlerinde önemli bir başarı kazandı ve yüzde 2,8 oy ile meclise 15 milletvekili gönderdi.

Parti, aydınların, gençlik önderlerinin Türkiye devriminin sorunlarını tartıştıkları önemli bir çatı halindeydi. Mihri Belli önderliğindeki grup Milli Demokratik Devrimi, Behice Boran ve Sadun Eren'in grubu ise Sosyalist Devrim çizgisini savunuyordu. Bu tartışmalar TİP'i bölünme noktasına kadar taşıdı. 1969 yılında yapılan seçimlerde meclise sadece 2 tane milletvekili gönderebildi. Mehmet Ali Aybar 1970 yılında istifa etti, Behice Boran Genel Başkan oldu. 12 Mart ile birlikte parti kapatıldı ve yöneticileri yargılanarak mahkûm oldular.

1974 affı ile tahliye olan Behice Boran ve arkadaşları 1975 Mayıs'ında partiyi tekrar kurdular ancak hiçbir varlık gösteremeyen TİP 12 Eylül ile birlikte tekrar kapatıldı. Behice Boran 12 Eylül hukuksuzluğunun yaşandı günlerde yurtdışına çıktı. Hayatını kaybettikten sonra partinin başına Nihat Sargın getirildi. Parti 1987 yılında Türkiye Komünist Parti'si (TKP) ile birleşerek Türkiye Birleşik Komünist Partisi (TBKP) adını aldı.

19 Ocak 1967 tarihinde Türkiye Milli Talebe Federasyonu[2] (TMTF) binasının yeddi emine verilmesi esnasında çıkan olaylarda ve 22 Kasım 1967'de öğrenci örgütlerinin tertip ettiği Kıbrıs Mitingi sırasında ABD bayrağını yaktığı gerekçesi ile gözaltına alındı.

30 Ocak 1968'de Hukuk Fakültesindeki arkadaşları ile amaç maddesi: *"Türkiye'nin ulusal tam bağımsızlığı ve Türk halkının her türlü sömürüden uzak olarak en ileri uygarlık düzeyine ulaşması için, Atatürk Devrimi doğrultusunda elinden gelen katkılarda bulunmaktır."* olan Devrimci Hukuklular Örgütünü kurdu.

7 Mart 1968 tarihinde İstanbul Üniversitesi Fen Fakültesi konferans salonunda düzenlenen bir toplantıda konuşma yapan Devlet Bakanı Seyfi Öztürk'ü protesto ettiği için tutuklandı ve 2 Mayıs'a kadar tutuklu kaldı. 6. Filo'ya[3] karşı yapılan eylemlerden kaynaklı 30 Mayıs'ta tekrar yargılandı ve beraat etti.

---

[2] Türkiye Milli Talebe Federasyonu (TMTF) 17 Mayıs 1948'de İstanbul Teknik Üniversite Talebe Birliği ve İstanbul Üniversitesi Talebe Birliği yöneticileri tarafından kuruldu. "Milli" unvanını 20 Eylül 1948 tarihinde Bakanlar Kurulu kararıyla aldı. 36 tane farklı öğrenci örgütünün çalışmaları ile 1951 yılında üye sayısını 19 binin üzerine çıkarttı. Bu yıllarda irtica ve gericilik karşısında ciddi çalışmalar yaptı. Demokrat Parti (DP) örgütü ele geçirmek için çok çaba sarfetti ve bunda da başarılı oldu. 27 Mayıs ile birlikte Federasyon yeniden CHP'li gençlerin eline geçti.

[3] ABD Deniz Kuvvetlerine bağlı olan donanma, Türkiye'ye her geldiğinde sert protestolarla karşılandı. Türkiye'deki antiemperyalist mücadelenin bir simgesi haline geldi. Vedat Demircioğlu'nun katledilmesine neden oldu. Dolmabahçe açıklarında askerleri, devrimci gençler tarafından denize döküldü. Emperyalist mücadelenin simgesi haline gelen *"6. Filo Defol!"* sloganı adeta emperyalizme başkaldırının da dile gelişiydi.

Her geçen gün öğrenci eylemleri içinde daha aktif rol almaya başlayan Deniz, İstanbul Üniversitesinin 12 Haziran 1968'deki işgaline önderlik yaptı. İşgalin ardından İstanbul'a tekrar gelen 6. Filo'yu protesto eylemlerine de katıldı ve 30 Temmuz 1968 tarihinde tutuklandı. 20 Eylül'de serbest bırakıldı.

Türkiye İşçi Partisi (TİP) bünyesinde ayrışmalara ve tartışmalara yol açan Milli Demokratik Devrim (MDD) görüşüne sahip çıktı. Öğrenci hareketleri içinde aktif bir biçimde olması, bu görüşün öğrenciler arasında yaygınlaşmasına ve benimsenmesine yol açtı.

1968 Ekim'inde eylemlerde beraber olduğu yakın arkadaşları; Cihan Alptekin, Cevat Ercişli, Selahattin Okur, Mustafa İlker Gürkan, Mustafa Lütfü Kıyıcı, Devran Seymen, Mehdi Beşpınar, Saim Kurul ve Ömer Erim Süerkan ile birlikte Devrimci Öğrenci Birliği'ni[4] (DÖB) kurdu.

---

[4] Fikir Kulüpleri Federasyonu (FKF) içinde başlayan ve özellikle İstanbul Sekretaryası ile öğrenciler arasında çıkan uyuşmazlıklar Devrimci Öğrenci Birliği'nin (DÖB) kurulmasına yol açtı. Dernek yayınladığı tüzükte amacını, *"Ülkemizde devrimci düşünceyi yaşatmak ve yaymak"* olarak belirliyordu. DÖB militan ve kararlı bir duruş sergileyerek dönem içerisindeki bütün antiemperyalist gösterilerde öne çıktı. FKF'nin düzenlediği 3. Kurultayda MDD çizgisini benimseyenler tekrar yönetime geçti ve DÖB'lü öğrenciler tekrar FKF'ye katılma kararı aldı.

DÖB, Ankara Üniversitesi Talebe Birliği (AÜTB) ve Ortadoğu Teknik Üniversitesi Öğrenci Birliği ile birlikte 1 Kasım 1968'de *"Samsun'dan Ankara'ya Mustafa Kemal Yürüyüşü"*[5]nü düzenledi.

28 Kasım 1968 tarihinde Vietnam kasabı olarak da bilinen ABD Büyükelçisi Kommer'in gelişi sırasında Yeşilköy Havaalanında düzenlenen eylem sırasında gözaltına alınarak tutuklandı ve bir süre sonra serbest bırakıldı.

---

[5] Gençlik mücadelesi içerisinde antiemperyalist bilinci pekiştirmek ve yaymak için gençlik örgütleri Samsundan Ankara'ya yürümek ve 10 Kasım'da Anıtkabiri ziyaret etmek kararı aldılar. Yürüyüş henüz başlar başlamaz Samsun'da polis müdahalesiyle karşılaştı ve bir grup öğrenci gözaltına alındı. Öğrencilerin serbest bırakılmasından sonra yürüyüş devam etti. Ankara'ya gelindiğinde Ankaralıları mitinge çağıran ve Deniz'in okuduğu bildiride şu sözler yer alıyordu: *"Büyük Türk Milleti! Atatürk İçin Toplanalım! Mustafa Kemal'in milli kurtuluş idealini yaşatmak için, Mustafa Kemal devrimlerine saldıran karanlık güçlere dur demek için, Gazi Mustafa Kemal'in milli kurtuluş saflarında toplanalım! Yaşasın Türkiye! Yaşasın yarının bağımsız Türkiye'si için mücadele!"*

Dönemin başbakanı Süleyman Demirel bu yürüyüş ile ilgili kendisine sorulan bir soruda şu cevabı veriyordu: *"Yollar yürümekle aşınmaz."*

16 Mart 1969'da sağ görüşlü öğrencilerin girişimlerine öğrenci kitlesiyle karşılık verdi. Bu gerekçe ile 19 Martta tutuklanarak 3 Nisan tarihine kadar hapishanede kaldı.

İstanbul Hukuk Fakültesi öğrencilerinin, reform tasarısının gerçekleşmemesini protesto ettikleri 31 Mayıs 1969'da ki işgale önderlik yaptı. Üniversitenin kapatılıp polise teslim edilmesi çıkan çatışmada yaralandı. Bu olaydan sonra hakkında tutuklama kararı çıkmasına karşın, hastaneden kaçarak Haziran ayının sonunda Filistin'e gitti.

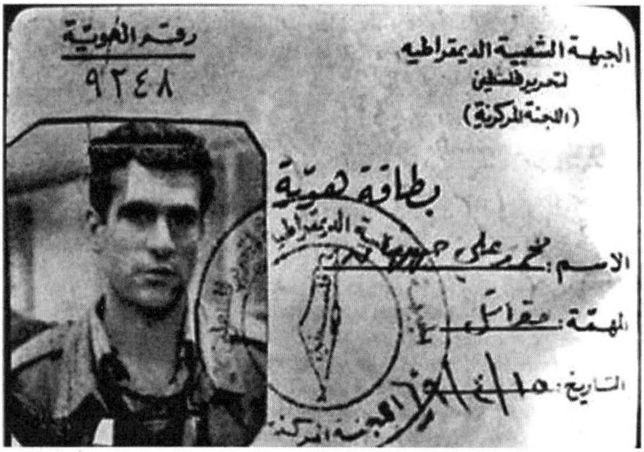

23 Haziran 1969'da henüz Filistin'e gitmeden önce TMGT'nin önderliğinde toplanan 1. Devrimci Milliyetçi Gençlik Kurultayı'na yine hakkında tutuklama kararı bulunan Fikir Kulüpleri Federasyonu (FKF) başkanı Yusuf Küpeli ile birlikte bir mücadele programı hazırlayarak gönderdi.

Eylül ayına kadar Filistin[6] kamplarında gerilla eğitimi gören Deniz, 1 Eylül 1969 tarihinde "10 Haziran tarihinde düzenlenen üniversite işgaline önderlik yaptığı gerekçesi ile" Hukuk Fakültesinden ihraç edildi.

23 Eylül 1969 tarihinde ihbar edilmesi üzerine, Hukuk Fakültesinde polisler tarafından yakalandı ve 25 Kasım'a kadar tutuklu kaldı. Fakat Battal Mehetoğlu'nun[7] Yıldız Devlet ve Mühendislik Akademisinde

---

[6] Türkiyeli devrimciler için Filistin kampları ve Sovyetler Birliği (Doğu Bloklu Ülkeler) neredeyse ikinci adres gibiydi. Türkiye Komünist Partili (TKP) olup da Sovyetler Birliğinde bulunan üniversitelerde eğitim görmeyen ya da orada kurulu olan parti okullarında ders görmeyen kalmamış gibiydi.

Silahlı mücadeleyi ön planda tutan grupların ise Filistin en önemli uğrak yerleriydi. 68 Kuşağı Filistin mücadelesine sonsuz bir saygı duyuyordu. Deniz ve arkadaşları Filistin kamplarında gerilla eğitimi gören ve en sık giden gruplardandı. Filistin Kurtuluş Örgütü (FKÖ) ile Deniz ve arkadaşları arasında iyi bir ilişki ortaya çıkmasına neden olan bu trafik, karşılıklı beklentilerinde artmasına neden oluyordu. İki taraf içinde ilişki, enternasyonalist dayanışma noktasında açıklanıyor, Türkiyeli devrimci gençler Filistin'de askeri eğitimden geçiyor, Filistinliler de Türkiye'yi Ortadoğu'da yeni bir devrimci başkaldırının adresi olarak tanımlıyorlardı.

Bu süreçte Bora Gözen sekiz arkadaşıyla birlikte, İsrail'e karşı Filistinlilerle omuz omuza çarpışırken katledildiler. Filistin kamplarıyla kurulan sıkı bağ 12 Eylül hukuksuzluğunun hüküm sürdüğü günlerde de devam etti. Birçok sol görüşlü grup Filistin kamplarında eğitim görmeye devam etti.

[7] Malatyalı devrimci, alevi bir ailenin çocuğu olan Battal Mehetoğlu, 14 Aralık 1969 Pazar (Bazı kaynaklarda Cuma namazından çıkan gericiler olarak belirtilse de objektif ve dürüst tavrımızı her alanda gösterme mecburiyetimizi unutmamalıyız.) günü Yıldız Devlet ve Mühendislik Akademisi önünde gericiler tarafından katledil-

sağcılar tarafından öldürülmesinden sonra okulda yapılan aramada bulunan dürbünlü bir tüfeğin Deniz'e ait olduğu öne sürülerek hakkında tekrar tutuklama kararı çıkartıldı. 20 Aralıkta Cihan Alptekin ile birlikte yakalanan Deniz, 18 Eylül 1970'e kadar tutuklu kaldı.

Son tutukluluğunun ardından mücadelesini daha da genişleterek ve öğrenci hareketlerinden uzaklaşarak, Sinan Cemgil ve Hüseyin İnan ile birlikte Türkiye Halk Kurtuluş Ordusu'nu (THKO) kurdu. 11 Ocak 1970'de İş Bankası Ankara Emek şubesi soygunu ve 4 Mart 1971'de 4 Amerikan askerinin kaçırılması gibi eylemlerden sonra örgüt yayınladığı bir bildiri ile kamuoyuna duyuruldu.

12 Mart darbesinin yapıldığı ilk günlerde Yusuf Aslan ile birlikte Sivas'a gitmek için yola çıktılar. Motosikletlerinin arıza yaptığı bir esnada, oradaki köylülerden birisinin yaptığı ihbar sonucunda polislerin bölgeye gelmesiyle birlikte çatışmada Yusuf ile birbirlerini kaybettiler. Yusuf Elmalı bölgesinde iken, Deniz ise 16 Mart 1971 Salı günü Sivas'a bağlı Şarkışla İlçesinin Gemerek nahiyesinde etrafı kuşatılarak yakalandı ve Kayseri'ye getirildi. Buradan dönemin İçişleri Bakanı olan Haldun Menteşeoğlu'nun makamına, Ankara'ya götürüldü. Basın mensuplarının önünde Deniz ile Bakan arasında şöyle bir diyalog gerçekleşti:

---

miştir. Ünlü Şair Ece Ayhan *"Meçhul Öğrenci Anıtı"* isimli şiirini Mehetoğlu için yazmıştır.

Bakan – *İşte bu pejmürde kılıklı adam THKO'nun kumandanı imiş, iyi bakın kılığına, kıyafetine, suratına...*

Deniz – *Ben THKO kumandanı değil, neferiyim!*

Bakan – *Sen kahraman mısın?*

Deniz – *Siz de kahraman olduğunuz için istifa ettiniz değil mi? Siz Demirel'in neferisiniz, ben THKO'nun...* (12 Mart Muhtırasının yayınlanması ile istifa eden Demirel Hükümetine göndermede bulunuyor.)

Bakan – *Nereye gidiyordunuz?*

Deniz – *Devrime!*

Bakan – (Parmağının ucuyla duvarda asılı olan Türkiye haritasından Sivas'ı göstererek) *Devrim o tarafta mı?*

Deniz – *Devrimin o tarafı, bu tarafı yoktur, her taraftan gelir!*

Altındağ Veteriner Okulu binasında Tuğgeneral Ali Elverdi başkanlığında ve Baki Tuğ'un Savcılığında 16 Temmuz 1971 günü başlayan mahkemesi 9 Ekim 1971 günü sona erdi. 1. Sıkıyönetim Komutanlığının başlattığı Deniz ve arkadaşlarının mahkemesi, THKO Davasında Türk Ceza Kanununun 146. Maddesinin ihlali gerekçesi ile idam cezası ile sonuçlandırıldı. Mahkeme kararı tutanaklara şöyle geçti:

"Mahkememiz Türkiye Cumhuriyeti Anayasasının tamamını; bir kısmını tağyir, tebdil ve ilgaya cebren teşebbüs suçunu işlediğinizi sabit gördü. Türk Ceza Kanununun 146/1 maddesi uyarınca ölüm cezası ile tecziyenize karar verdi."

Deniz, Hüseyin ve Yusuf ile birlikte 6 Mayıs 1972 gecesi saat 01:00 ile 03:00 arasında idam edildi. Taylan Özgür'ün yanına gömülme istekleri yerine getirilmedi ve alelacele bir şekilde Ankara Karşıyaka mezarlığına defnedildiler. Onların ölü bedenlerinden bile o kadar çok korkuyorlardı ki, 3 fidanı yan yana defnetmeye bile cesaret edemediler, Deniz, Yusuf ve Hüseyin aralarında birer boş mezarla sonsuzluğa uğurlandı.

***

İnfazın gerçekleşeceği saat gelmişti, Deniz bir kâğıt ve kalem istedi. Son Mektubunu yazdı.

"Baba

Mektup elinize geçmiş olduğu zaman aranızdan ayrılmış bulunuyorum. Ben ne kadar üzülmeyin dersem yine de üzüleceğinizi biliyorum. Fakat bu durumu metanetle karşılamanı istiyorum, insanlar doğar, büyür, yaşar, ölürler, önemli olan çok yaşamak değil, yaşadığı süre içinde fazla şeyler yapabilmektir. Bu nedenle, ben erken gitmeyi normal karşılıyorum ve kaldı ki, benden evvel giden arkadaşlarım hiçbir zaman ölüm karşısında tereddüt etmemişlerdir. Benim de düşmeyeceğimden şüphen olmasın. Oğlun ölüm karşısında aciz ve çaresiz kalmış değildir, o bu yola bilerek girdi ve sonunun da bu olduğunu biliyordu, seninle düşüncelerimiz ayrı, ama beni anlayacağını tahmin ediyorum. Sadece senin değil, Türkiye'de yaşayan Kürt ve Türk halklarının da anlayacağına inanıyorum. Cenazem için avukatlarıma gerekli talimatı verdim. Ayrıca savcıya da bildireceğim. Ankara'da 1969'da ölen arkadaşım Taylan Özgür'ün yanına gömülmek istiyorum. Onun için cenazemi İstanbul'a götürmeye kalkma, annemi teselli etmek sana düşüyor, kitaplarımı küçük kardeşime bırakıyorum, kendisine özellikle tembih et, onun bilim adamı olmasını istiyorum, bilimle uğraşsın ve unutmasın ki, bilimle uğraşmakta bir yerde insanlığa hizmettir, son anda yaptıklarımdan en ufak bir pişmanlık duymadığımı belirtir, seni, annemi, ağabeyimi ve kardeşimi devrimciliğimin olanca ateşiyle kucaklarım.

Oğlun DENİZ GEZMİŞ"

Deniz, mektubunu İnfaz Savcısı Sami Uğur'a teslim etti. Savcı Deniz'e *"nasılsın?"* diye sordu, Deniz başı dik bir biçimde *"çok mutlu ve rahatım"* cevabını verdi.

Avukatları Halit Çelenk ve Mükerrem Erdoğan'da Deniz'e bir isteği olup olmadığını sordular. Deniz; *"Cezaevindeki bütün arkadaşlarımı benim tarafımdan öpün. Onlara ve dışarıdaki bütün devrimci arkadaşlarıma selam ve sevgilerimi söyleyin. Her ikinizde idam sehpasına nasıl gittiğimize tanık olun ve bunu anlatın."* Dedi.

İnfaz savcısı, Deniz'e idam kararını okumaya başladığında gece saat biri geçiyordu. Savcı elindeki kâğıttan kararı okuduktan sonra Deniz'e bir diyeceği olup olmadığını sordu. Deniz; *"Bu kararı reddediyorum, kabul etmiyorum."* Dedi. Savcı kararın Yargıtay tarafından onaylanıp kesinleştiğini söyledi ve doktorlara infaza engel bir hastalığın olup olmadığını sordu. Doktorlar uzaktan bakarak bir engel olmadığını söylediğinde, Deniz onlara gülümsüyordu.

Savcı gardiyanlara işareti verdi, masanın üzerinde duran paketten idam gömleği çıkartıldı ve Deniz'e giydirildi. Ayağındaki prangayı çözmeye çalıştılar, ancak beceremediler. Orada bulunan bir Albay *"bu şekilde idam edelim"* dedi. Savcı; *"olmaz öyle şey, bunlar uslu çocuklar. Prangaları kim taktıysa bulun getirin, çözsün."* Dedi. Prangaları takan astsubay bulundu ve prangalar güç bela çözüldü. Deniz gülümsüyordu.

Deniz avukatlarına bakarak; *"Bizi cezaevinden, yangından mal kaçırır gibi, havada kapıp geldiler. Ayakkabılarımızın bağcıklarını bile bağlamaya fırsat bulamadık. Postallarımın bağlarını bağlasınlar, asıldığım zaman postallarımın ayaklarımdan düşmesini istemiyorum."* Dedi. Bir görevli eğilerek Deniz'in postallarını bağladı. İki gardiyan koluna girdi, *"hadi gidiyoruz"* dediler. Deniz her zamanki gibi dimdik yürüdü.

Deniz, elleri bağlı olduğu için gardiyanların yardımı ile masaya çıktı, ilmiği boynuna geçirdiler ve gür sesiyle haykırdı:

"Yaşasın Tam Bağımsız Türkiye! Yaşasın Marksizmin Leninizmin Yüce İdeolojisi! Yaşasın Türk ve Kürt Halklarının Devrimci Bağımsızlık Mücadelesi! Yaşasın İşçiler, Köylüler! Kahrolsun Emperyalizm!" Ancak, son kelimesini tamamlayamadan savcının emriyle cellât tabureye ayağını vurdu. Tabure masadan düştü, ancak Deniz'in uzun boyunu hesaba katmamışlardı. Ayakları masaya değiyordu, savcı masayı çekin diye bağırmaya başladı, masayı çektiler. Saat 01:25 olmuştu. Deniz halen nefes alıyor, nabzı atıyordu. On-on beş dakika sonra tekrar kontrol ettiler. Deniz elli dakika boyunca öyle kaldı, Saat 02:15 olduğunda ipi kestiler.

Deniz gülümsüyordu...

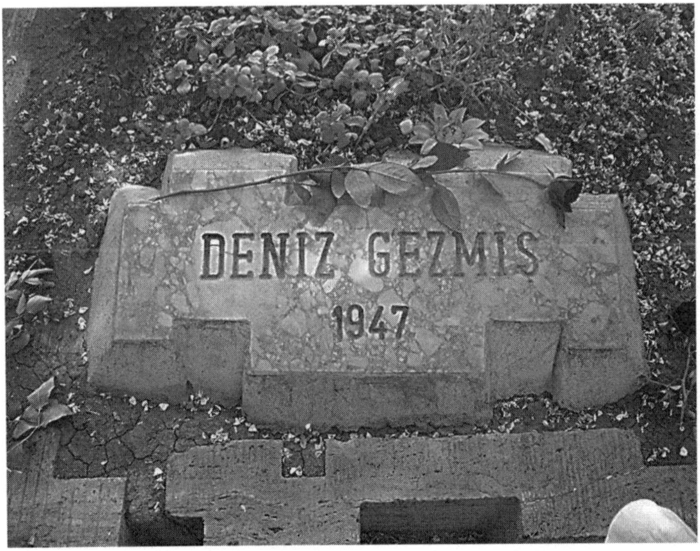

44 Madde de Deniz Gezmiş:
"Aşk Olsun Sana Çocuk, Aşk Olsun

Emel GÜLCAN[8]

Bir dönem, orkestra şefi gibi idare ettiği kitleleri peşinden sürükledi. Henüz 20'lerindeyken öğrencilerin, köylünün, işçinin sesiydi. Gezi Direnişi'nde AKM'ye onun resmi asıldı...

Onun hayatını Türkiye solundan bağımsız düşünemeyeceğimiz için bu liste uzayıp gidiyor. Böylesi bilgiler tarih kitaplarına önümüzdeki 50 sene giremeyecek. Ama şanslısınız... Biz bugün Deniz Gezmiş'i sanki 25 yaşında ölmemiş gibi anıyoruz!

---

[8] Emel Gülcan'ın kaleme aldığı, "44 Madde de Deniz Gezmiş: Aşk Olsun Çocuk Sana, Aşk Olsun" isimli yazısı ilk olarak 27 Şubat 2015 tarihinde www.listelist.com isimli internet sitesinde yayınlanmıştır. İnternet sitesi yöneticileri ve Emel Gülcan'ın izniyle bu çalışmaya da kitabımıza yer verdik.

1. İstikbalini İnsanlara Feda Edecek

1960

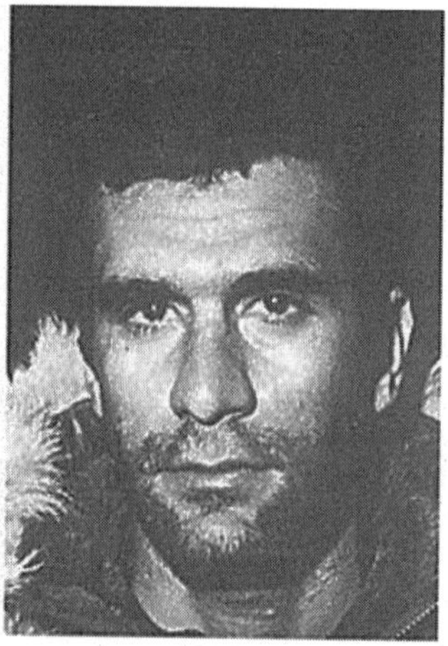

1971

Deniz Gezmiş 28 Şubat 1947'de Ankara'da tek katlı bir evde doğdu. Babası ileride ona yazdığı bir mektupta, "Karlı bir Şubat sabahı gözlerini açtığın zaman ilk işin ağlamak olmuştu. Şimdi anlıyorum; çünkü karşında yaratık olarak ilk defa bizi görmüştün: İnsanları... Yani bütün istikbalini onların mutlu olmaları uğrunda feda edeceğin insanları..." diyecekti.

Okumaya Teksas serisi ile başladı. Çelik Bilek'in bağımsızlık mücadelesinden çok etkilenmişti. Sonra babasının kütüphanesine dadandı. Hayvanları; kedileri, köpekleri çok seviyordu. O dönem Marshall Yardımı'yla dağıtılan süt tozlarını sulandırıp mahallenin köpeklerini besliyordu.

2. Altı Ok, Altı Parmak, Yedi Bela Çetesi

Deniz, ilköğretim müfettişi Cemil Gezmiş ve ilkokul öğretmeni Mukadder Gezmiş'in üç erkek çocuğundan ikincisiydi. Ailesinin işi gereği Gezmiş ilkokul ve ortaokulu Sivas'ta, liseyi İstanbul'da Haydarpaşa Lisesi'nde okudu.

İlkokulda öğretmeni ve arkadaşlarıyla çekilen fotoğraflarında altıparmağını gösteriyor, henüz küçük bir çocukken CHP'nin altı okunu işaret ediyordu. Yine o dönemlerde birkaç arkadaşıyla kurduğu yedi bela çetesi ile DP'li ailelerin çocuklarıyla atışıyordu.

3. İlk Eylemi: Hürriyet Gazetesi Protestosu

dimcısı, «Hükûmetin faaliyetini duyuramadığını» söyledi

Milliyet

8 SAYFA 25 KURUŞ

PAZAR 17 MART 1963

ÖĞRENCİLER BİR GAZETEYİ TAŞLADI

Haydarpaşa lisesi mensupları Hürriyet Gazetesinin bir haberini, esassız olduğunu bildirerek protesto ettiler

Afyon kaçıran bir Türk Avusturya'da tevkif edildi

Meclis yarın 22 idam cezasının tasdikini görüşecek

Mısır, Suriye ve Irak'ın birlik için anlaştığı bildiriliyor

Gezmiş Ailesi 1962'de İstanbul'a taşındığında şehrin nüfusu henüz 1 milyondu. Deniz o sene Haydarpaşa Lisesi'ne kaydoldu ve Harem'deki yeni evlerinde denizi gördüğü ilk gün korkmadan suya atladı. Oysa o güne kadar hiç denizde yüzmemişti.

Ataktı. İlk eylemine lise yıllarında katıldı. FB'li eski futbolcu Boncuk Ömer beden öğretmenleriydi. Okul yönetimi Boncuk Ömer'in bir öğrencisine sarkıntılık ettiğini iddia ediyordu. Bu iddia büyüyüp Hürriyet gazetesinde yayımlanınca öğretmenlerine iftira atıldığını düşünen öğrenciler Kadıköy vapurunu işgal ederek, Babıâli'ye Hürriyet'i protesto etmeye gitti.

4. Üç Numara Saçlar ve Boncuk Ömer Eylemi

O zamanlar henüz tanışmıyorlardı ama ileride Türkiye'nin siyasi hayatını şekillendirecek iki isim Mahir Çayan ve Deniz Gezmiş o gün belki yan yanaydılar. Protestoları başarılı oldu, okul yönetimi geri adım attı. Eyleme katılanlara dava açılacağı söylenince Gezmiş ve arkadaşları saçlarını üç numara kazıttı.

Deniz ikinci sınıfta fizik dersinden sınıfta kaldı. Kıt notuyla meşhur hocaları, ertesi sene sınıfta bıraktıklarına "Bu sene de geçemeyeceksiniz" deyince Gezmiş okulu bırakıp babasının arkadaşının müdürlük yaptığı Bilir Koleji'ne yazıldı. Burada İngilizcesini ilerletecekti.

5. 19 Yaşında İşçinin Dostu, Gazetelerde

İSTANBUL ÜNİVERSİTESİ ÖĞRENCİLERİNE MAHSUS
HÜVİYET CÜZDANI
Fakülte veya Yüksek Okulun adı : Hukuk
Fakülte veya Şubesi
Sömestre veya Sınıf, No.
Adı, Soyadı Deniz Gezmiş
Baba adı Cemil
Doğum yeri ve yılı 1947
Kan grubu ve Rh.
Adresi Selimiye - Harem
İmzası D. Gezmiş
Not : Fotoğraf Soğuk damga ile damgalanacaktır.
Kış dönemi 1968 - 1969
Yaz dönemi 1968 - 1969
Aralık 1968
3 Nisan 1969

Deniz 1964'te Türkiye İşçi Partisi'nin (TİP) örgütlerinde çalışmaya başladı. Yaşı tutunca TİP'in Üsküdar şubesine üye oldu. 1966'da liseyi bitirdiğinde babasını kırmayıp önce İstanbul Üniversitesi (İÜ) Fen Fakültesi'ne kaydolduysa da vazgeçip Hukuk Fakültesi'ne yazıldı.

15 Ağustos 1966'da Çorum Belediyesi'nde işten çıkarılan temizlik işçilerinin yürüyüşü başladığında Gezmiş TİP Üsküdar ilçe sekreteriydi. 15 günlük yürüyüşten sonra İstanbul'da işçileri karşıladı. O eylemde ilk defa gözaltına alındı ve ilk kez bu haberle gazetelere çıktı. 19 yaşındaydı.

6. Deniz Üstü Köpürür

Deniz 7 Kasım 1966'da, üniversitede ilk günündeyken Hukuk Fakültesi'nde boykot başlamıştı. Üst üste iki yıl sınıfta kalanların okuldan atılmasını öngören yeni yönetmeliği protesto ediyorlardı. Gençler öğrenci derneklerinde örgütlüydüler. O ilk günkü hareketli üniversite ortamı Deniz'e aradığını vermişti.

Okulun ilk yılı bitip yaz geldiğinde Gezmiş ve on arkadaşı yola çıktı. Ege'de zeytinyağı satışı durdurulmuştu ve onlar uluslararası tekellere karşı köylüleri örgütlemeliydiler. İki haftalık bu geziden dönüşte, Gezmiş'in dilinde "Deniz üstü köpürür hey canım..."ın sözleri vardı.

Deniz üstü köpürür hey canım rinna nay rinna rinna nay
Kayığa binsem götürür hey canım hey
Benim de şu cihana gelişim hey canım rinna nay rinna rinna nay
Bir güzelden ötürü hey canım heyy
Deniz üstü yelkenden hey canım rinna nay rinna rinna nay
Ecel geldi erkenden hey canım hey
Denizin ortasında hey canım rinna nay rinna rinna nay
Mum yanar sofrasında hey canım hey
Benimde şu cihandan gidişim hey canım rinna nay rinna rinna nay
Memleket sevdasından hey canım hey
Benimde bu cihandan gidişim hey canım rinna nay rinna rinna nay
Memleket sevdasından hey heyy.

7. Sabahattin Ali, Orhan Kemal ve Aziz Nesin ile Birlikte

1967'de Kıbrıs Krizi alevlendiğinde Gezmiş yine alanlardaydı ve Taksim'de ABD bayrağı yakan üç kişiden biriydi. Bir sene sonra ise protestodan protestoya koşuyordu. O yıl, öncelikle Uluslararası İktisadi ve Ticari İlimler Öğrencileri Komitesi'nin (AIESEC) İÜ'deki 20.Kongresi hedefindeydi.Başbakan Süleyman Demirel'in toplantıya katılması bekleniyordu. Ama Demirel bakanıyla mesaj yollamıştı.

Gezmiş ve arkadaşları o mesaj okunduğu sırada slogan atarken gözaltına alındılar, ardından çıkarıldıkları mahkeme tutuklanmalarına karar verdi. Zamanında Sabahattin Ali, Orhan Kemal, Aziz Nesin'in de kaldığı Sultanahmet Cezaevi'ne götürüldüler. Böylece Deniz ilk defa cezaeviyle tanıştı.

8. 68 Rüzgârı Esiyor

Dünyada özgürlük hareketlerinin başladığı 1968, Deniz için de oldukça hareketli bir yıldı. Öğrenciler kapsamlı bir eğitim reformu istiyordu. Parasız eğitim, demokratik üniversite, eğitimde devrim peşindeydiler. Ama istekleri reddediliyordu.

Bunun üzerine 10 Haziran'da Ankara Üniversitesi'nde başlayan süreç diğer üniversitelere yayıldı. Deniz Gezmiş, 12 Haziran'da İÜ'nün işgalinde ön saflardaydı.

9. Vali Söz Veriyor Ama...

Cumhuriyet

Hansaplast

Üniversiteler

Güven Dershanesi

Tıp Fakültesi öğrencileri de dün gece

Boykot kararı aldılar

Dil - Tarih Coğrafya Fakültesi Öğrencileri

Milli Eğitim Bakanlığına yürüdüler

Öğrenci olayları İstanbul'a sıçradı

Hukuk Fakültesi ve Rektörlük işgal edildi

Paris, alevler içinde bir gece geçirdi

Göstericilerin merhametsizce bastırılacağı açıklandı

İstanbul Hukuk Fakültesi imtihanları ertelendi

Dil - Tarih'te, boykotçuların bazı istekleri kabul olundu

Üç Belediye Başkanlığı Seçimi iptâl edildi

Demirel Kıbrıs'lı liderlerle görüştü

Olayların Ardındaki Gerçek

Blaiberg'in durumu düzeliyor

Edward Kennedy bir ön seçimde 2000 oy aldı

İki hafta süren işgalden sonra İstanbul Valisi, araya Deniz'in babası Cemil Gezmiş'i sokarak Deniz ile görüştü. Vali, Gezmiş'e taleplerini kabul edeceğinin sözünü verdi. Bunun üzerine öğrenciler işgali sonlandırdı.

Öğrenci komiteleri eylül ayına kadar profesörlerle çalışıp üniversitelerin iyileştirilmesi için yapılacakları saptadı. Ama hiçbir söz tutulmadı. Hatta haklarında dava açıldı. Bu olay Deniz'in verilen sözlere bir daha hep şüpheyle yaklaşmasını ve itibar etmemesini sağlayacaktı.

10. Komando Kampları ve İlk Kayıp

68 yazında sokaklardaki özgürlük rüzgârına karşı, devlet komünizmle mücadeleyi kafasına koymuştu. Cumhuriyetçi Köylü Millet Partisi (CKMP) komando kamplarında eğitim verecek, burada yetişenler solcu öğrencilerle mücadele ederken şiddet olayları başlayacaktı.

15 Temmuz'da İstanbul'a gelen Amerikan 6. Filosu protestosunu izleyen günlerde bu fitil ateşlendi. İki gece sonra İTÜ Öğrenci Yurdu polislerce basıldı ve Vedat Demircioğlu pencereden aşağı atıldı.

11. "Akın Var Güneşe Akın..."

Demircioğlu komadayken ertesi gün kalabalık öğrenci kitlesi Deniz'in öncülüğünde öfkeyle yürüyordu. Dillerinde "Akın var güneşe akın / Güneşi zapt edeceğiz, güneşin zaptı yakın" dizeleriyle Dolmabahçe'de ABD filosuna saldırdılar ve askerleri denize döktüler.

24 Temmuz'da arkadaşları Demircioğlu vefat ettiğinde artık herkes çok öfkeliydi. Gezmiş bu olaydan sonra bir kere daha tutuklandı. Neredeyse bir ay cezaevinde kaldı. Tahliye olunca da Cihan Alptekin ile birlikte Devrimci Öğrenci Birliği'ni (DÖB) kurdu.

12. "Yollar Aşınmaz"mı?

DÖB'ün ilk işi -diğer üniversite birlikleriyle birlikte- Samsun'dan Ankara'ya "Tam Bağımsız Türkiye İçin Mustafa Kemal Yürüyüşü" oldu. Demirel, 10 Kasım'da sonlanacak yürüyüşle ilgili "Yollar yürümekle aşınmaz" sözünü işte o zaman söyleyiverdi.

Kasım sonunda ABD Büyükelçisi Robert Komer'in Ankara'ya atanması gençler arasında infiale sebep oldu. Komer Vietnam'da görev yapmış eski bir CIA ajanıydı ve daha uçağı piste değerken protestolar başladı. Deniz bu eylemde yine tutuklandı. Aralık'taki duruşmasında tahliye edilirken "Kahrolsun Amerika" diyordu.

13. Kanlı Pazar'da Yok Yazın!

Tarihe "Kanlı Pazar" olarak geçen 16 Şubat 1969'daki 6. Filo protestolarında Deniz yoktu. İstanbul'a demirleyen Amerikan 6. Filosu'nu protesto için o gün Taksim'deki mitinge katılanlar sağcıların saldırısına uğramıştı. İki genç bıçaklanarak öldürülmüş, 200 kişi yaralanmıştı.

Deniz bu mitinge katılamadı. Çünkü İÜ Sosyoloji Asistanı Oya Sencer'in (Baydar) "Türkiye'de İşçi Sınıfının Doğuşu ve Yapısı" adındaki tezi Profesörler Kurulu'nca Aralık'ta reddedildiğinde, o ve arkadaşları bir kere daha okulu işgal etmişti. Bu olay üzerine okul kapatılmış, Gezmiş de tutuklanarak cezaevine konmuştu.

14. Meydan Muharebesi ve Filistin Aklına Düşüyor

22 Şubat 1969'da tahliye olduktan sonra, Gezmiş eve daha az uğruyordu. Aylardır reform tasarısının gerçekleşmemesi gençlerin sabrını taşırmıştı. 10 Haziran 1969'da öğrenciler adeta polisle meydan muharebesine girdi.

Çatışmada yaralanan Deniz hakkında o gün de tutuklama kararı çıktı. O zamana kadar hüküm giymemesine rağmen beş defa tutuklanmış, aralıklarla yaklaşık sekiz ay cezaevinde kalmıştı. Polis yine ensesindeyken bir de üzerine MHP'nin o yaz 34 şehirde komando kursu açacağı haberleri yayılınca Deniz bir grup arkadaşıyla Filistin'e gitmeye karar verdi.

15. FKÖ'den Gerilla Kimliği

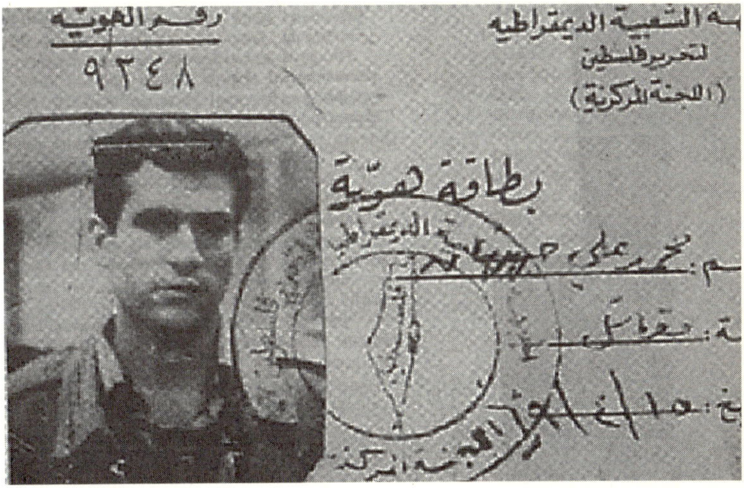

Şiddet tırmanırken Deniz iki aydan fazla Filistin Kurtuluş Örgütü'nün (FKÖ) askeri kanadı El Fetih'in kamplarında eğitim aldı. Artık bir gerilla kimliği bile vardı.

Türkiye'ye döndüğünde ise onu acı bir sürpriz bekliyordu. 28 Ağustos 1969'da Hukuk Fakültesi Disiplin Kurulu'nun kararıyla geçmişte rektörlüğü işgal edenler arasında yer aldığı için okulla ilişiği kesilmişti; aynı zamanda aranıyordu.

16. Vasiyeti Dostu Taylan'ın Yanına Gömülmekti

Yaklaşık bir ay boyunca Ankara'da Mülkiye ve ODTÜ'nün yurtlarında saklanan Gezmiş, 22 Eylül 1969'da arkadaşı Taylan Özgür ile İstanbul'a geçti.

Hukuk Fakültesi'nin Dekanı Prof. Dr. Orhan Aldıkaçtı'nın makamını bastı ve neden ihraç edildiğini sordu. O gün polisler Deniz'i yakaladı ve Taylan'ı sırtından vurdu. Taylan ölmüştü. Deniz henüz bilmiyordu ama ölüm kapısını çaldığında, dostu Taylan'ın yanına gömülmeyi vasiyet edecekti.

ünü Cezaevinde Geçirdi

den
usu
)D-
ralı
len
ve

yla
nü

lıverildi. Ama kısa süre sonra yine
ıecekti. Bu kez Yıldız Mühendislik
isi'nde Battal Mehetoğlu sağcılar
ıüştü. Polis, üniversiteyi ve yurtları
bulunan bir av tüfeğinin Gezmiş'e
ldi.

arılması altı ayı buldu. 1970'in yak-
ezaevinde geçirdi. O Eylül'de tahli-
rkiye'de sular durulmamıştı. Bu sü-
ısıyla işçiler birleşmiş, tarihe 15-16
larak geçecek direniş yaşanmıştı.

18. Dağlara Gel Dağlara

Deniz o uzun tutukluluğunun ardından yen
gökyüzüne kavuştuğunda bu kez askerlik mev
peşindeydi. İşte o günlerde aklına dağlar düştü.
TÜ'deki 1 No'lu Öğrenci Yurdu'nun 201 num
odasında Che'nin yolunu seçtiğini düşünüyor, yeni
Filistin'e gidebilmek için uygun zamanı kolluyo
arkadaşlarını örgütlemeye çalışıyordu.

O süreçte gerilla savaşına karşı olan arkadaşlar
yolları ayrılırken dağda başka bir mücadeleye yüz
dönüyordu.

19. THKO Kuruluyor

Türkiye Halk Kurtuluş Ordusu (THKO), 1960'ların ikinci yarısında Deniz Gezmiş, Hüseyin İnan, Yusuf Aslan, Sinan Cemgil, Alparslan Özdoğan, Taylan Özgür ve Cihan Alptekin tarafından kuruldu. Örgüt, kuruluşunu daha önceki bir dizi eylemlerinden sonra 4 Mart 1971'de yayımladığı bir bildiri ile duyurdu.

THKO'nun ilk silahlı eylemi 29 Aralık 1970'teydi. Üç gün önce Ankara'da sağcıların açtığı ateşle üç arkadaşları vurulmuş, biri öldürülmüştü. Onlar da intikam için Amerikan Elçiliği'nin önündeki iki polisi yaraladı.

20. Teslim Ol…ma!"

Cumhuriyet

Deniz Gezmiş'e babasından açık mektup

ARANAN KADIN ORTAYA ÇIKTI

Sevim Onursal teslim oldu

Türk-İş toplantısı bitti

Dörtler raporu itibar görmedi

'Suçun yoksa adalete teslim ol,

DENİZ GEZMİŞ'İ

Kışkırtılan halk Bolvadin'de kaymakamı linç etmeye kalkıştı

Prof. İnönü'nün evinin önünde dinamit patlatıldı

Gezmiş son 3 yılın iki yılını cezaevinde geçirdi

Teknik eleman boykotu ertelendi

Kiralar artarken bina satışı durdu

Evdeki hesap ve çarşı

Bir sonraki hedefleri ise İş Bankası'nın Emek Şubesi'ydi. 11 Ocak 1971'de Deniz, Yusuf, Hüseyin, Sinan ve Alpaslan yüzlerini gizleme gereği bile görmeden bankayı bastılar ve 124 bin lira ile ortadan kayboldular.

Bu olay uzun süre basında adi bir hırsızlık gibi gösterildi. İçişleri Bakanlığı haklarında vur emri çıkardı. Cemil Gezmiş oğluna Cumhuriyet gazetesine yazdığı mektupla seslenirken önce "Teslim ol" diyor ardından vazgeçiyordu.

21. "Muzla Besledik be Herifleri Muzla!"

Cumhuriyet

47. yıl, sayı: 15739

5 Mart Cuma 1971

400 bin dolar fidye isteniyor

İstenen para yarın sabah 06'ya kadar verilmezse kaçırılanlar öldürülecek

Örgüt, gözaltındaki tüm devrimcilerin de salıverilmesini şart koştu

AMERİKALI DÖRT ASKER KAÇIRILDI

A.B.D. Elçisi dört

Şubat'ta Gezmiş ve arkadaşları Balgat'taki Amerikan Üssü'nden silah kaçırabilmek için bir subayı kaçırıp deponun yerini öğrenip, subayı serbest bıraktılar. Mart'ta ise dört Amerikalı askeri kaçırıp 400 bin dolar fidye istediler ve 36 saat süre tanıdılar.

Halbuki o günc kadar kimseyi öldürmemişlerdi, öldürmediler de. Kısa süre sonra subayları salıverdiler. O günler Erdal Öz'ün kaleminden "Gülünün Solduğu Akşam"da Gezmiş'in ağzından şöyle anlatılacaktı: "Çok da iyi besliyorduk adamları. Biz kendimiz doğru dürüst yemiyor, onlara yediriyorduk. Muzla besledik be herifleri muzla!"

22. Şarkışla'ya Düşürmesin

12 Mart 1971 Askeri Darbesi Türkiye'nin üzerine çöktükten üç gün sonra Deniz Gezmiş, Yusuf Aslan, Tayfur Cinemre ve Sinan Cemgil iki motosikletle yola çıktılar. Deniz ve Yusuf "06 EY 943" plakalı kırmızı motosikletle, yol ayrımında arkadaşlarıyla vedalaştılar. Kırıkkale, Yozgat, Sivas üzerinden Malatya'ya geçeceklerdi.

Sivas girişinde polisler kontrol yapıyordu. Bunun üzerine Sivas'a girmeden Şarkışla yoluna saptılar. Orada benzinleri bitti. Polisler şüpheli bir durum olduğunu anlayıp onları karakola götürürken havaya birkaç el ateş ettiler. Yusuf vuruldu, Deniz ise Gemerek'te kıstırıldı. O günün anısı "Şarkışla" ile dillere dolandı. Tarih 16 Mart 1971'di.

Şarkışla'ya düşürmesin oy
Allah sevdiği kulunu oy
Gemerek'te çevirmişler
Deniz Gezmiş'in yolunu

23. "Buradan mı Gidiliyor Devrime?"

Deniz yakalandığında 66 gündür kayıptı. İlk olarak, İçişleri Bakanı Haldun Menteşeoğlu'nun makamına götürüldü. Orada Bakan kendisine nereye gittiğini sorduğunda, "Devrime" diye cevapladı. Bakan haritada Sivas'ı işaret edip üsteledi: "Buradan mı gidiliyor devrime?"

Sonra atışmaya başladılar. Bakan "Türkiye'de tek ordu vardır, o da Türkiye Cumhuriyeti ordusudur" deyince, Gezmiş "Onun için Demirel ve senin gibi uşakları hemen istifayı bastınız" dedi ve hatta üzerine hamle yaptı.

24. "Ne İş Yaparsın?"ın Yanıtı Devrimciyim

12 Nisan 1971'deki ilk duruşmada hâkim kimlik tespiti için "Ne iş yaparsın?" deyince Deniz "Devrimciyim" diye cevapladı. Yaklaşık 15 gün sonra Nihat Erim hükümeti, alınacak tedbirlerin anarşistlerin üzerine balyoz gibi ineceğinden bahsederken pek çok ilde sıkıyönetim ilan edildi.

Sokağa çıkma, gösteri ve grev yasakları başladı. Gözaltı süreleri uzatıldı. Cumhuriyet ve Akşam gazeteleri kapatıldı; bazı yazarlar, aydınlar tutuklandı. Erim o günlerde zamanın anayasasını lüks ilan edecek ve sıkıyönetim mahkemelerinin yolu açılacaktı.

25. Kartlar Açılıyor: Elrom

İsrail İstanbul Başkonsolosu Eprahim Elrom'un 17 Mayıs 1971'de Mahir Çayan ve arkadaşları tarafından kaçırılıp öldürülmesi, kartların iyiden iyiye açıldığının işaretiydi. Türkiye'de bu dönemde baskı artarken Gezmişler'in evindeki Lenin, Marks, Engels gibi yazarların kitapları yakılmak zorundaydı.

Olacaklar bu kadarla sınırlı değildi; 30 Mayıs 1971'de bu kez bir binbaşının kızını rehin alan Mahir Çayan ve Hüseyin Cevahir çatışmaya girdi. Cevahir öldürüldü, Çayan ağır yaralıydı.

26. Nurhak

Aynı gün banka soygunu sanıklarından Cihan Alptekin ve Tayfun Cinemre yakalandı. Bir gün sonra da Deniz Gezmiş, Yusuf Aslan ve Hüseyin İnan'ın idam edilmelerini engellemek isteyen yedi THKO militanı, Nurhak Dağı'nın eteklerinden Malatya Kürecik ABD Radar Üssü'nü basmaya karar verdi. Sinan Cemgil, Alpaslan Özdoğan ve Kadir Manga, eyleme giderken devlet güçlerince katledildi.

27. Gündoğdu Hep Uyandık

26 sanıklı THKO ana davası 16 Temmuz 1971'de Deniz Gezmiş, Yusuf Aslan, Hüseyin İnan ve arkadaşlarının yargılanması ile başladı. Sanıklar, Altındağ'da 1 No'lu Sıkıyönetim Mahkemesi'ne çevrilen Askeri Veteriner Okulu'nun kapısından Gündoğdu Marşı'nı söyleyerek girdi.

Kapıda arbede yaşandı. Mahkeme Başkanı Tuğgeneral Ali Elverdi, Duruşma Yargıcı Yarbay Ahmet Tetik, Hâkim Mehmet Turan, Savcı Hâkim Yüzbaşı Baki Tuğ idi. 9 Eylül'deki duruşmada Savcı Tuğ, Gezmiş ve 16 arkadaşının idamını istedi.

Gün doğdu hep uyandık
Siperlere dayandık
Bağımsızlık uğruna da
Al kanlara boyandık

Yolumuz devrim yolu
Gelin kardaşlar gelin
Yurdumuza Yanki doldu
Vurun kardaşlar vurun

İşçi-köylü hep hazırız
Faşist düzene karşı
Halk savaşı vereceğiz
Emperyalizme karşı.

28. Herkesle Zamanla Ölür

O dönemde Mamak Cezaevi'nde Deniz, Yusuf ve Hüseyin ortak savunmalarını hazırlarken Gezmiş cezaevinde Erdal Öz ile karşılaştı ve Öz'e kendilerinin görgü tanığı olduğunu söyledi. Deniz ondan kendilerini yazmasını istedi. "Gülünün Solduğu Akşam" işte böyle ortaya çıkacaktı.

Öz bu anı romanında; tuttuğu günlüklerden, notlardan ve Turgut Uyar'ın "Herkes ne zaman ölür / Elbet gülünün solduğu akşam" dizelerinden yola çıkıp dönemin aynası olacaktı.

29. Asılacak İnsanın Son İstekleri

Gezmiş idama nasıl gideceğini şöyle anlatıyordu: "Asılma günü gelip çatınca, o sevdiğim giysilerimi giyeceğim. Postallarımı, parkamı. Beyaz ölüm gömleğini giydirmek isteyecekler, giymeyeceğim. Kesin direneceğim ve giymeyeceğim. Öyle her zamanki gibi, eyleme gidiş tavrımla gideceğim darağacına."

"Yok, tıraş falan da olmayacağım. Önce gidip orada oturacak, bir sigara yakacağım. Sonra demli güzel bir çay içeceğim. Ha, bak, Rodrigo'nun o ünlü gitar konçertosunu dinlemek isterim orada. Bak bunu çok isterim. Sanırım, asılacak bir insanın son isteklerini geri çevirmezler. Bunları isteyeceğim."

30. 146/1 İdam

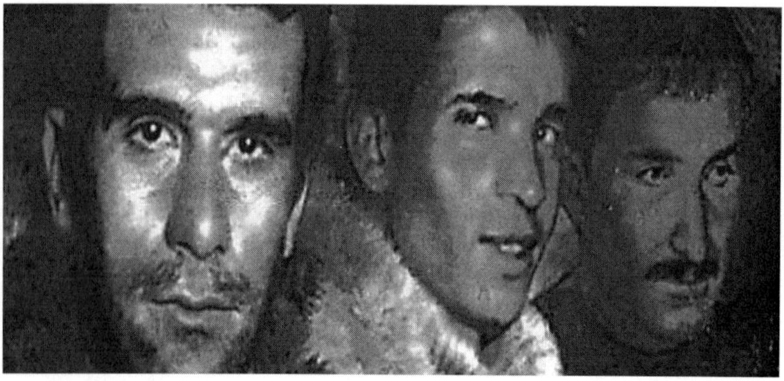

27 Eylül'de savunmalara geçildi. 26 sanığın savunmasını 11 avukat 15 günde yapmak zorundaydı. Ankara Sıkıyönetim Komutanlığı 1 No'lu Mahkemesi, Deniz Gezmiş ve 17 arkadaşını 9 Ekim 1971'de idama mahkûm etti.

Mahkemenin bu konudaki kararı "Deniz Gezmiş, Yusuf Aslan, Mahkememiz Türkiye Cumhuriyeti Anayasası'nın tamamını; bir kısmını tağyir, tebdil veya ilgaya cebren teşebbüs suçunu işlediğinizi sabit gördü. Türk Ceza Kanunu'nun 146/1 maddesi uyarınca ölüm cezası ile tecziyenize karar verdi" şeklindeydi.

31. Romanı Bırakıp Ekonomi Politik Okuma Zamanı

Özetle askeri mahkeme 2 ay 23 günde, 18 kalemi idam için kırmıştı. Sanıklar karardan sonra ayrı ayrı hücrelere kondu, avukatları hakkında da davalar açıldı. 27 Ekim'de idamların gerekçeleri açıklandı.

Gezmiş artık hücresinde roman okumaktan vazgeçtiğini, daha çok ekonomi politiğe yöneldiğini anlatıyordu. Hatta ölüme mahkûm olmasaydı, fizik ve matematik üzerine çalışmak istediğinden bahsediyordu.

32. Kala Kala Üç

29 Kasım 1971'de THKP-C'den Mahir Çayan, Ulaş Bardakçı, Ziya Yılmaz; THKO'dan da Cihan Alptekin ve Ömer Ayna, İstanbul Maltepe Cezaevi'nden tünel kazarak kaçtılar. 15 Aralık'ta da Gezmiş ve arkadaşları için Askeri Yargıtay'da temyiz duruşması başladı.

İlk duruşmada 18 idam mahkûmundan dokuzunun idam kararının bozulması, kalan dokuzunun ise idam kararının onanması isteniyordu. Gezmiş de idamlıklardandı. Son karar 10 Ocak 1972'de verildi. Bu kez 18 idam kararının 15'i bozulmuş; Gezmiş, Hüseyin İnan ve Yusuf Aslan'ın idamı onaylanmıştı.

...e Bir Kere Düşmeyeceksin Abi"

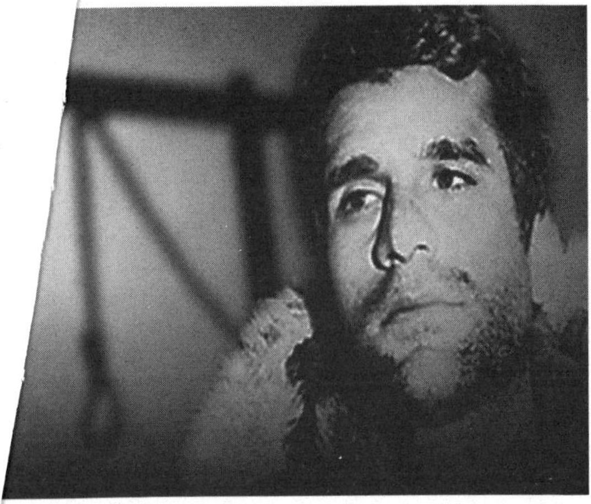

...ararardan sonra avukatı Halit Çelenk ile gö-
...aşizmin eline bir kere düşmeyeceksin abi"
...abası Cemil Gezmiş ise oğlunun "Af iste-
...zlerine rağmen CHP lideri İsmet İnönü'ye
...azıp, İnönü'nün Amerikalı dört askerin kaçı-
...zerine "Sakın öldürmeyin her şeyin çaresi
... lafını anımsatıyordu.

... dönemde Bülent Ecevit ve arkadaşlarının
...ezasının kaldırılması için verdiği kanun teklifi,
...ar arasında başlatılan imza kampanyası ve Ulus-
...sı Af Örgütü'nün çağrısı ise kifayetsizdi.

34. Pişman Olun!

İnönü siyasi suçlar için "İdamlar olmamalı" derken, Süleyman Demirel onların rejimi yıkmaya çalıştıklarını savunuyordu.

İdam dosyası Meclis Adalet Komisyonu'na sunulduktan kısa süre sonra, hükümet tarafından onlara pişman olduklarına ve bağışlanmak istediklerine dair dilekçe yazmaları teklif edildi. Üçü de reddetti.

35. 53 Ret, 6 Çekimser, 238 Kabul Oyu

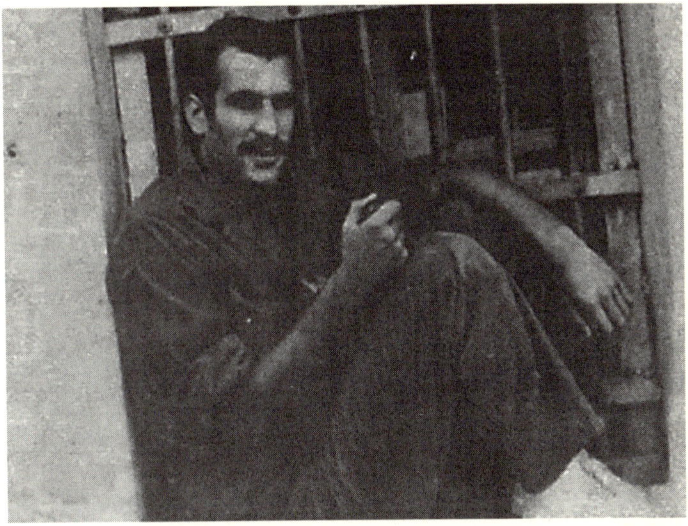

6 Mart'ta Meclis Adalet Komisyonu'nda 1'e karşı 13 oyla idamları kabul edildi. Dört gün sonra Meclis Genel Kurulu'nda oylama yapıldı. Neredeyse 10 saat süren tartışma ve oylamada idamı istenen üç gencin babası da oradaydı. Sonuçta 53 ret, 6 çekimser ve 238 kabul oyu çıkmıştı.

Karardan sonra avukatları Halit Çelenk onlarla görüştüğünde, Gezmiş son isteklerini sıraladı. İnfazda -daha sonra haklarında spekülasyon çıkarılmaması için-Çelenk'in de yanlarında olmasını istediler. Bir de üç arkadaş, Taylan Özgür'ün yanına gömülmeyi ve ailelerinin kimseden af dilememesini vasiyet etti.

36. "Üç Sizden Üç Bizden"

16 Mart'ta idamlar senatoya geldiğinde gündemde Yassıada'da idam edilen eski Başbakan Adnan Menderes ve bakanları Fatin Rüştü Zorlu ile Hasan Polatkan kast edilerek "Üç sizden üç bizden" sözleri fısıldanıyordu.

Oylamada 141 senatörün 105'i kabul, 36'sı ret dedi. Son onayı Cumhurbaşkanı Cevdet Sunay verecekti. Üstelik İsmet İnönü'nün aksi yöndeki baskılarına; aralarında Pablo Picasso, Louis Aragon, Pablo Neruda gibi sanatçıların da olduğu 22 bin imzaya rağmen.

37. Sırada Kızıldere Var

İnönü, karar Resmi Gazete'de yayımlandığında infazın iptali için Anayasa Mahkemesi'ne başvurdu. Fakat o dönemde firariler Mahir Çayan, Cihan Alptekin ve Ömer Ayna, Ünye'de Nato Üssü'nden üç teknisyeni kaçırdılar.

Çayan, Alptekin, Ayna, Ertan Saruhan, Sinan Kazım Özüdoğru, Hüdai Arıkan, Saffet Alp,Sabahattin Kurt, Nihat Yılmaz, Ahmet Atasoy ve Ertuğrul Kürkçü rehinelerle birlikte Tokat'ın Niksar ilçesine bağlı Kızıldere köyüne geldiler. Rehinelere karşılık infazın durdurulmasını talep ediyorlardı. Ama olmadı... "30 Mart 1972", tarihe Kızıldere Katliamı olarak geçti.

oy dere kızıldere
böyle akışın nere
onlar biter mi sandın
sana can vere vere oy...

dere bizim evimiz
suyu alın terimiz
söyle nedendir dere
vurulur gençlerimiz oy...

dere böyle durulmaz
gence kurşun sıkılmaz
sanma faşist olandan
bir gün hesap sorulmaz oy...

söz-müzik: aşık sinem bacı

38. "Ölüm Orucu Zayıf Düşürür"

Nisan'da Anayasa Mahkemesi idam kararlarını beşe karşı 10 oyla iptal etti. 18 Nisan 1972'de Gezmiş, İnan ve Aslan anayasa değişikliklerini, zamları, işkenceleri ve sansürü protesto etmek için ölüm orucuna başladı.

Ama avukatları Halit Çelenk onları zayıf düştükleri takdirde aleyhlerinde propaganda yapılabileceği gerekçesiyle ölüm orucundan vazgeçirdi.

39. Usulden Değil Esastan Bozulsun

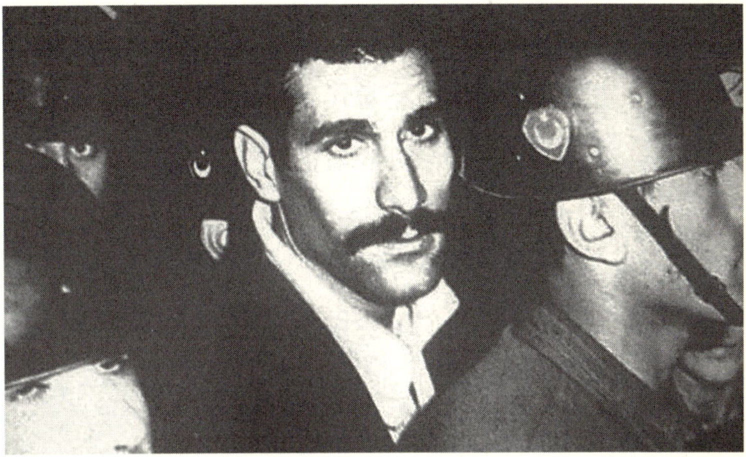

Üç idam mahkûmunun henüz ölüm orucunda olduğu süreçte Anayasa Mahkemesi'nden dönen infaz yasası, önce Meclis Adalet Komisyonu'nda sonra Genel Kurul'da usul yönünden kabul edilip yeniden senatoya geldi. İkinci oylamada artık "Evet"ler artmıştı. Artık Anayasa Mahkemesi'ne esastan başvurulması gerekiyordu.

33 imza lazımdı. 28 senatör ikna edildi. Ama 3 Mayıs'ta THY'nin Ankara-İstanbul seferini yapan uçak 61 yolcusuyla Bulgaristan'a kaçırıldı. Dört hava korsanı idamların yapılmamasını istiyordu. Hatta Altan Öymen ve Zülfü Livaneli uçak kaçırma operasyonuyla suçlanacaklardı.

40. O Sene Hıdırellez Dilekleri Yerine Getirmedi

Kriz bir gün sonra korsanların Bulgaristan'daki yetkililer tarafından siyasi mülteci olarak kabul edileceği açıklanınca şaibeli şekilde son buldu. Fakat aynı gün Jandarma Genel Komutanı Orgeneral Kemalettin Eken silahlı saldırıya uğradı. Çatışmada Eken yaralandı.

5 Mayıs'ı 6'sına bağlayan gece Hıdırellez'di. Ama o sene Hıdrellez dilekleri yerine getirmeyecek, üç gencin asılmasına artık kimse mani olamayacaktı.

41. Son Sigarası Filtreli Diye Mahcuptu

Deniz o gece idamdan önce son sigarası filtreli diye mahcuptu. Elleri bağlı, ayağında pranga varken avukatı Halit Çelenk'ten neredeyse özür diliyordu. İdam gecesinin tanıkları Çelenk ve avukat Mükerrem Erdoğan'dı. İkisi de o gece evlerinden alınmıştı. İnfazdan önce üç sanıkla da görüştüler, son arzularını sordular. Üçü de çok sakindi.

Deniz asılmadan önce arkadaşlarıyla görüşmek istedi. Önce kabul etmediler ama Çelenk idam mahkûmunun son arzusu diye bastırınca kabul edildi.

42. Deniz Koydum Adını

Üzerinde idam önlüğüyle sehpadayken Deniz tabureyi ayağıyla itti ama altındaki masanın boyunu hesap edememişlerdi. Bu yüzden ayakları masaya değdi. Savcı yardımcısı cellâttan masayı da itmesini isteyince Gezmiş boşluğa düştü. Ağır ve uzun olduğu gerekçesiyle çift ilmik yapmışlardı. Bu yüzden 50 dakika boyunca ipte kaldı.

Sonra ipi teke indirdiler. Yusuf ve Hüseyin'in infazında tek ilmik koydular. Onların infazı Denizinki kadar sürmedi.

Üç devrimci; Deniz Gezmiş, Yusuf Aslan, Hüseyin İnan Ankara'da Karşıyaka Mezarlığı'nda üçer mezar arayla defnedildiler. Belli ki mezarlıkta bile birliktelikleri istenmiyordu. O günden sonra binlerce insan çocuğunun adını Deniz koydu.

43. Bonus I / Can Yücel / Mare Nostrum

"En uzun koşuysa elbet Türkiye'de de Devrim
O, onun en güzel yüz metresini koştu
En sekmez lüverin namlusundan fırlayarak...
En hızlısıydı hepimizin,
En önce göğüsledi ipi...
Acıyorsam sana anam avradım olsun,
Ama aşkolsun sana çocuk, aşk olsun!"

44. Bonus II / Yeni Türkü – Fırtına

"Ne geçmiş tükendi ne yarınlar
Hayat yeniler bizleri
Geçse de yolumuz bozkırlardan
Denizlere çıkar sokaklar..."

**Bu liste hazırlanırken Can Dündar ve Hamdi Gezmiş'in "Abim Deniz" isimli kitabı, Erdal Öz'ün "Gülünün Soldu-ğu Akşam" ve Nihat Behram'ın "Darağacında Üç Fidan" kitapları yol göstericiydi.*

YUSUF ASLAN

1947 yılında Yozgat'ta dünyaya gelen Yusuf Aslan, ilk ve orta öğretimini tutucu ve anti-komünist güçlerin egemen olduğu bir çevrede tamamladı.1966 yılında Orta Doğu teknik Üniversitesine kaydını yaptırdı ve Sosyalist Fikir Kulübü üyesi oldu. DEV-GENÇ[9] bünyesinde faaliyetlere katılan Yusuf, daha sonra mühendislik fakültesinde meydana gelen boykotların ve ODTÜ işgalinin önder isimlerinden oldu.

CIA ajanı olduğu da iddia edilen ve Vietnam kasabı olarak da bilinen ABD Büyükelçisi Kommer'in arabasının yakılması eyleminde bulundu ve yargılandı. Öğrenci eylemleri ve boykotlar nedeni ile okuldan uzaklaştırıldı. Yusuf bu dönemde meydana gelen DEV-GENÇ içindeki tartışmalarda, Deniz Gezmiş ve grubunun yanında yer aldı.

---

[9] Devrimci Gençlik Federasyonları'nın kısaltılmış adı olan DEV-GENÇ Türkiye sosyalizm mücadelesi tarihinde hiç unutulmayacak bir yere ve ayrıcalığa sahiptir. 1969 yılında düzenlenen FKF Genel Kurulunun ardından örgütün ismi DEV-GENÇ olarak değiştirildi ve o tarihten itibaren DEV-GENÇ'li olmak bir ayrıcalık halini kazandı. DEV-GENÇ halk arasında da yayılmaya ve sempati toplamaya başladı. Kuşkusuz ki her eylemin, protestonun, zulme başkaldırının ismi oldu.

Bu grup ile birlikte Filistin'e geçti ve Filistin Kurtuluş Örgütü bünyesinde İsrail'e karşı verilen bağımsızlık mücadelesinde yerini aldı. Filistin'de gördüğü eğitimler esnasında Uçak ve helikopter de dâhil olmak üzere bütün motorlu taşıtları kullanmayı öğrendi. Filistin dönüşünde yakalanarak gözaltına alındı ve tutuklandı. Hapishaneden çıktıktan sonra gençlik mücadelesinden çekildi ve THKO'nun kuruluş aşamasındaki tartışmalarda bulundu. Yusuf, THKO'nun kurucu kadrosunda yer aldı ve bu yapının şehir gerillası mücadelesinin örgütlenmesinde etkin bir biçimde faaliyet gösterdi.

THKO'nun ilk eylemi sayılan İş Bankası Emek Şubesi soygununu Deniz Gezmiş, Hüseyin İnan ve Sinan Cemgil ile birlikte gerçekleştirdi. Dört Amerikan askerinin kaçırılması eylemine katıldı.

Deniz ile birlikte kırsal alana geçmek için Ankara'yı terk edip yola çıktıklarında, Sivas Sarkışla'nın Gemerek nahiyesinde güvenlik kuvvetleri ile girdikleri çatışmada yaralı olarak ele geçirildi.

Arkadaşları ile Sıkıyönetim Mahkemelerinde yargılanan Yusuf, 9 Ekim 1971 günü idam cezasına çarptırıldı ve 6 Mayıs 1972 tarihinde yoldaşları Deniz ve Hüseyin ile birlikte sonsuzluğa uğurlandı.

***

İnfaz saati gelmişti, önce ceplerini boşalttılar, ceplerinden çıkanları bir masanın üzerine koydular. Biraz bozuk para, bir kol saati ve iç cebinden çıkan iki mektup...

Yusuf, savcıya baktı ve:

"Kol saatini babama verin. mektuplardan bir tanesi de babamın. Diğer mektubu köydeki akrabalarıma yazdım. Herhalde verirsiniz." Dedi. Savcı, *"tabii ki veririz"* cevabını verdi.

Önce ayağındaki prangayı çıkarttılar, sonra elleri bağlı olan Yusuf'a başından geçirerek idam gömleğini giydirdiler.Yusuf son sigarasını içerken kalabalığın içinde birisini gördü, bu Ankara Emniyet Müdürüydü. Yusuf gözlerini gülümseyerek polis şefine çevirdi:

"İşkenceler nasıl gidiyor? Seni tanıyorum bize işkence yaptın" dedi. Polis şefi kızardı. Yusuf polisi işkenceci olmakla suçluyor ve onunla tartışıyordu. *"Hala işkenceciliğe devam ediyor musun?"* diye sordu Yusuf. Polis şefi şaşkına dönmüştü, kekeleyerek ve bakışlarını Yusuf'tan kaçırarak, *"Yanılıyorsun ben kimseye işkence yapmadım!"* dedi. Yusuf, *"yaptın, sen bir işkencecisin!"* diye yüzüne haykırdı ve sordu, *"Çocuğun var mı?"* Var cevabını verdi polis şefi, Yusuf, *"Okuyor mu?"* diye sordu. *"Kızım daha küçük, okula gitmiyor"* cevabını veren polise gülümsedi Yusuf, *"onu okutmalısın..."* sözlerini bitirmeden infaz savcısı Sami Uğur haydi Yusuf dedi.

Yusuf ayağa kalktı, avukatlarına baktı ve geldikleri için teşekkür etti. *"Herkese selam!"* dedi.

Sert ve diri adımlarla avluya yürüdü, Sehpaya geldiğinde bir ayağını kaldırdı ve masaya çıktı. Hiç ara vermeden tabureye çıktı, cellât hızlıca ilmiği Yusuf'un boynuna geçirirken, meydan Yusuf'un gür sesiyle çınladı:

"Ben Halkımın Bağımsızlığı ve Mutluluğu Uğruna Şerefimle Bir Defa Ölüyorum. Sizler, Bizi Asanlar Şerefsizliğinizle Her gün Öleceksiniz. Biz Halkımızın Hizmetindeyiz. Sizler Amerika'nın Hizmetindesiniz. Yaşasın Devrimciler. Kahrolsun Faşizm!"

Kısa bir duraklamanın ardından Yusuf tabureyi devirmeye çalıştı, Cellât koştu, tabureyi çekti... Yusuf gülümsüyordu.

Yusuf'un idam kararından sonra babasına ve akrabalarına yazdığı mektuplar şunlardır:

"Sevgili Babacığım,

Bu mektubu aldığın zaman, ben dünyadan ebediyen göç etmiş olacağım. Ne kadar sarsılacağını tahmin ediyorum. Bir buçuk seneden beri, benim yüzümden nasıl üzüntü içinde olduğunuz malum. Bu son olayı da sadece metanetle karşılamanızı dileyebiliyorum.

Babacığım, bu olaydan da annemin ve Yücel'in senin tesellilerine ve desteklerine ihtiyaçları çok. Bunun için ne kadar metin olursan, hem senin sağlığın için, hem de onlar için o kadar iyi olur. Elbette ki, yıllarca emek verip yetiştirdiğin bir oğlun, bir günde öldürülmesi kolay göğüslenecek bir olay değildir. Fakat siz, benim ne için, kimlere karşı mücadele verdiğimi biliyorsunuz. Ben bu açıdan rahat ve vicdan huzuru içinde gidiyorum. Sizlerinde bu bakımdan rahat ve huzur içinde olduğunuzu ve olacağınızı biliyorum.

Babacığım, annemin ve Yücel'in senin desteklerine muhtaç olduklarını yukarıda söylemiştim. Onları rahat ettirmek için, zaten bütün gücünü kullanacağından eminim. Babacığım, burada şunu ilave edeyim ki, Yücel'in hastalığından kendimi sorumlu hissediyorum. Yücel için her şeyinizi ortaya koyacağınızdan da kuşkum yok. Ablamlar için söyleyeceğim; fazla üzülmesinler, olayını sarsıntısı geçtikten sonra normal hayatlarını devam ettirsinler. Mehtap'a ne diyeyim... Benim için her zaman bol bol öpün.

Babacığım, cezaevinde kalan arkadaşları ara sıra yoklarsan, hallerini hatırlarını sorarsan çok memnun olurum. Her birisi oğlun sayılır. Dışarıda bizler için uğraşan dostlarımı ve dostlarını unutmayacağını biliyorum.

Mektubumu burada bitirirken sizi, annemi, Yücel'i, ablamı, Aziz ağabeyi, Mehtap'ı hasretle kucaklarım babacığım...

Sağlıcakla kalın."

Yusuf Aslan.

"Bütün akrabalara,

Bu mektubumu okuduğunuz zaman artık aranızda olmayacağım. Mektubumu senatonun idamlarımızı tasdik ettiğini öğrendiğim anda yazıyorum. Şundan emin olmalısı-

nız ki, bugüne kadar davama olan inancım sarsılmamıştır. Sehpaya gidene kadar da en ufak bir sarsılma olmayacaktır. Ben halkımın kurtuluşu, Türkiye'nin tam bağımsızlığı için savaştım. Sizler beni tanıyorsunuz. Bir yıldan beri bu bir avuç sömürücüler, vatan satıcıları, işbirlikçiler elindeki bütün imkânlarla bizi dışarıdan yardım gören, beyinleri yıkanmış, vatan haini, dışarıdan emir alan, bölücü, diye tanıtmaya ve halkımızdan bizi koparmaya çalıştılar. Bu bir avuç azınlığa göre vatanseverlik: Vatan satmak, yabancılarla işbirliği yapmak, NATO'yu ve Amerika'yı savunmak, 6. filoyu ağırlamak, milyonlarca köylünün geçimi olan haşhaş ekimini elinden almak, işçinin grev hakkini engellemek, Amerika'ya ve emperyalizme hizmet etmektir. Biz bunlara karşı çıktık. Bunun için biz vatan haini, onlar yurtsever oldular. Bizi bu mücadeleden dolayı, güya adil mahkemelerinde yargılayan ve yine adil kurumları eli ile asacak olanlar bilmelidirler ki, biz halkımızın kurtuluşu ve Türkiye'nin bağımsızlık mücadelesi uğruna şerefimizle bir defa öleceğiz. Bizi asanlar şerefsizlikleri ile her gün ölecekler.

Son sözüm; yaşasın isçiler, köylüler! Yaşasın devrimciler! Yaşasın halkımın kurtuluşu ve bağımsızlığı için savaşanlar! Yaşasın tam demokratik Türkiye'nin kurulmasından yana olanlar! Kahrolsun emperyalizm! Kahrolsun faşist koalisyon!"

Yusuf Aslan.

Yusuf'un mezarı, Deniz ve Hüseyin ile birlikte Ankara Karşıyaka Mezarlığındadır.

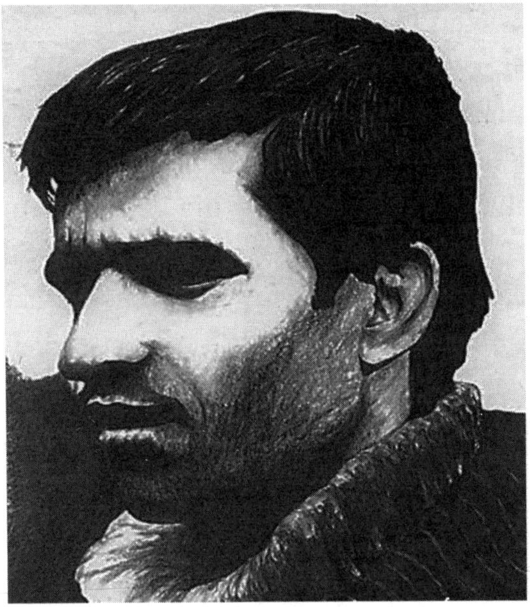

HÜSEYİN İNAN

Hüseyin İnan 1949 yılında, Kayseri Sarız İlçesine bağlı Bozhüyük Köyünde dünyaya geldi. İlk ve orta öğretimini Pınarbaşı'nda lise eğitimi Kayseri'de tamamladıktan sonra 1966'da ODTÜ İdari Bilimler Fakültesine girdi.

Türkiye İşçi Partisine (TİP) üye oldu ve aynı dönem içerisinde DEV-GENÇ içerisinde faaliyetlerde bulundu. Başta İstanbul, Ankara ve İzmir olmak üzere birçok şehirde düzenlenen anti-emperyalist eylem ve gösterilerde aktif rol aldı. 6. Filo'ya karşı düzenlenen eyleme önderlik etti. Toprak işgalleri gibi kırsal yörelerdeki eylemler ve ODTÜ Hazırlık Bölümü boykotuna önderlik etmesine rağmen çok fazla öne çıkan bir isim olmadı.

1968'de TİP içinde başlayan Milli Demokratik Devrim (MDD) ve Sosyalist Devrim (SD) tartışmalarına katıldı. Giderek belirleşen gizli ve dar örgüt doğrultusunda çekirdek bir grup oluşturup, emperyalizme karşı kır gerillası yoluyla mücadele yöntemleri geliştirmeye çalıştı. MDD fikrini benimsemesine rağmen, fikri mücadeleden silahlı mücadeleye geçme yolunu seçti.

Bu dönemde okul ile ilişiği kesilen Hüseyin, önderliğini Sinan Cemgil ile birlikte yaptığı ve üyelerinin birçoğu ODTÜ öğrencilerinden oluşan bir grupla Türk sosyalizmin tarihinin ilk silahlı yapılanması olan THKO'nun çekirdek kadrosunu oluşturdu. Okulla ilişiği kesilmesine rağmen ODTÜ Birinci Yurtta 201-202 numaralı odada Deniz Gezmiş, Yusuf Aslan ve Sinan Cemgil ile birlikte kalmaya devam etti.

14 Ekim 1969'da THKO'nun çekirdek kadrosunu oluşturan bu grupla Suriye üzerinden Ürdün'e, Filistin Kurtuluş Örgütü'nün (FKÖ) eylemlerinde önemli bir yeri olan El-Fetih kamplarında askeri eğitim gördü. İsrail' karşı savaşta ve İsrail'in iç bölgelerinde bulunan karakol baskınlarına katıldı. 1970 yılının Şubat ayında Türkiye'ye geri döndüğünde Diyarbakır – Gaziantep yolunda bir otobüste yakalandı ve tutuklandı. Hüseyin Filistin'de aldığı gerilla eğitimi suçlamasıyla yargılanmaktadır. Mahkemenin konu ile ilgili Dışişleri Bakan-

lığından talep ettiği bilirkişi raporunda, Bakanlığın El-Fetih örgütü hakkında sosyalist bir grup olarak değil, "Milliyetçi bir Arap örgütü" olarak görüş bildirmesi sayesinde Ekim 1970'de tahliye oldu.

Serbest kaldıktan sonra Ankara'ya gelen Hüseyin'in kafasındaki kır gerillası düşüncesi iyice netlik kazanmaya başladı. Aynı düşünceler ve eylem çizgisini benimseyen önderliğini Deniz Gezmiş'in yaptığı İstanbul ekibiyle buluşarak THKO'yu kurma kararını aldılar. Bu karar üzerine Deniz, son kez İstanbul'dan ayrılarak Ankara'ya geldi.

THKO'nun kuruluş aşamasında öncü teorisyen Hüseyin olur. Sinan Cemgil, Cihan Alptekin ve Deniz Gezmiş'de dolayısıyla Hüseyin'i tartışmasız önder olarak kabul ederler. Hüseyin sadece teorisyenlik yapmadı ve THKO'nun düzenlediği eylemlerin düzenleyicisi ve bizzat katılımcısı oldu. Hüseyin İnan önderliğindeki THKO, 29 Aralık 1970 tarihinde, DEV-GENÇ üyesi İlker Mahsunoğlu'nun öldürülmesinden sonra gerçekleştirilen Kavaklıdere Polis Karakolu'nun kurşunlanması, 1 Ocak 1971'de Türkiye İş Bankası Emek Şubesi soygunu ve Amerikan askeri tesislerinden Amerikalı erlerin kaçırılması eylemlerini gerçekleştirdi.

Hüseyin İnan'ın kaleme aldığı, "Türkiye Devriminin Yolu" isimli broşür, ölümünden sonra bu isimle anılan küçük bir grubun doğmasına yol açtı.

24 Mart 1971'de Kayseri'nin Sarız ilçesinde THKO'lu başka bir militan olan Mehmet Nakipoğlu ile birlikte yakalandı. Haklarında açılan davaya karşı savunma stratejilerini hazırladı. Ankara 1 No'lu Sıkıyönetim Mahkemesi tarafından, Deniz ve Yusuf ile birlikte idama mahkûm edildi. Yoldaşları ile birlikte 6 Mayıs 1972 günü Ankara Merkez Kapalı Cezaevinde idam edildi. Mezarı Deniz ve Yusuf'un olduğu Karşıyaka mezarlığındadır.

***

"Babam yarın ayağımdaki bu lastik ayakkabıları görünce, oğlumun doğru dürüst bir ayakkabısı bile yokmuş diye üzülecek. Ayakkabımı bile giyemeden beni apar topar buraya getirdiler. Babama söyleyin, ayakkabım yoktur diye üzülmesin. Onlara hediyem olsun."

Hüseyin İnan

Hüseyin'de diğer yoldaşları Deniz ve Yusuf gibi idamından önce bir veda mektubu yazmıştı ailesine;

"Babama, Anneme, Kardeşlerime ve Akrabalarıma,

Bir insanın karşılaşacağı tabii sonuç, bildiğiniz sebeplerden dolayı erken karşıma çıktı. Üzüntü ve acınızı tahmin ediyorum. İleride durumumu çok daha iyi anlayacağınız inancındayım, metin olunuz. Üzüntü ve acılarınızı unutmaya çalışınız. Bütün varlığımla hepinize kucak dolusu selamlar, sevgiler!

Yazılacak çok şey var, fakat hem mümkün değil, hem de sırası değil. Candan selamlar..."

Hüseyin İnan.

Gitmek vakti gelmişti, infaz savcısı Sami Uğur haydi Hüseyin dedi. Hüseyin tereddüt etmeden kalktı, başı dimdik darağacına yürüdü.

Hüseyin sehpaya çıktı ve haykırdı;

"Ben Şahsi Hiçbir Çıkar Gözetmeden Halkımın Mutluluğu ve Bağımsızlığı İçin Savaştım. Bu Bayrağı Bu Ana Kadar Şerefle Taşıdım. Bundan Sonra Bu Bayrağı Türk Halkına Emanet Ediyorum. Yaşasın İşçiler, Köylüler ve Yaşasın Devrimciler! Kahrolsun Faşizm!"

Cellât Hüseyin'in ayaklarının altından tabureyi çekti. Ankara hiç bu kadar sessiz hiç bu kadar mahzun olmamıştı. Üç yürek, üç can hiç bu kadar içten gülümsememişti. Saat gece 02:30'a geliyordu. Hüseyin gülümsüyordu...

Artık Karşıyaka'nın hiç solmayacak üç gülü vardı...

SAVUNMA TUTANAKLARI

Deniz Gezmiş Savunma Tutanağı

Evvelemirde iddianameye karşı diyeceklerim mevcuttur, iddianame kelle istemek için hazırlanmıştır. Yapılan tahliller yanlıştır, hatalıdır, değerlendirmeler keza isabetsizdir. Yalnız biz varlığımızı hiç bir karşılık beklemeden esasen Türk halkına armağan etmiş bulunmaktayız. Ve Türk halkları ve devletin bağımsızlığına armağan etmiş bulunmaktayız. Bu sebeple ölümden çekinmiyoruz. İddianamede yapılan değerlendirmeler başkana arz ettiğim gibi hatalıdır. 1908 tarihinden itibaren yapılan gelişme, isabetsiz tahlillere tabi tutulmuştur. Giriş kısmı muğlâktır. Açık değildir, bunun hangi manaya geldiğini anlayamadım, neyi kastettiği açık değildir.

Eğer giriş kısmında korku, gaflet, kurnazlık ve ihtiras içinde bulunanlardan bizleri kastediyorsa, bu doğru değildir. Türkiye'de gaflet, delalet ve hatta hıyanet içinde bulunanlar varsa, bunlar ancak Amerikan emperyalizmi ile iş yapan çıkarcılardır. İddianame hukuk mantığından arî olarak hazırlanmıştır. Gelişmiş ülkelerin gençliği ile az gelişmiş ülkelerin gençliği terazinin aynı kefesine konmuştur. Ve kız-erkek ilişkileri, içki olayları, toplum baskısından uzak bir yaşama isteği gibi değerlendirmeler vardır. Bunlar doğru değildir. Bizlerin tek özlemi tahsil sırasında bulunmamıza rağmen Türkiye'nin bağımsızlığıdır. Biz hiçbir zaman bütün çabamıza rağmen Türkiye'nin bağımsızlığını temin edemedik. Bugüne kadar da bu özlem içinde kaldık. İddianamede bir hususa daha değinmek istiyorum. 14 Mayıs 1950 tarihi Türkiye'nin döneminde yeni bir olay ve tarihi bir dönüm olarak nitelendiriliyor. Ve aynen şöyle denmektedir. Ulusun tarihinde ilk defa seçimle iktidar değişikliği oluyor. Bu tarih bize göre Amerikan emperyalizminin Türkiye'de seçimle iktidara gelmesidir. Ve iddianame bundan sonraki kısımlarında bu hususu da belirtmektedir, ikili anlaşmalar kısmı bundan sonra yer almaktaydı ve bu hususu açıklığa kavuşturmaktadır. Türkiye'nin madenleri, petrolü 1950 tarihinden sonra Amerikalılara peşkeş çekilmiştir. Kurtuluş Savaşı'nı da yerli yerine oturtmak gerekmektedir. Biz 50 sene evvel kurtuluş savaşı vermiş bir ülkenin çocukları olarak Kurtuluş Savaşı'nın gerçek tahlilini yapmaya her zaman muktediriz. Biz yine çok iyi biliriz ki Türkiye Kurtuluş Savaşı'nı yapmak için samsun'a çıkanlara İstanbul Örfi İdaresi'nce ve mahkemelerince idam cezası verilmiştir.

Türkiye'nin kurtuluş ve bağımsızlık savaşından ne şekilde bağımlı hale geldiğini de belirtmek gerekmektedir ve yine bilmekteyiz ki Osmanlı İmparatorluğu'nun yüzlerce generalinden ancak birkaç tanesi Kurtuluş Savaşı'na iştirak etmiştir. Ve yine bilmekteyiz ki Kurtuluş Savaşı yapıldığı sırada İstanbul'da bulunanlar bunları yapanlara eşkıya demiştir. Türkiye'nin kurtuluş ve bağımsızlık savaşından ne şekilde bağımlı hale geldiğini de belirtmek gerekmektedir. 1922-1923 sıralarında Lozan müzakereleri sırasında İngilizler Türk delegasyon başkanı İsmet İnönü'ye bu hususu peşin olarak hatırlatmışlardır. Kurtuluş Savaşı aydınların yönetiminde yapılmış savaştır. Fakat bu yönetime feodal mütegalibe ve eşraf iştirak etmiştir. Bu eşraf ve mütegalibe evvela İş Bankası'na sızdı, daha sonra da 1944-1945 yıllarında çiftçiyi topraklandırma kanunu hazırlıklarında bu tasarıya kesin cephe aldılar. Bunlar Adnan Menderes, Refik Koraltan ve Demokrat Parti'yi kuran kimselerdir. Böylece 1950 tarihine gelindi ve 1950 tarihinde Amerikan emperyalizmi iktidara geldi.

Olaylar bundan sonra bildiğimiz gibi gelişti, olaylar cereyan etti, demokrat iktidar 27 Mayıs 1960'da tarihe gömüldü. Demokrat Parti gitti, bunun gitmesi ile tellallar değişmedi. Hamam aynı, bu defa yanlış oldu, 27 Mayıs'ı kastetmiyorum, bundan sonrasını kastediyorum. Hamam aynı fakat bu defa da tellallar değişti. Amerika bu dönemde imdada yetişip, İnönü'yü düşürdü. Demirel'i iktidara getirdi. Öğrenci hareketlerine gelince, iddianamede öğrenci hareketlerinin başlangıç tarihi 1968 olarak belirtilmektedir. Bu tarih yanlıştır.

Türkiye'de öğrenci olayları 50-60 senedir eksik olmamıştır. Sultan Hamit'in tıbbiye talebelerini Sarayburnu'ndan denize attığı tarihten itibaren öğrenci hareketleri Türkiye'de devam ede gelmiştir. 1908'i hazırlayan hareketler ileriye dönük hareketlerdir. Vagonli'yi tahrip eden gençler ilerici gençlerdir.

İkinci Dünya Savaşı sırasında,faşizme hayır diyen gençler ilerici gençlerdir. Ve 28 Nisan 1960 tarihinde özgürlük savaşı veren gençlerdir, ilerici gençlerdir. Amerikan emperyalizmi tarafından İnönü hükümetten düşürüldüğünde protesto gösterisi yapan gençler ilerici gençlerdir. Anayasaya bağlılık mitingini de bizler yaptık. O günün mitinginde iktidarın kiralık adamlarından ve polisinden dayak yiyen de gene bizlerdik. 1968 senesine gelince üniversiteler öğrenciler tarafından işgal edildi, işgalleri gayet meşru idi ve kürsü ağaları dahi, bu işgallerin haklılığını hiçbir zaman inkâr edemedi. Ve 1968'de umumi efkâr ve herkes öğrenci isteklerinin kabul edileceğini beyan ediyordu, herkes bu kanaatte idi.

Aradan üç sene geçti, bu üç sene içerisinde o zamanki isteklerin tahakkuku istikametinde en ufak bir kıpırdanma olmadı. Aynı yılın temmuz ayında Amerikan filosuna karşı gösteri yapanlardan Vedat Demircioğlu polis tarafından hunharca öldürüldü, bundan sonra olayları sizler de biliyorsunuz, iktidarın silahlı kuvvetleri yanlış oldu. Kiralık kuvvetleri ve polisi hunharca devrimcilerin üzerine saldırdı. Yirmiye yakın devrimci öldürüldü. Bunların hiçbirinin katili bulunamadı. Polis karakolları işkencehane yerine getirildi. Hiçbir savcı buna karşı çıkmadı.

Bu memlekette Mustafa Kemal'e gerçekten sahip çıkanlar varsa onlar da bizleriz.

İddianamede bir gerçek tahrif edilmek isteniyor, bu hususu da belirtmek ve düzeltmek isterim. Fikir özgürlüğünü ve anayasayı paravan yapanlar önceleri Atatürkçü geçinirken, onun fikir ve şahsiyetini de küçük görmeye başladılar şeklinde ve sadece Mustafa Kemal tarafını beğeniyorlardı şeklinde bir cümle mevcuttu. Bunu kesin olarak reddediyorum, asla kabul etmiyorum. Diğer yurtseverler de bunu kabul etmez, bu kasten tahfif edilmek isteniyor, gerçekler örtülmek isteniyor. Bu cümle art niyetle hazırlanmıştır. Bu memlekette Mustafa Kemal'e gerçekten sahip çıkanlar varsa onlar da bizleriz. Onun istiklali tam prensibi ve ideali tam yanlış zapta geçti, onun istiklali tam Türkiye idealim yalnızca biz devam ettiriyoruz, iddianamede bizim anayasayı cebren ilgaya teşebbüs ettiğimiz ileri sürülmektedir.

Öteden beri arz etmiş olduğum gibi, bu ülkede anayasayı en fazla savunanlar bizleriz. Anayasayı ihlal edenlerse ortadadır. Anayasanın uygulanmasını isteyen gene bizleriz. Anayasayı uygulamayan yavuz kimselerse hâlâ ortadadır. Yine o kişiler bizim kellemizi istemektedirler. Bile bile iddia makamı bizim anayasayı ilgaya teşebbüs ettiğimizi ileri sürmektedir.

Türkiye'nin bağımsızlığından başka hiçbir şey istemedik ve hayatımızı bu yola koyduk, varlığımızı Türkiye halkına armağan ettik. Bunun aksini iddia edenler vatan hainidir.

İddia makamı bizim vermekte olduğumuz bağımsızlık savaşına karşıdır. Türkiye Cumhuriyeti anayasasına karşı, reformlara karşıdır ve bu nedenle bizim anayasayı ilgaya teşebbüs ettiğimizi ileri sürmektedir. Çünkü Süleyman Demirel hâlâ ortada gezmektedir. Kudreti yetiyorsa Süleyman Demirel hakkında aynı şekilde dava açsın, onlar 36 milyonluk ülkenin bütün yükünü 20 gencin üzerine yıkmaya alışmışlardır. Bizi bağımsız bir ülkenin çocukları olmaktan mahrum eden hepiniz dâhil, sizlersiniz. Çünkü Amerika sizin döneminiz sırasında Türkiye'ye girdi ve hiçbiriniz sesinizi çıkarmadınız ve demokrat parti iktidarına 10 yıl ses çıkarmadınız, ta ki 38 yurtsever subay ses çıkarana kadar ve onları devirene kadar.

Ve bugün aynı savcılar bu şahıslar hakkında da idam karan istemektedir. Süleyman Demirel'in anayasayı ihlaline ve despotizmine ve ülkeyi Amerika'ya satmasına ses çıkarılmadı. Ve meydanlarda bunlara karşı bizler dövüşmek mecburiyetinde kaldık, bizler kurşunlandık. Ve sonunda idam isteği ile buraya getirildik, dediğim gibi Türkiye'yi bu hale getiren eski yöneticilerin bütün suçlan bize yüklenmek istenmektedir. Bütün eski idarecilerin suçu bize yükletilmek istenmektedir. Türkiye'nin bağımsızlığından başka hiçbir şey istemedik ve hayatımızı bu yola koyduk, varlığımızı Türkiye halkına armağan ettik. Bunun aksini iddia edenler vatan hainidir.

12 Mart muhtırası muvaffak olmasaydı, bizi itham eden makam onları da aynı şekilde itham ederdi, buna da kanaatim tamdır. 12 Mart muhtırası anayasanın uygulanmadığını iddia etmektedir. Ve parlamentoyu açıkça suçlamaktadır. Biz stratejik olarak düşüncelerimizi hiçbir zaman saklamayız. Hangi şartlar altında olursak olalım bunu açıkça söyleriz. Düşüncelerimizi mezara kadar götürürüz. Nasıl burada namluların ve dipçiklerin gölgesi altında konuşuyorsak, düşüncelerimizi her zaman açıkça ifade ederiz.

Bizim anayasayı ilgaya teşebbüs gibi bir kastımız bulunsaydı bunu da burada açıkça söylemekten çekinmezdik. Meclisi ıskat amacı gütmüş olsaydık, bunu da söylerdik, hatta gider meclise de bombayı koyardık. Böyle bir amacımız olsaydı, bunu söylerdik ve yapardık. Daha evvelce de belirtmiş olduğum gibi bizim böyle bir amacımız yoktur, tek yazılı belgede, bildiride bu husus açıkça ortaya konmuştur. Orada açıkça da anlatıldığı gibi bizim düşmanlarımız Amerikan emperyalizmi ve onun yerli işbirlikçileridir. Yine bildiride açıkladığımız gibi yerli işbirlikçiler, hain patronlar yani emperyalizmle işbirliği yapan. Patronlar feodal mütegalibe yani bezirgânlar, tefeciler, toprak ağaları ve diğer işbirlikçileri ve bizim bütün eylemlerimiz bu hedefe yönelmiş bulunmaktadır. Bunun dışında başka bir hedefimiz yoktur. Eylemlerimiz de savcının iddianamesini yalanlamaktadır.

Olaylara gelince biz, Ersin Bağtır isimli talebeyi dövdüğümüz iddiası kesinlikle doğru değildir. Bu isnadı kesin olarak kabul etmiyorum, doğru değildir. Vuku bulmamıştır.

Kavaklıdere Amerikan sefareti önünde nöbet bekleyen polis memurlarını kurşunladığımızı kabul ediyorum. Çünkü onlar her türlü işkenceyi devrimci gençler üzerinde yapmaktan zevk alıyorlardı. Olaydan iki gün evvel de iki kişi ölmüştü. Nail Karaçam ve İlker Mansuroğlu isimli arkadaşlarımız öldürülmüştür. Bunların bir tanesi toplum polisi tarafından, birisi sivil polisler tarafından öldürülmüştür. 1920'lerde İstanbul'da karakol teşkilatı m. grubu hangi amaçla İngilizlere ve Osmanlı polislerine kurşun sıktıysa biz de o amaçla polislere kurşun sıktık. Olayı arkadaşım Yusuf Aslan anlattı, burada açıklamak istediğim husus öldürmek kastı yönündedir, öldürmek kastı ile ateş açmadım. Mesafe çok yakındı, iki metre kadar vardı, isteseydik bunları rahatça öldürebilirdik, ayaklarına ve kollarına ateş ettik, çok yakın mesafeden ateş ettik. Olayda herhangi bir tanık olmadığı halde bunu açıkça ikrar ettik.

Biz Türkiye İş Bankası Emek Şubesi'ndeki 124 bin liraya el koyduk, bunu da kendi şahsımız için almadık, fakat kendi şahsı ve kardeşleri için 30 milyon lira çalanlar hâlâ ellerini kollarını sallayarak ortada dolaşmaktadır...

İş Bankası'nın mekanizmasını izah etmek istiyorum, İş Bankası bilindiği gibi her sene küçük cep defterleri dağıtır. Bu cep defterlerinin arka sayfası açıldığında, görülecektir ki, İş Bankası Türkiye'de yabancı sermaye ile iş yapan, işbirliği halinde bulunan en büyük müessesedir. Nerede Türkiye halkını sömüren, halkın zararına çalışan bir müessese varsa bunun altında muhakkak İş Bankası bulunmaktadır. Ve İş Bankası'nın bu marifetleri yeni değildir, ileri tarihlere uzanmaktadır. Demokrat Parti'yi de iktidara getiren İş Bankası'dır.

1936 tarihlerinde İsmet İnönü meclis koridorlarında memleketi İş Bankası'na soydurmayacağız diye yanlış oldu hazineyi soydurmayacağız diye bağırmıştı. Birinci Kurtuluş Savaşı sırasında Kuva-i Milliyeciler İzmir Valisi Rahmi Bey'in oğlunu kaçırıp 50 bin altın almışlardır ve civardaki paralara el koymuşlardır. Biz de bunu yapmakla en az onlar kadar haklıyız. Tarih evvelce bunu yapanları nasıl temize çıkarmışsa bizi de temize çıkaracaktır. Buna da inanıyoruz.

Bu hadisede altı kişi bulunuyorduk, ben, Yusuf Aslan, Hüseyin İnan, Sinan Cemgil ve Alpaslan Özdoğan beraberdik. Arabayı Yusuf Aslan temin etti. İçeriye üç kişi beraber girdik. Paraları vezneden kimin aldığını şu anda hatırlamıyorum. Alpaslan Özdoğan dışarıda kaldı. Yusuf Aslan arabada kaldı. Bu olaylar Yusuf Aslan'ın anlattığı gibidir. Diğer olaylarda da Yusuf Aslan'ın ifadelerine aynen katılıyorum. Anlattığı şekilde cereyan etmiştir. Yalnız Sevim Onursal'ın evinde altı kişi bulunuyorduk. Ben, Hüseyin İnan, Sinan Cemgil, Yusuf Aslan, Alpaslan Özdoğan ve Kor Koçalak bulunuyordu. Fakat Kor Koçalak herhangi bir hadiseye karışmadı.

Burada polis memuru Cemal Şeker'in 170 lira parasını aldığım veya aldığımız iddia ediliyor. Bu husus doğru değildir. Kati suretle reddediyorum. Polis memurunun parasını almadık, sadece silahını aldık. Avukatın şapkasını da aldığımız iddiası doğru değildir, cebinde 10 bin lira para vardı, alsaydık o parayı alırdık, biz kimlerin parasını alacağımızı gayet iyi biliyorduk. Bu gasp iddiaları yani polis memurunun parası ve avukat Mehmet Karaçalı'nın şapkasının alındığı iddiaları doğru değildir. Kor Koçalak burada hadiselere karışmadı. Balgat üssünden zenci Amerikalı Jimmy Finley'i kaçırdık, bu da doğrudur, kabul ediyorum. Bu hadisede üsse girdik, Amerikan silahlarına el koymak istiyorduk, silah deposu olarak keşfettiğimiz depoya girdik, silahları bulamadık. Üssün içindeki pieksin önünde zenci çavuş Jimmy Finley arabasında bulunuyordu, kendisini arabası ile beraber aldık, üs'den çıkardık. Yalnız kapıdan çıkarken bir olay oldu, kapıda nöbet bekleyen nöbetçiler silah çektiler, biz de kendilerini korkutmak maksadıyla ateş ettik ve bu suretle kapıdan çıktık.

Jimmy Finley'i Orta Doğu'ya getirdik. ODTÜ 1 numaralı yurtta, 201 numaralı odada bir gece misafir ettik, ertesi gün serbest bıraktık. Kendisinden bilgi almak istedik, o maksatla misafir ettik, daha sonra da serbest bıraktık. Bu hadisede de beş kişi idik, Alpaslan Özdoğan da bizimle beraberdi.

Atölyeler şefi Nihat Çokyüce'nin arabasının kaçırılması ve kendisinin bağlanması hadisesiyle ilgim yoktur. Bu konuda bilgim de mevcut değildir.

Recep Sakın, Jimmy Finley'in kaçırılması hadisesinde bizim yanımızda yoktu. Ben, Yusuf Aslan, Sinan Cemgil, Hüseyin İnan ve Alpaslan Özdoğan beşimiz beraberdik. Nihat Çokyüce hadisesinde ise ben bulunmuyordum. Bildiğime göre Hüseyin İnan'la Sinan Cemgil ikisi beraberdi, diğer arkadaşlar bu işe karışmadılar. Bu hadisenin kararlaştırılması konusuna cevap vermiyorum dedi. Dört Amerikalıyı ben,Hüseyin, Yusuf ve Sinan Cemgil dördümüz kaçırdık. Mete Ertekin yalnız boş arabayı şehre getirdi, bize başkaca yardımı olmadı, kaçırılmada doğrudan doğruya bir ilgisi ve faaliyeti olmadı. ,Kendilerini 4 Mart 1971 tarihinde Amaç Apartmanı 3 nolu dairesine getirdik.

Bildiğime göre daireyi Yusuf Aslan'la Sinan Cemgil tutmuşlardı, İrfan Uçar'ın bu olaylarla hiçbir ilgisi yoktur. Necmettin Baca ve İbrahim Seven'in Sevim Onursal'ın evindeki hadiselerle ilgisi yoktur. Bu husus evvelce zapta geçmedi. Ben, Necmettin Baca'yı cezaevinde tanıdım, İbrahim Seven'i ise evvelce gıyaben tanırdım, ikisinin bu hadiselerle ilgisi yoktur.

Amaç apartmanında bildiriyi biz kaleme aldık. Bildiriyi Hüseyin İnan dağıtacaktı. Kendisi o zaman deşifre olmamıştı. O maksatla bildiriyi o dağıtacaktı. Müddet geçtikten sonra verdiğimiz kararı uygulamadık. Amerikalıların serbest bırakılmasında Sinan Cemgil de bizimle beraberdi biz, Amerikalılara acımış serbest bırakmıştık.

Sinan da aramızdaydı, sonradan dağıldık. Sinan Cemgil Nurhak dağlarında yaralandı, silah kullanamaz haldeyken kasti olarak öldürüldü. Alpaslan ve Kadir de aynı şekilde öldürüldü. Mustafa Yalçıner iki aydır hastane'de yatmaktadır. Şans eseri kurtulmuştur. Apartmandan çıkarken Yusuf, Sinan, ben üçümüz beraberdik, sonradan dağıldık, Hüseyin İnan bizden daha evvel ayrıldı.

Silahlarımızı vatan hainlerine karşı çeviririz.Yusuf'la beraber temin ettiğimiz motosikletle güç şartlar altında Şarkışla'ya gittik. Maksadımızı Yusuf Aslan anlattı, bir köprü civarında buluşacaktık. Sinan bizi bir köye yerleştirecekti. Biz, Şarkışla'da teşhis edildik, ancak burada isteseydik, bizi teşhis edenleri silah kullanamaz hale getirirdik, fakat bunu asla yapmadık, bu yola başvurmadık, arkamızı döndüğümüz sırada, bu yola başvurmadığımız kimseler tarafından ateş açıldı, arkadan açılan ateşle Yusuf Aslan yaralandı.İddianamede başçavuşun hanımının (çizildi) kasti olarak vurulduğu iddiası doğru değildir, ben kapının kilidine ateş ettim, o sırada hanımın eli tokmakta olduğundan yaralanmış, ben kendisini görmedim. Bunun dışında olaylar iddianamede yazıldığı şekilde cereyan etti. İddianamede geçen ve bana affedilen bir cümleyi kabul etmiyorum. Ben silahımı halka ve orduya karşı kullanmadım, ancak vatan hainlerine karşı kullanmak maksadıyla taşıdım ve halka ve orduya karşı kullanırım, şeklinde beyanda bulunmadım. Silahlarımızı vatan hainlerine karşı çeviririz, bunların da kimler olduğunu başlangıçta arz ettim. Polisteki ve Cumhuriyet Savcılığı'ndaki ifadelerimi kabul etmiyorum, askeri savcıya da ifade vermemiştim.

İddianamede Marksist-Leninist düzen kurmak istediğimiz iddiaları yer almaktadır. Bunlara da değinmek istiyorum. Bu iddiayı Marksizm'in ve Leninizm'in cahili olan kimseler ortaya atabilir. Marksizm ve Leninizm her şeyden evvel bir dünya görüşüdür ve bir metottur. Ve gerçeğe varmak için kullanılan diyalektik mantığı kullanan bir metottur. Marksist ve Leninist metot içinde bulunduğu şartları tahlil eder değerlendirir, o şartlara göre değerlendirme yapar. Durum böyle iken Marksist-Leninist düzen kurulacağı ve kuracağımız iddiası bunun iyi bilinmemesinden doğmaktadır.

Profesyonel devrimci olmak bir suç unsuru olarak ileri sürülmektedir. Bu da bir cehalet örneğidir. Bu konuların bilinmemesinden ileri gelmektedir. Profesyonel devrimci bugünün Türkiye'sinde kendini hayatı boyunca Türkiye'nin bağımsızlığına adayan kimsedir. Birinci suçumuz iddia makamına göre hayatımızı boşu boşuna Türkiye'nin bağımsızlığına adamış olmamızdır, ikincisi Dev-Genç üyesi olmakla suçlanıyorum, aramızda Dev-Genç üyesi olmayan arkadaşlar da mevcuttur. Dev-Genç üyeliği bir suç değildir. Dev-Genç sıkıyönetime kadar faaliyette bulunmuş legal bir örgüttür. Kanunen faaliyeti tahdit edilmemiş ve yasaklanmamıştır.

Kanunların himayesinde olan ve faaliyetini kanunlara uygun olarak yürüten bir derneğe üye olmak hiçbir zaman suç teşkil etmez. Kaldı ki ben şahsen Dev-Genç üyesi değilim. Kanunların himayesinde olan ve faaliyet gösteren derneğe girmek suç değildir, bunu iddia makamının da bilmesi gerekirdi.

Marksizm-Leninizm konusuna gelince daha evvel de bunun ne olduğunu belirttim ve açıkladım. Bu konuda daha fazla bilgi sahibi olmak isteyenler Türkiye Cumhuriyeti Anayasası'nı inceleyebilirler. Burada üç tane suç unsuru ileri sürülüyor, üçünü de açıklamış bulunuyorum. Birincisi varlığımızı Türkiye'nin bağımsızlığına armağan etmiş olmak, ikincisi kanuni ve legal bir örgütün üyesi olmak, kaldı ki çoğunluk bu derneğin mensubu değildir. Üçüncüsü ise doğru olmayan bir takım bilgilere müsteniden itham edilmek ve Recai Galip Okadan'ın kitaplarından derlenmiş bilgilerle Marksist-Leninist düzen kurmak istemekle itham ediliyoruz. Bu iddiaların hiçbirisi varit değildir. İddialar ortadadır. Mesnetsizdir, bu iddialarla idamımız istenmektedir.

Misak-ı Milli sınırları içinde iki kardeş kavim yaşar. Türk ve Kürt kavmi yaşamaktadır.

Ayrıca iddianamede Türkiye halkının bir takım etnik gruplardan teşekkül ettiği iddiaları ve bunu bizim yaptığımız, ortaya attığımız ithamları mevcut bulunmaktadır. Birinci Türkiye Büyük Millet Meclisi'nin kararında ve Misak-ı Milli'de şu vardır. Misak-ı Milli sınırları içinde iki kardeş kavim yaşar. Türk ve Kürt kavmi yaşamaktadır. Birinci Büyük Millet Meclisi'nin kararı böyledir. Türkiye'de iki kardeş kavmin ve unsurun yaşadığını kabul etmektedir. Bunu kabul etmek bölücülük değildir. Bölücülük olarak kabul edildiği takdirde Birinci Türkiye Millet Meclisi ve Mustafa Kemal'i de bölücü olarak kabul etmek gerekir. Bu iki kardeş unsur Birinci Kurtuluş Savaşı'nı müştereken başarmışlardır. Güney cephesinde düşmanla omuz omuza savaşmışlardır. Bu ikisine birden biz Türkiye halkı diyoruz ve bu iki kardeş unsur İkinci Bağımsızlık savaşını da müştereken başaracaklardır. Asıl bölücüler bu gerçeği kabul etmeyenlerdir. 101 tane Amerikan üssünün bulunduğu ülkede, bizim milli bütünlüğü bozmak istemekle itham edilmemiz gülünç olmaktadır.

24 yaşındayken kendimi Türkiye'nin bağımsızlığına armağan etmekten onur duyuyorum. Bağımsızlık düşüncesini mezara kadar götüreceğiz.

Ayrıca memleketin huzurunu bizim bozduğumuz iddia ediliyor. Memleketin huzurunu kimlerin bozduğu ortadadır. Ve kimler 30 milyon çalmıştır? Kimler devlet hazinesini kardeşlerine peşkeş çekmiştir? Memleketin madenlerini peşkeş çekmiştir?Anayasayı uygulamamıştır?Bunlar ortada iken, bilinirken bunlardan bahsedilmeyip, memleketin huzurunu bozduğumuz iddiaları değersiz ve mesnetsizdir. Bizim kişi güvenliğini, mülkiyet hakkını, egemenlik ilkelerini, milli bütünlüğü bozmak için harekete geçtiğimiz iddiaları vardır. Kişi güvenliğini ihlal edenler kimlerdir? Bunu evvela tespit etmemiz gerekir.

Karakollarda işkence gören bizler olduk, meydanlarda kurşunlanan gene bizler olduk. Bakanların emri ile hapishanelere atılan bizler olduk. Buna rağmen kişi güvenliğini bozan olmakla itham ediliyoruz, yukarıda anlatılanlar, asıl kişi güvenliğini bozanlar ise serbestçe meydanlarda dolaşmaktadır. Mülkiyet hakkını ortadan kaldıracağımız iddia ediliyor. Bizatihi anayasa mülkiyet hakkını toplum yararına kısıtlamıştır. Mutlak mülkiyet hakkı tanımamıştır. Elli köye sahip bir toprak ağasını anayasamız kabul etmemiştir. Egemenlik ilkelerine karşı çıkmakla itham edilmekteyiz. Asıl egemenlik ilkelerine karşı çıkanlar halkın sırtından geçinenlerdir. Ayrıca milli bütünlüğe karşı çıkmakla da suçlanıyoruz. 101 tane Amerikan üssünün bulunduğu ülkede, bizim milli bütünlüğü bozmak istemekle itham edilmemiz gülünç olmaktadır.

35 milyon metrekare vatan toprağı işgal altında iken bizim milli bütünlüğü bozmakla suçlanmamız

gülünçtür. Mustafa Kemal sağ olsaydı bugün çok şaşırırdı, iddianame baştan beri arz ettiğim gibi sırf kelle istemek maksadıyla hazırlanmıştır. Şeklen de hukuk mantığından mahrumdur. Hukuki kıymetten ve değerden mahrumdur. 21 yılın hesabını 21 gençten sormak maksadıyla ve suçluların telaşı içerisinde hazırlanmış bir iddianamedir.

Ben şunu iddia ediyorum ki hareketimiz tamamen anayasal bir harekettir. Anayasanın başlangıç ilkesinde belirtilen ulusun zulme karşı direnme hakkını kullandık. Bu sebeple anayasal bir davranışta bulunduk. Yaptıklarımızın haklı olduğuna inanıyorum. Halen de bu inancı taşıyorum. Türkiye'nin bağımsızlığından başka bir şey istemedim ve bu sebeple Amerikan emperyalizmine ve işbirlikçilerine karşı mücadele verdik. Bundan dolayı ölümden korkmuyoruz. Onu ancak işbirlikçiler düşünsün ve ancak onlar kendi canının telaşına düşsün ve ben 24 yaşındayken kendimi Türkiye'nin bağımsızlığına armağan etmekten onur duyuyorum. Bağımsızlık düşüncesini mezara kadar götüreceğiz, dedi.

Yusuf Aslan Savunma Tutanağı

İddianameyi ben dikkatle okudum, 42 sayfadan müteşekkildir. Ancak, başından itibaren T.C.K'nın 146'ncı maddesinden bahis yoktur; 16, 17 sayfası siyasi partilerin çekişmeleri ve faaliyetleri ile ilgililer ve tahliller yüzeydedir. Anayasayı cebren tadil, tağyir ve ortadan kaldırmaya teşebbüs iddiaları mevcuttur.

Bizler bu güne kadar anayasayı savunmuşuzdur. Anayasanın tamam olarak tatbik edilmesini istemişizdir. Hatta bu konuda bir misal arz etmek istiyorum. 1968 veya 1969 yılları olacak tarihini kesin olarak hatırlayamıyorum. Burada izin aldık anayasaya saygı mitingi tertipledik. Bize o gün A.P. militanlarından ve milletvekillerinden Hamit Fendoğlu başlarında olmak üzere saldırılar oldu, 5-6 arkadaşımız başından yaralandı. Bu hadiseler emniyet kuvvetlerinin gözü önünde cereyan etti. Hatta saldırıcılara yardımcı olmuşlardır.

Anayasayı değiştirmek, tadil etmek, tağyir etmek gibi kasıtla katiyen ilgimiz yoktur. Anayasayı değiştirmek, tadil etmek, tağyir etmek gibi kasıtla ilgimiz yoktur. Bizim bu konuda tek yazılı belgemiz bir bildiridir. Ve iddia makamı tarafından da bu aleyhimize ikame edilen en büyük delildir. Bunun 42 sayfalık iddianamede üç cümle ile sayın iddia makamı geçiştirmiştir.

Bildirimiz açıktır, şüpheden ve tereddütten arîdir. Biz bildiride de umumi efkâra arz ettiğimiz gibi Türkiye'yi bugünkü koşullar altında bağımsız olarak kabul edemiyoruz. Ekonomik, askerî ve kültürel sahalarda bağımlıdır. Bir takım takyitler altında bulunmaktadır. İddianamede dahi bu husus açıkça belirtilmiştir. İkili anlaşmalar ki bunların bir kısmı bakanlar kurulundan dahi geçirilmemiştir.

Bizim eylemlerimize ve hedeflerimize yüce mahkeme dikkat ettiğinde, Türkiye İş Bankasıdır. Bugün Türkiye'yi ekonomik yönden bağımlı kılan müesseselerin başında Türkiye İş Bankası gelmektedir. Ayrıca hedefimiz Amerikalılar olmuştur. Bizim kaçırdığımız dört Amerikalının bulunduğu üsse hiç bir Türk vatandaşı ve yetkilisi girememektedir. Subay da girememektedir. Bu hususta evvelce ifademi vermiştim. O okunsun noksan ve fazlalıklar varsa düzelteyim (dedi). (ilâve ederek) Toplum polisinin kurşunlanması da aynı sebepler tahtında vuku bulmuştur. Yirmiye yakın arkadaşımız öldürülmüştür. Failleri bulunamamıştır.

Şimdi de mahkeme huzurunda gayet açık ve samimi olarak ifademi vermekteyim. Eğer anayasayı değiştirmek gibi bir kasıtla hareket etseydik, bunu da bu şekilde açıkça ifade ederdik. Daha doğrusu kendim ifade ederdim. Biz delil olmadığı halde samimi olarak ikrarda bulunmuşuzdur. Toplum polisinin kurşunlanmasında en ufak delil olmadığı halde bunu açıkça ikrardan çekinmedik. Kimler olduğunu da hangi arkadaşlarla bunu yaptığımızı da açıkça söyledim.

Bildiri öz itibariyle mütalâa edildiği takdirde anayasanın çizdiği sınırlar içinde kalmaktadır. Hatta ve hatta 12 Mart muhtırası ile de çelişmemektedir.

İddianamenin vasfını asla kabul etmiyorum, fiillerimiz ortadadır (dedi). Ayrıca bu konuda müdafaamızı yapacağız. İfademin okunmasını isterim (dedi). (ifadesi okundu, mahiyeti anlaşıldı.)

(Söz alan sanık) Banka soygununda Alpaslan Özdoğan da bizimle beraberdi. Bankanın dışında bekliyordu. Bu zabıtta da geçmemiş, ilâve edilsin (dedi). (ilâve ederek) Sevim Onursal'ın evinde Necmettin Baca yoktu, İbrahim Seven de bulunmuyordu. Necmettin Baca'yı ilk defa cezaevinde gördüm. İbrahim Seven evvelden beri arkadaşımdır. Ancak Sevim Onursal'ın evinde görmedim. Sevim Onursal'ın, Kor Koçalak'ın, Mete Ertekin'in bu hadiselerle direkt ilgisi yoktur. Sevim Onursal'ın evine ikinci günü gitmiştik. Kimse bizim banka soyduğumuzdan şüphelenmiyordu. Sabahleyin geldiğinde kendisi de inanmadı. Kor Koçalak'la sadece saklanacak temini sebebiyledir. Mete Ertekin ise dört Amerikalının kaçırılmasına fiilen katılmamış olup sadece boş bırakılan arabayı hadise yerinden uzaklaştırmada yardımcı olmuştur.

Amerikalıları kaçırdıktan sonra götürüp saklandığımız Amaç apartmanını ben tutmuştum. Sinan Cemgil'le beraberdik. İrfan Uçar'ı tanırım. Ancak bu hadiselere karışmadı. Arz ettiğim gibi Amaç apartmanını ben tuttum. Ben o gün subay elbiseli idim. üsteğmen rütbesi takmıştım. Mukavele imzaladık (dedi). Mukaveleyi Amaç apartmanında imzaladık (dedi).

Biz Ankara'dan ayrıldıktan sonra Elbistan yörelerinde diğer arkadaşlarla buluşacağımız iddia ediliyor, bu iddia doğru değildir. Ankara'dan çıkışımızın sebebi barınamaz hale gelmemiz dolayısıyladır. Elazığ civarında bir köprü civarında Sinan Cemgil ile buluşacaktık. Ve Sinan Cemgil bizi Elazığ'ın doğusunda kendisinin bildiği bir köye yerleştirecekti. İfadem bundan ibarettir (dedi). (sanık Yusuf Aslan) yurtdışına kaçmayı düşünmedik (dedi).

(İfadeye karşı askerî savcıdan soruldu, diyeceğim yoktur, dedi. Sanıklardan soruldu. Ayrı ayrı itirazları bulunmadığını beyan ettiler.)

Hüseyin İnan Savunma Tutanağı

Hüseyin İnan söz alarak "evvelâ askeri savcının tespit ettiği ifademin okunmasını isterim." dedi.

İddianamenin politik yönü ağır basan bir iddianamedir. Bu yüzden iddianamenin hazırlanışı, mahkemenin gelişimi ve verilecek karar açısından politik ortamın büyük etkisi olduğuna inanıyoruz. Keza iddianamede çeşitli politik görüşler suçlanırken aynı zamanda politik bir çizgi savunulmasıdır. İddianameyi dikkatlice incelediğimiz zaman, şunu görüyoruz: Asılsız ithamlarla objektif olmayan politik bir mantıkla ve Türkiye toplumunun gelişimini tesadüflere bağlamakta, şahıslarımıza karşı art niyetle hareket edilmiş ve bu art niyetle anlatacağım politik ortamın doğal sonucu olmuştur.

İnancım odur ki böyle bir davada kısmen de olsa sıhhatli bir gelişmeye yönelmek için Türkiye'nin içinde bulunduğu ekonomik ve politik ortamı belirtmekte yarar vardır. Bu günkü ortam asırlar öncesinden bu yana gelen Osmanlı İmparatorluğu ve cumhuriyet dönemi topluluğunun bu günkü halidir. Konuyu dağıtmamak bakımından, sadece milli mücadele dönemimizi ve günümüze kadar olan kısmını anlatmakla yetineceğim. Her ne kadar bunları savunmamda yapmam gerekmekte ise de sorgumun yapılabilmesi ve mahkemenin yapısının belirlenmesi için düşüncemin şimdiden açıklanmasında yarar görüyorum.

İddianamenin 146/1 nci maddeden açılmış olması, iddia makamının Türkiye Halk Kurtuluş Ordusu'nun ciddî bir güç olduğunu kabul etmesi demektir. Ve şu anda 20 kişinin hukuken anayasayı tağyir, tebdil ve ilgaya ve bu kanunla müesses Türkiye Büyük Millet Meclisi'ni ıskata cebren teşebbüsten politik anlamı ile vatana ihanetten yargılanması konunun politik bakımdan ciddiyetinin açık bir delilidir. Onun için cumhuriyet döneminin politik ve ekonomik yapısını anlaşılır hale getirdiğimizde Türkiye Halk Kurtuluş Ordusu'nun gizli bir örgüt olarak çıkışını anlamak ve hukukî temelini belirlemek daha kolay olacaktır.

Milli mücadele subay, aydın, işçi, köylü ittifakının omuz omuza vererek başardıkları bir mücadeledir. Bu dönemde yurdu istilâ eden düşman saflarındakiler, padişah ve onun dayanağı toprak ağaları, tüccar ve eşraflardır. Önceleri milli mücadeleye karşı karşı olan ve düşmana yeşil ışık yakan bu güçler daha sonraları halkımızın başarılarına ve ülkenin düşmandan temizleneceğine emin olduktan sonra, derhal saf değiştirmişler ve yurtsever kesilmişlerdir. Kurtuluş Savaşı dönemine baktığımız zaman yurdumuzu dört bir yandan işgal eden düşman askerlerine bunların hoş geldiniz dediğini görürüz. Yunan ordusu İzmir'i işgal ettiği zaman tek başına hayatını ortaya koyarak karşı koyan ve silah kullanan Hasan Tahsin bu güçlerin gözünde vatan hainidir. Yurtseverlerin gözünde ise gerçek bir kahramandır. Bu da gösteriyor ki vatan hainliği şartlara ve değişik güçlerin menfaatlerine göre değişen bir kavramdır.

Kurtuluş Savaşından sonra ağa, tüccar ve eşraf takımı padişah desteğinden yoksun kaldı. Düşmanlar yurttan yeni atıldığı için emperyalist devletlerden yardım alamadı. Ve varlığını korumak için yurtsever oldu. Ve meclis'e kadar sızdı. Bir taraftan gizli çalışarak eski otokratik düzeni tekrar getirmeye çalışıyor, bir taraftan da meclise ağırlığını koyarak reformları engellemeye çalışıyordu. Padişahlık kalktı fakat bunların toplum içindeki kökeni yok edilemedi. Eski güçleri zayıftı, tek başlarına iktidara gelecek güçte olmadıkları için, yine tek kurtuluş yolunu dış destekte buldular. Ve zamanın Ortadoğu'daki hakim devleti İngiltere ile gizli anlaşmaya başladılar. Birinci ve ikinci meclisteki üyelerin yapıları ve meclis zabıtları incelendiği zaman bu takımın faaliyetlerini görürüz. Hilafetin, tekke ve zaviyelerin kapatılmasına açıkça karşı koymuşlar, 1925 Şeyh Sait isyanı ile şanslarını denemişler, 1926'da İzmir'de Atatürk'e suikast düzenlemişler, fakat başaramamışlar, 1930'larda serbest fırka etrafında birleşmişler, fakat sonradan faaliyetleri yasaklanmıştır. Uzun yıllar devam eden Birinci Dünya Savaşının ve kurtuluş savaşımızın ganimetleri ile yüklü oldukları cephede çarpışan yurtseverlerin namusuna kadar el attıkları için rahat durmamakta ve her fırsatı kullanmaktadırlar.

1930-1939 yıllarının devletçilik politikası karşısında direnerek varlıklarını korumuşlar ve ekonomik yapıda bir güç olma durumlarını devam ve muhafaza ettirmişlerdir. Bu dönemdeki ağır sanayiye yönelik devlet politikasına karşı her türlü gayri meşru yollara başvurarak kazançlarına kazanç katmışlardır. Birbirlerine destek olarak Türkiye İş Bankasında yönetimi ele geçirmeye çalışmışlardır. Bu sırada İngiltere önemini kaybetmiş ve Almanya ön plâna geçmiştir. Başlarında 1950-1960'ların cumhurbaşkanı Celâl Bayar olduğu halde dışarıdan destek alarak iktidarı ele geçirmeye azimlidirler.

Tam bu sırada İkinci Dünya Savaşı patlak vermiştir. Türkiye savaşa girmemesine rağmen her an tehlikenin kapıyı çalacağı hesaplanarak, savaş politikası uygulanmıştır. 1939-1945 yıllarındaki savaş politikası halkı açlığa, sefalete ve kıtlığa mahkûm ederken bu takım yeni ağa, tüccar, eşraf takımı palazlanma imkânı bulmuş ve yükünü tutmuştu. Halen Cumhuriyet Halk Partisi içinde olmalarına rağmen hem devletçilik politikasına meydan okumakta ve hem de ekonomik yapıyı ele geçirmeye çalışmaktadır.

1945 yılında savaş atlatıldı. Tarih sahnesine yeni bir dev çıktı, Amerika Birleşik Devletleri, o yılların sloganı haline gelen demokrasi sözü ve yeni devin yeni yüzü bu takımın hoşuna gitti. C.H.P. içinde ve parlamentoda önemli ağırlıkları vardı, ortak istediklerini yapabilecek güçteydiler. 1945'teki şu iki olay bu gerici takımın gücünü, düşüncesini belirtmek bakımından önemlidir. O zamanın Türkiye'sinin en önemli ilerici iki sorunu olan toprak reformu ve Birleşmiş Milletlere girme ve çok partili rejime geçme konusunda farklı davranışları, toprak reformuna hayır diyerek engellemişler ve yeni parti kurmak istedikleri için Birleşmiş Milletlere girme ve çok partili rejime geçme konusunda demokrasi adına en büyük ilerici kesilmişlerdir. Görülüyor ki bu takım aynı yolla ilerici ve önemli iki meseleden birine hayır diğerine evet diyordu.

Hemen ardından Demokrat Parti'yi kurdular. Bir taraftan yurdun her yerinde ağa tüccar eşraf kontrolünde teşkilatlanırken, diğer taraftan Amerikan yardımı almak için her türlü oyunu oynadılar ve Marshall yardımını yurda soktular. Böylece dünyadaki yeni emperyalist canavar Amerika Birleşik Devletleri ile Türkiye'nin mandacı zihniyeti Demokrat Parti dost oldu. 1919'larda Amerikan mandası diye kendisini yırtan bu takım nihayet muradına nail oluyordu. Bu hava içerisinde 1950 seçimlerine girildi. Halkın tek partili rejime olan tepkisi asılsız vaatler ve gericilik propagandası Demokrat Parti'yi iktidara getirdi ve Aydın'lı bir toprak ağası Adnan Menderes Başbakan oldu. Bu takım için artık işin zor tarafı başarılmış gerisi kolaylaşmıştı. İddia makamının iddianamede bahsettiği gibi bu bir talihsizlik değil 25 yıllık gerici mücadelenin yeniden iktidara gelişidir. Bundan sonra Amerika'ya kapılar sonuna kadar açıldı. Yabancı sermaye teşvik kanunu çıkarıldı. NATO'ya girildi, ikili anlaşmalar yapıldı, ekonomik ve askeri alanda Amerika'ya bağlanıldı. Ve kurtuluş savaşı vermiş Türkiye tekrar emperyalizmin güdümünde bir ülke oldu.

Demokrasi vaadi ile (gelen) Demokrat Parti bütün muhalefet politikasını susturdu. Yeraltı ve yerüstü servetlerimizi Amerika'nın emrine verdi. Yüzyıllar öncesinin gerici düşünceleri hortlatıldı ve ilerici güçlere karşı amansız bir baskıya girişildi. Amerikan mamul maddelerinin satılması için ağır sanayi engellendi. Montaj sanayine hız verildi. Artık Türkiye 1950'ler Türkiye'si değil, 1920'lerin Türkiye'si durumuna geldi.

Bu gidişe 1960 yılında son verildi. Demokrat Parti kapatıldı. Siyasi ortamda at koşturanlar cezalarını çektiler, fakat bunları iktidara getiren, Amerika'yı yurda sokan takıma önemli bir şey yapılmadı. Bir yıl sonra yeni anayasa'nın kabulü ve normal siyasi ortamın kurulması, ekonomik yapıya hâkim olan bu takım Adalet Partisi adıyla sahneye çıktı. Ve 1964 yılına kadar bocaladı. Aynı yıl Amerikan oyunu ile İsmet İnönü düşürüldü ve Adalet Partisi tekrar iktidara geldi. Toprak ağası olan eski başbakanın yerini artık bir Amerikan şirketinin temsilcisi Süleyman Demirel aldı. Politikası ve tutumu ile Demokrat Parti'den hiç bir farkı olmayan bu iktidar, 12 Mart muhtırasına kadar iktidarda kaldı.

27 Mayıs'ın getirdiği önemli iki mesele,

1. ülke kalkınmasına, sanayileşmeye açık ve reformları öngören 1951 anayasası,

2. bu anayasanın teminatında gelecek iktidarın keyfi tutum ve politikasının faşizm yöntemini önleyici kurum ve müesseseler getirmesidir.

Gelelim uygulamaya: Adalet Partisi, 27 Mayıs'ın ve 1961 anayasasını kendisine düşman bildiği için anayasayı uygulamadı ve rafa kaldırdı. Devletin kurum ve müesseselerine keyfince adam atayarak yanlış uygulamalarla buraları parti büroları haline getirdi. Ve bunu da büyük oranda başardı. Temel politikası Demokrat Parti'nin aynı idi. Montaj sanayi hızla ilerledi. Ağır sanayi kurulamadı. Halkın sefaletle geriliği devam etti. Anayasanın öngördüğü reformlar yapılamadı. Ve kısaca Türkiye geri kalmış bir ülke olmaktan kurtulamadı.

1970 Türkiye'si şu idi: 35 milyon nüfusunun 24 milyonu köylerde, okulsuz, yolsuz, açlığa terk edilmiş halde, halkının % 70'i hâlâ okuryazar olmayan; 500 bin işçisi Almanya'ya, Avustralya'ya göçmen olarak gitmek isteyen milyonların sırada beklediği; köyden şehire akının hızla geliştiği; şehirlerin sanayileşmediği, köylerin hâlâ ağa, tüccar, eşraf kontrolünde olduğu; yıllık kalkınma hızının nüfus artışının altında bulunduğu; seçimden seçime elli, yüz yıllık yatırımların temelinin atıldığı, ağır sanayi diye kolonya fabrikalarının açıldığı. Tarikatçılığın, nurculuğun ve kuran kurslarının asırlar öncesinin geri düşüncelerini yaydığı bir Türkiye. 1955 ikili anlaşma, 101 üssü, NATO'su, CEN-

TO'su, 20 bin askeri, binlerce barış gönüllüleri ve bakanlıklardaki danışmanları ile askeri-kültürel alanda; montaj sanayii, meşrubat sanayii, tüketim sanayii, sağlık ve turistik tesisleri ile ekonomik alanda ve Morison şirketinin Türkiye temsilcisi Süleyman Demirel ile politik alanda Amerika ülkemiz yönetiminde söz sahibi oldu.

Böyle bir Türkiye bize göre yarı bağımlı bir Türkiye'dir. Dünyada yüzden fazla devlet mevcuttur. Bunların hepsi birbirleriyle ekonomik, kültürel ve diplomatik ilişki içindedirler. Fakat Türkiye gibi ekonomisi Amerika'ya bu derece bağlı ve bu kadar üssün bulunduğu ülke parmakla gösterilecek kadar azdır. Ama ne yazık ki, kurtuluş savaşında milyonların canı ve malı pahasına kurtulan Türkiye bir avuç insanın menfaati uğruna Amerika'ya bağımlı hale getirildi. Bugün yurdumuzda her doğan (çizildi) çocuk, Amerika'ya 3500 lira borçlu doğmaktadır. Yıllardır alınan borçların faizi borçların kendisini geçmiş fakat bu borçların kat kat fazlası kâr dışarı transfer edilmiştir. Yurdumuzu Amerika'ya peşkeş çekenler, 1940'larda Almanya'ya alkış tutanlar, 1900'lerde İngilizlerle Osmanlı devletini paylaşanlardır.

Böyle bir ortamda halkımız demokratik taleplerle ortaya çıkınca zorla bastırılıyorlardı. İki yılda kanunî gösteri ve yürüyüşlerde 20'den fazla genç ölmüş, binlercesi yaralanmıştır.

1961 anayasasına öcü gözü ile bakıldı ve nerede ise anayasa sözcüğünü dahi yasaklar oldular. Böyle bir ortamda iktidarı yıpratıcı çeşitli baskı unsurları doğdu. Bunlardan bir kısmı açık, bir kısmı gizli çalışıyordu. İşte Türkiye Halk Kurtuluş Ordusu böyle bir ortamda mücadeleye başlamıştı. Yayınladığımız bildiride açıkça düşman olarak ilân ettiğimiz emperyalizm, işbirlikçi patronlar ve ağalar takımı bunlardır. Bunlara karşı mücadeleyi bir yurtsever olarak ve inanarak yürüttük. Zira 50 yıldır yurdumuzun geriliğine çalışanlar ve sonunda Amerikan dolarları ile oynayanlar bunlardır. Türkiye Halk Kurtuluş Ordusu ile ilgili açıklamama geçmeden önce bugün içinde bulunduğumuz ortamı açıklamakta yarar görüyorum.

12 Mart, Türk Silahlı Kuvvetlerinin namlularını parlamentoya ve Demirel hükümetine çevirdiği gündür. Muhtıra'dan sonra hükümet çekilmiş, parlamento yerinde kalmıştır. Oysa muhtıra'da parlamento da hükümet kadar suçlanmaktadır. Muhtıra'nın diğer kısımlarında ise yeni hükümetin Atatürk devrimlerini gerçekleştirmesi, anayasal reformları yapması ve anarşiye son vermesi istenmektedir. Muhtıra'dan bu yana geçen dört aylık dönem oldukça önemlidir. Adalet Partisi iktidardan çekilmiş, fakat parlamento'da ağırlığını muhafaza etmiştir. Yeni iktidar için Adalet Partisi, Cumhuriyet Halk Partisi'nin çoğunluğu, Milli Güven Partisi ile diğer partilerin ittifakı ile Erim iktidarı sahneye çıkmıştır. Muhtıra'da Atatürk devrimlerinden ve

anayasal reformlardan bahsedilmesine rağmen böyle bir iktidarın yerine ikinci cihan savaşının hortlattığı Hacı Ömer Holding ve Akbank saltanatıyla Adalet Partisi tahttan inmiş, yerine Koç Holding ve Yapı Kredi Bankası saltanatı Erim iktidarıyla tahta geçmiştir. Aralarında menfaat çelişkisi olan bu güçler yine de birbirlerine düşman değildirler. Bu iki güç arasında önemli sayılabilecek bir fark, Erim iktidarında toprak ağalığı ve tefecilik gibi konularda Adalet Partisinden daha ilerici ve dürüst bakanların bulunmasıdır.

Adalet Partisi iktidardan düştü, fakat ekonomik yapıyı kontrol edebilmekte ve Amerika ile ilişkilerini devam ettirmektedir. Bu yüzden Erim hükümeti Adalet Partisini karşısına alacak güçte değildir. Onu kendisine destek yapmak zorundadır ve böyle davranmıştır. 12 Mart muhtırası ile parlamentoya ve hükümete çevrilen namluların hedefi hâlâ sapmamıştır. Geçen dört ayda Erim iktidarı namluların desteği ile ve Adalet Partisi ile menfaat ilişkilerine girerek varlığını devam ettirmiştir. Şartlar eski ve yeni iktidarı zorunlu bir pazarlığa itmiştir. Bu pazarlık şudur: Adalet Partisi yargılanmaktan kurtulacak, buna karşı Erim iktidarını destekleyecektir. Böylece Adalet Partisi ve onun paralelindeki partiler silah gölgesinde birleşerek Erim iktidarını desteklediler. Parlamentoyu teşkil eden adalet partililer ise maaşları arttırılacak ve seçimler bir müddet erteleneceği için tekrar seçilememek korkusunu ileri bir tarihe atarak, Erim iktidarının politikasına parmak kaldırır duruma getirildiler. Bu durumun daha ne kadar devam edeceğini kestirmek zordur. Bu işin, gizli ve bilinse dahi söylenmesi günah olan yönüdür.

Bir de işin diğer bir yönü vardır. O da şudur: 12 Mart muhtırası ile bir hükümet düşürülmüştür. Suçu açıktır. Anayasayı ihlâldir. Türkiye halkına ve dünya kamuoyuna Erim iktidarının hesap vermesi gerekir. Oysa asıl suçlu Adalet Partisi, Erim iktidarı ile ittifak halindedir.

Bunun için başka suçlu bulmak gerekir. Ve biz 20 genç asıl suçlu olarak vatana ihanetten şu anda mahkeme huzurundayız. 50 yılın bütün hesabını 20 gençten soruyorlar. Bununla da kalmayarak daha ileri gidiyorlar, üç ayda eşi görülmemiş zamların, vergilerin ve hayat pahalılığının yaratıcısı ve reformların engelleyicisi parti ve bakanların üstüne örtü çekilerek dikkatler bizim üzerimize çekilip, biz 20 genç topun ağzına sürülüyoruz.

İddianame okunduğu zaman cezanın suça değil, suçun cezaya uydurulmaya çalışıldığını gördüm. Cezamızı biraz önce bahsettiğim pazarlık tayin edecektir. Böyle bir pazarlığın bizlere reva göreceği cezayı bağımsız yargı organlarında uygulamak zor olduğu için sıkıyönetim mahkemelerine çıkarılıyoruz. Haklı olarak belirtiyorum: İddia makamını muhatap olarak almıyorum ve mahkemeyi bağımsız yargı organı olarak kabul etmiyorum.

Karanlık günler yaşadığımız Erim iktidarı döneminde sözlerimizin halktan gizleneceğini biliyorum. Cezalarımızın başka organlarca da verileceğini çok iyi biliyorum. Fakat hürriyetimizin alındığı bu ortamda konuşmak fırsatı bulmak dahi önemlidir.

Cumhuriyet tarihinde ilk defa 20 genç idam talebi ile yargılanıyor. Anayasayı değiştirmek için gerici partilerin yarışa girdiği bu günlerde anayasayı ortadan kaldırmakla suçlanıyoruz. Eşi görülmemiş zamların, vergilerin ve hayat pahalılığının açlığa ve sefalete terk ettiği Türkiye halkının bu durumuna sebep biz gösteriliyoruz. Erim iktidarı üç aylık politikası ile sanayiciler ve büyük tüccarlar hariç Türkiye halkını açlığın ve sefaletin eşiğine getirmiştir. Bu tehlikeli uygulamayı örtbas etmek için 20 genci topun ağzına sürmek yetmeyecektir. Tarih asıl suçluları affetmeyecektir. Asıl suçlular kurtulsa dahi onları koruyanlar tarih önünde er geç hesap verecektir.

Eylemlerimiz ağır cezayı gerektirmesine rağmen doğru söylemekten çekinmedik. Elli yıldır partiler ve iktidarlar dahi yaptıklarının hesabını halka vermekten korkarken, bizler gizli bir örgüt olarak yaptıklarımızın hesabını dürüstçe verdik ve yaşadığımız sürece vermeye devam edeceğiz. Anayasaya saygı yürüyüşlerinde yediğimiz sopaların izlerini hâlâ vücudumuzda taşırken, anayasa'yı ortadan kaldırmakla itham ediliyoruz. Bu mahkemenin sonucu (çizildi) adlî bir skandal olabilir. Fakat mahkemenin sonucu ne olursa olsun, dediklerimiz gerçekleşecektir.

Bugün seçim yapılsa, Adalet Partisi yine iktidara gelecektir. Zira Erim iktidarı üç aylık uygulaması ile halka Adalet Partisini dahi aratmıştır. Türkiye yine kalkınamayacak ve bu durum devam edecektir. Ta ki vatanı Amerika'ya satanlar ve gericilerin sonu gelene kadar.

Bu kavga biz olmasak da devam edecektir. Yurtsever analar var oldukça devam edecektir. Kısaca anaların rahmine el atılamayacağına göre mutlaka devam edecek ve başarılacaktır.

Erim iktidarının elinde tek ciddi meselesi toprak reformudur. Toprak reformunun meclisten çıkması zordur. Çıksa dahi beyaz bir reform olacaktır. Fakat reformun arkasından konacak tarım vergisi ile karşılığı halktan fitil fitil alınacaktır.

Başbakan ilk günlerde bizlerin devleti yıkmayı amaç edindiğimizi, aksi halde Türkiye'nin kalkınmasını isteseler, yanımıza gelir, reformları yapmamıza yardım ederler demişti ve iddianame'de de aynı söz geçmektedir. Türkiye'de ileri hangi atılım olmuşsa, sonuna kadar destekleyenler, devrimciler, her geri harekete de amansız karşı koyanlar yine devrimciler olmuştur. Ama ne var ki toprak reformu yapacak bir iktidar, o reformun stratejisi için toprak ağalarının partilerinden yardım beklerken buna sadece güleriz. Onun için tekrar ediyoruz: bu reform beyaz bir reform olacaktır;

sadece yapılmış olmak için yapılacaktır. Bütün bunlara rağmen Erim iktidarının toprak reformunu yapmaya azmetmesi dahi takdirle karşılanır.

Petrol, boraks gibi madenlerin devletleştirilmesi çok önemli ve ilerici bir harekettir. Ama ne var ki bu da başarılamayacaktır. Zira sadece boraks yatağı 900 milyar lira değerinde olup, ağır sanayinin temel maddesi ve dünyada ender bulunan bir madendir. Amerika'nın Türkiye'deki şah damarı krom yine aynı durumdadır. Amerika bunlar için iktidar değiştirir. Nitekim bunun örnekleri dünyada çoktur ve Türkiye'de de olmuştur. Onun için bu iktidar da Amerika ile ortaklığa devam edecektir. Sadece boraksın devletleştirilmesi (çizildi) ile elde edilecek kazanç, çıkan zamların ve vergilerin sağladığı toplamın kat kat üstündedir.

Nihat Erim, başbakan olduğu günden bu yana gerçekleri gizlemiştir. Sıkıyönetimin geliş sebebi olarak bizleri göstermiştir. Oysa sıkıyönetimin gerçek sebebi anayasa'yı değiştirmek ve Adalet Partisi karşısında iktidarda kalabilmek içindir. Çünkü başbakan, Mart ayında mevcut kanunların asayişi sağlamak için yeterli olduğunu belirttiği zaman samimiydi. Bizim suçlu sandalyesinde olmamız Erim iktidarını ayakta tutmaya yetmeyecektir. Bugünün Türkiye'si yarının karanlığını ve Erim faşizmini müjdeliyor. Nihat Erim, yeni bir Salazar olma sevdasındadır. Nitekim Cumhuriyet Halk Partisi içindeki ilerici güçler bu günleri ve yarınları çok önceden haber vermişlerdir. Söyledikleri gün gibi ortadadır.

Düşünce olarak emperyalizme ve ortaklarına karşı eylem olarak Amerika'ya kâr transfer eden bir bankayı soymak ve Amerikalıyı kaçırmayı 146/1. maddeye sokmak adlî bir skandaldır. Savcının iddianamesi mahkemece tasdik edilirse, bu mahkeme tarihi bir trajedi olacaktır. Fakat ne yazık ki yakalandığımız günden bu yana gelişen olaylar, iddia makamının böyle bir ithamla karşımıza çıkmasına imkân vermiştir. Aylar önce meclis'te vatan haini olduğumuz ilân edilmiştir. Hâkim kararı olmadan değişik şahıslarca keyfince hücre cezasına çarptırıldık. Yetkili ağızlar tarafından dünyaya suçlu ilân edildik. Anayasayı ihlâl edenler kurtuldu ve bizler anayasayı ortadan kaldırmaktan çok önceleri suçlu, şu anda ise sanık sandalyesine oturduk. Anayasanın değiştirildiği bu ortamda anayasayı ortadan kaldırmaktan mahkeme önüne çıkarılmaya mecbur bırakıldık. İddia makamını işgal eden kişi böyle bir fırsatı kaçırmadı ve meşhur olma sevdasından gelen kitap yazma özlemi ve göze girme ihtirası ile bu şekilde davrandı.

Son olarak şunu belirteyim: Türkiye Halk Kurtuluş Ordusu'nun düşünce ve eylemlerinin 146/1. madde ile ilgisi yoktur. Fakat mahkeme bu düzeyde gelişecek ve iddia makamı söylediğinde direnecektir. Hukuk kurallarından, bilimden ve dürüstlükten uzak bu iddianamenin ışığında gelişen mahkemenin sonucu kan davası ile düğümlenebilir.

1961 anayasası için hayatlarını ortaya koyan 27 Mayıs İhtilali'nin öncüleri vatan haini ilân edilmek üzeredir. İhtilal'in başı Cemal Gürsel, Amerikan hapları ve iğneleri ile çoktan öldürülmüştür. Hepsinin yerini Erim faşizmi almıştır. Fakat bizler yarınlara ümitle bakıyoruz, çünkü tarih çok büyük saltanatları yerle bir etmiştir. Buna inancım tamdır. Son sözüm: Yaşasın 1961 anayasası! (dedi.)

(Sanığın 24.3.1971 tarihli C. Savcılığınca tespit edilen ifadesi okundu. Mevcut ifadelere karşı sanıktan soruldu.)

İfadelerde Rıfkı ismi geçmektedir. Bu aslında Alpaslan Özdoğan'dır. O zaman ismini yani gerçek ismini söylememiştim. Zira henüz sağdı ve yakalanmamıştı.

Nihat Çokyüce'nin arabasını alma olayında da Sinan Cemgil değil, Alpaslan Özdoğan yanımda idi. Nihat Çokyüce'nin ifadesindeki teşhis kısımları da dikkate alınırsa, hadiseler yanımdaki şahsın Alpaslan Özdoğan olduğunu meydana çıkarır.

İfadelerimin birinde sosyalizm ihtilali, ayrıca halk ihtilalinden sonra kademe kademe proletarya diktatoryası ve komünizme geçiş şeklinde beyanlar doğru değildir, bunları kabul etmiyorum. Zapta yanlış geçmiş.

Ayrıca Muammer Aksoy'la pazarlık konusunda konuşmaya gittiğimde, gittiğim saat zapta yanlış geçmiş, 07.30 sıralarında gitmiştim. İfadelerimin diğer kısımları doğrudur. (dedi.)

(as. Savcının talebi üzerine soruldu.)

Hadiselerin başladığında Deniz Gezmiş, Yusuf Aslan, Sinan Cemgil'in isimleri emniyetçe biliniyordu. Alpaslan Özdoğan beraber olduğu halde henüz deşifre edilmemişti. Bu bakımdan onu gizledim ve bidayette Sinan Cemgil'in ismini verdim. Nasılsa Sinan Cemgil biliniyordu. Bu maksatla Sinan Cemgil'i söylemiştim. (dedi.) (çizildi)

(as. Savcı sanığın beyanına diyeceğim yoktur. Şahsımız ile ilgili beyanlarını reddediyorum dedi. Sanığın ifadesine karşı diğer sanıklardan soruldu. Mustafa Yalçıner, ben, Hüseyin İnan'dan 40 bin lira almadım. Filistin'e gidip silah getirmem maksadıyla 40 bin lira aldığım ifade edildi, bu doğru değildir, bu husus tekrar sorulsun dedi)

(Hüseyin İnan'dan soruldu) (Hüseyin İnan,)

Banka soyulduktan sonra devamlı olarak para bende kalıyordu. Ben, Sinan Cemgil'in isteği üzerine Alpaslan Özdoğan vasıtasıyla 40 bin lirayı Mustafa Yalçıner'e gönderdim. Ben, Mustafa Yalçıner'in Filistin'e gideceğini biliyordum. Fazla malûmatım yoktur.

Ayrıca düzeltmek istediğim bir husus, dört Amerikalının kaçırılmasında arabayı Yusuf Aslan getirmiştir. Arabanın getirilmesinde Mete Ertekin yoktur. (dedi)

(Sanıklardan Kor Koçalak'ın talebi üzerine Hüseyin İnan'dan soruldu.)

Sevim Onursal'ın evinde icra takibine gelen vazifeliler içeriye girdiklerinde Kor Koçalak tek başına idi, bilâhare dışarı çıktı. Arkasından ben, Yusuf ve Sevim Onursal evinden çıktı. Biz hep beraber evi terk ettiğimizde adamlar daha bağlanmamıştı. (dedi)

(Sanık Mete Ertekin vekili Niyazi Ağırnaslı'nın talebi üzerine soruldu, Hüseyin İnan cevaben,)

Dört Amerikalının kaçırılmasında Mete Ertekin'i ben çağırdım. Evvelâ Amerikalıları kaçırdıktan sonra bir kısmımız vasıta ile bir kısmımız da yaya olarak dönmeyi düşünüyorduk. Sonradan fikir değiştirdik, Yusuf başka bir araba buldu. O zaman bir arabayı Yusuf sürecek, başka arabayı da sürecek bir adam lazımdı. Bu maksatla ben (çizildi) Mete Ertekin'i götürdüm. Yolun kesilmesinde kendisi yoktu. Sadece boş arabayı, Amerikalıların arabasını getirdi. Amerikalıları kaçırdığımızı hadise yerinde öğrendi. (dedi)

***

24 Nisan 1972 tarihinde Türkiye Büyük Millet Meclisinde oylamaya sunulan idam kararına 115 milletvekili katılmadı. 276 evet, 48 hayır ve 2 çekimser oy kullanıldı. Hayır oyu kullanan milletvekilleri arasında İsmet İnönü, Bülent Ecevit, Mehmet Ali Aybar, Necdet Uğur gibi isimler bulunurken; bu üç genç fidanın idamları için evet oyu kullanan vekiller arasında da Süleyman Demirel, Alparslan Türkeş, İsmet Sezgin, Nahit Menteşe, Hasan Korkmazcan gibi isimler yer alıyordu.

İdamların durdurulması için birçok eylem düzenlendi. Mahir Çayan 10 yoldaşı bile birlikte Ünye Radar Üssünde görev yapan 3 İngiliz teknisyeni kaçırdı. Ancak tüm çabalarına rağmen başarılı olamadılar ve 30 Mart 1972 tarihinde Kızıldere'de katledildiler.

Türk Hava Yollarına ait Boğaziçi isimli uçak 2 Mayıs 1972'de Bulgaristan'a kaçırılır. Ancak bu eylemde bir sonuç vermez.

4 Mayıs 1972'de Jandarma Genel Komutanı Kemalettin Eken'e karşı düzenlenen saldırı girişimi de sonuçsuz kaldı.

Kamuoyunda imza kampanyaları düzenlenecek, yürüyüşler yapılacak ancak hiçbir eylem Deniz'leri idam sehpasından kurtarmaya yetmeyecekti.

Peki bu yolda Deniz'in, Hüseyin'in ve Yusuf'un dışında kimler bu sonsuz yürüyüşe çıkmıştı? Özlemleri Özgür ve bağımsız bir Türkiye olan bu üç fidanın diğer yoldaşları kimlerdi?

Bu isimlerden birkaç tanesinin öyküsünü anımsadıktan sonra 1968 yılının Türkiye ve Dünya üzerende yarattığı etki, THKO'nun kuruluş süreci ve dönem içinde kurulan gençlik örgütleri ve düzenledikleri eylemlere de değineceğiz.

Delikanlım İyi Bak Yıldızlara[10]

Bir kavganın, özlemin yüceliğinde perçinlenen yürekler, hiçbir çıkar gözetmeden, kendi hayatlarını hiçe sayarak ölüme yürüdüler. Kimisi darağaçlarında, kimisi hain kurşunlarda, kimisi işkence tezgâhlarında bir umut yüklenip bin umut oldular halklarına...

Faşizmin ve gericiliğin kol gezdiği ülkelerinde, baskılara boyun eğmeyeceğiz, ölmek var dönmek yok dediler ve davrandılar...

Kimi Kızıldere'de, kimi Nurhak'ta, kimisi darağaçlarında söyledi son sözünü. **Yaşasın Tam Bağımsız Türkiye! Ölmek Var Dönmek Yok!**

---

[10] Deniz Gezmiş'in ajitasyonlara başlamadan önce sıklıkla kullandığı bir Nazım Hikmet dizesi.

Nurhak

Türkiye Halk Kurtuluş Ordusunun aldığı karar sonucunda, Malatya kırsal alanında gerilla oluşturmak ve eylem yapmak için toplanan grup, 31 Mayıs 1971 günü Malatya, Kürecik'te faaliyet gösteren ABD üssüne eylem düzenlemek ve burayı tahrip etmek için yola çıktı.

Grup Adıyaman'a Gölbaşı İlçesinin İnekli Köyü yakınlarına geldiğinde mola vermek için durdu. Köylülerin jandarmaya ihbar ettiği grupla, jandarma arasında çatışma çıktı.

Sinan, Kadir ve Alpaslan çıkan çatışmada hayatlarını kaybetti. Mustafa Yalçıner ağır yaralı olarak yakalandı. Ahmet Erdoğan, Metin Güngörmüş ve Hacı Tonak kaçamayarak yakalandılar.

Mustafa Yalçıner Nurhak'ı daha sonra şöyle anlatacaktı:

"Az meyilli bir yayı andıran nispeten düz bir çizgi halinde diziliydik. Aramızda dört-beş metre mesafe vardı her birimizin. Bağırarak yoldaşça helalleşildi. Artık olduğumuz yerde çakılıp kalmıştık. Yan yana gelip sarılıp öpüşmek bile mümkün değildi. Tam siper ateşe başladık. Cephaneyi tedbirli kullanmaktan da vazgeçtik. Çatışmaya başlayalı bir buçuk saati geçmişti. Dört bir yandan gelen kurşunlara karşı korunmada çok zorluk çekiyorduk artık.

Ve ilk Kadir vuruldu. Göğsünden. Ölümcüldü yara. Yarım dakika kadar sonra Kadir Manga yoldaş devrimin sayısız şehitleri arasındaydı.

Peş peşe geldi ölüm. Yaralanan Kadir'e doğru hamle ederken siperlenmeyi boş vermiştik. Ve Alpaslan vuruldu. İki-üç kurşun yarası almış olsa gerek, hemen can verdi Alpaslan yoldaş.

Son Sinan yoldaş kalmıştı. Bacağı ve omuzu kanıyordu. Yarı ayakta, kuru bir ağaca siper almıştı. Otomatikle kesik kesik tarıyordu. Üç-beş dakika önce bir bomba attıktan sonra yarı ayağa kalkmış ve ağaca siperlenmişti. Ama dört bir yandan, özellikle de iki yandan gelen kurşun yağmuru karşısında yetersiz kaldı.

Son uzun bir taramadan sonra Sinan yoldaşın silahı sustu."[11]

[11] İnönü Alpat, *Türkiye Solu Sözlüğü*, Dipnot Yayınları – Ankara 2008. Sf. 195.

Nurhak Ağıdı

Dört Bir Yana Haber Salsam
Öldü Desem inanır mı?
Dağlar Bana Geri Verin
Kadir'imi, Sinan'ımı...

Jandarma Kurşunu Çaldı
Canımı Tenimden Aldı
Nurhak'a Abide Kaldı
Dağlar Aldı Selamımı

Nurhak Sana Güneş Doğmaz
Uçan Kuşlar Yuva Kurmaz
Dökülen Kan Yerde Kalmaz
Soracağız Hesabını

Böyle Kalır Sanma Devran
Yola Devam Eder Kervan
Öldü Sinan, Doğdu Sinan
Omuzladı Silahını

Hasan Hüseyin Korkmazgil

Sinan... Alpaslan... Kadir...

Sinan Cemgil

15 Kasım 1944 Çarşamba günü İstanbul'da doğmuştur. Babası Adnan Bey ve annesi Nazife Hanım felsefe öğretmenliği yapmışlardır ve dönemin önde gelen aydınları arasındadırlar. Dedesi Erzurumlu Cemal Bey, Kurtuluş Savaşı döneminde, Muğla Kuva-i Milliye teşkilatının başkanlığını yapmıştır. Sinan, öğretmen anne-babanın çocuğu olarak iyi bir eğitim sürecinden geçmiştir.

Adnan Cemgil'in de üyesi olduğu Türk Barışseverler Cemiyeti, Menderes Hükümetinin meclis izni olmadan Kore'ye asker göndermesini protesto eder. Adnan Bey'in bu yüzden aldığı hapis cezası, Sinan'ı küçük yaşta cezaeviyle tanıştırır. "Komünistler Moskova'ya!" bağırışlarını ise, aynı dava sebebiyle Yozgat'a sürgün edilen annesinin yanında duyacaktır.

1964'de ODTÜ Mimarlık Fakültesine girdi ve siyasetle yakından ilgilenmeye başladı.

1965'de Bursa'da TİP kongresinin düzenleneceği Saray Sineması önünde, Komünizmle Mücadele Derneği tarafından galeyana getirilmiş binlerce kişinin, kongre çıkışında delegelere saldırması sonucu babası

Adnan Bey yaralanıp hastaneye kaldırılır. Sinan, bu vesileyle Türkiye'deki açık faşizmle tanışmış olur.

Sinan, Şirin Yazıcıoğlu isimli arkadaşı ile 1965 yılında çıkardıkları "Dönüşüm" dergisini satarken gözaltına alınırlar. 1969 yılında Şirin Yazıcıoğlu ile evlenir. Aynı sene (1965) ODTÜ Sosyalist Fikir Kulüpleri Federasyonunun[12] kuruluşuna katılır ve bir süre başkanlığını yapar. Türkiye İşçi Partisine üye olur.

Amerikalı bir öğretim görevlisinin Sinan'a, *"Yıllardır ODTÜ'de İngilizce öğrenim görüyorsunuz, nasıl İngilizce bilmezsiniz?"* sorusuna verdiği cevap bugünlere kadar gelmiştir: *"Biz, ODTÜ'de İngilizce üç kelime öğrendik: Yankee go home!"*

1968'de yoğunlaşan öğrenci eylemlerinde, ODTÜ içinde verdiği mücadele, üstün karakteri ve üstün hitabet yeteneğiyle üniversitedeki hareketin doğal önderi olur. ODTÜ'de *Toplumcu Grup içinde* bulunur. 1968 ODTÜ boykotuna ve 1969 ODTÜ işgaline önderlik yapar.

---

[12] ODTÜ içerisindeki antiemperyalist gösterilerde en ön saflarda yer alan ODTÜ-SFK 18 Mayıs 1965 tarihinde kuruldu. DEV-GENÇ'in kuruluşunda da büyük bir öneme sahip olan Federasyon içerisinde görev alan öğrenciler, THKP-C ve THKO gibi örgütlerde de önder pozisyonunda görevler aldılar. Ulaş Bardakçı, Taylan Özgür, Ertuğrul Kürkçü, Yusuf Aslan, Hüseyin İnan, Sinan Cemgil, gibi isimler ODTÜ-SFK içerisinde aktif bir şekilde çalışan isimlerden sadece birkaç tanesidir. Sinan Cemgil örgütün başkanlığını da yapmıştır.

Toprak reformunun hayata geçirilmesinin istemiyle hazine topraklarını işgal eden Elmalı köylülerine ziyaretini, Türkiye İşçi Partisi tepki gösterince, partiden istifa eder.

Milli Demokratik Devrim-Sosyalist Devrim tartışmalarının yaşandığı süreçte, Milli Demokratik Devrimi savunsa da, Hüseyin İnan ile beraber *"Türk Solu"* ve *"Aydınlık"* odaklı Milli Demokratik Devrim yorumlarından ve bu çevredeki tartışmalardan uzak durur. Farklı bir yol açmak için arkadaşlarıyla birlikte harekete geçer.

Vietnam kasabı olarak da bilinen ABD Büyükelçisi Kommer'in arabasını yakma eylemini gerçekleştirenlerdendi. Bu eylemde birlikte bulunduğu arkadaşı Taylan Özgür'ün öldürülmesi üzerine, Ankara'da Atatürk Anıtının önünde toplanan kitleye, aranıyor olmasına rağmen şöyle hitap etmiştir:

"Devrimci bir kardeşimiz, polis kurşunu ile kahpece öldürülmüştür. Devrimci şehitlerimizin yasını tutacak vaktimiz yoktur. Devrimcilerin postunu ucuza satmayacağız. Gün gelecek Türkiye'nin bağımsızlığı ve kurtuluşu için gerekirse hepimiz öldürüleceğiz. Bunlar bizi korkutmuyor, üzmüyor ancak kinimizi besliyor. Taylan Özgür'ün arkasından matem tutmayacağız, mersiyeler düzmeyeceğiz. O, 24 saatini devrime adamış bir kişiydi. Yapılacak çok işlerimiz vardır, İkinci Kurtuluş Savaşının ilk kurşunlanan devrimcilerinden sonra bizlerde düşebiliriz, bunu korku değil, varacağımız şerefli bir nokta olarak kabul ediyoruz. Taylan

Özgür, Kommer'in arabasını yakarak, devrim için ilk kıvılcımı atmıştı. Bu kıvılcım devam ettirilecektir. Türkiye'de CIA artık, bir adam temizleme kampanyası açmıştır. Yılmıyoruz, korkmuyoruz!"

1970 yılında THKO'nun kuruluş çalışmalarını Yusuf Aslan, Hüseyin İnan, Deniz Gezmiş, Alpaslan Özdoğan ve Cihan Alptekin ile birlikte yürütür. THKO'nun düzenlediği eylemlerin hemen hepsinde etkin rol oynadı. 12 Mart muhtırasından sonra Ankara'dan ayrıldı. Deniz Gezmiş ve arkadaşlarının yakalanmasının ardından bir grup arkadaşıyla birlikte Nurhak dağlarına çıktı.

Nurhak dağlarında Sinan'ın komutanlığında gerilla birliği kurulur ve yapılan planlardan sonra Kürecik Radar Üssünü basmak için harekete geçerler.

İnekli köyü muhtarının ihbarı üzerine Sinan'ın grubu kuşatılır. 31 Mayıs 1971'de askerlerle çıkan çatışmada menzil dışına çıkan Sinan, yaralanan arkadaşı Alpaslan Özdoğan'ı almak için geri döner. Sinan, Alpaslan Özdoğan ve Kadir Manga ile birlikte vurularak ölür.

Sinan'ın annesi Nazife Cemgil, cenazeyi teslim almak için Adıyaman'ın Gölbaşı ilçesine geldiğinde, çevresini saran kadınlara şöyle seslenir:

"Bu oğlum Sinan... Bunlarda onun arkadaşları (Kadir ve Alpaslan), kardeşleri... Onlarda oğullarım... Bu çocuklar, bu oğullar; bu ülkeyi, halkı, sizleri sevdiler. Başka bir istekleri yoktu. Her biri, birer dehaydı. Her biri, birer üstün

zekâlı güzel insandı. Dileselerdi, düzenin adamı olsalardı, şimdi burada cansız yatmazlardı. Birer milyoner olurlardı. Ama onlar, halkı, sizleri sevdiler. Sizin sorunlarınızı omuzladılar. Sizi kandırıyorlar, onlar eşkıya değildi..."

Babası Adnan Cemgil ise orada bulunan köylülere şunları söylüyordu:

"Ben varlıklı bir aileden geliyorum, Öğretmenim. Ekonomik durumum epey iyi. Oğlumu en iyi şekilde yetiştirdim. En iyi okullarda okuttum. Ülkenin en güzide üniversitesi ODTÜ'de okuyordu. Hiçbir şeye ihtiyacı yoktu. Ölmese yüksek mühendis olacak ve o da varlıklı bir hayat yaşayacaktı. Fakat o sizin iyiliğiniz için öldü. Bunu bilesiniz diye söylüyorum."

Alpaslan Özdoğan

1947 yılında İzmir'in Buca ilçesinde dünyaya gelen Alpaslan, 1971 yılında daha 24'ünde genç bir fidanken Nurhak'ta katledildi ve Buca'da, doğduğu yerde sonsuzluğa uğurlandı.

68 Kuşağının kuşkusuz önde gelen isimlerindendi, ancak Alpaslan ile ilgili çok fazla bir bilgi ve belge maalesef diğer yoldaşları gibi çok değildir. Gençlik mücadelesi içerisinde süren tartışmalarda Deniz ve arkadaşlarının yanında yer aldı.

Filistin kamplarında eğitimler gördü. THKO'nun kurucu kadrosu içinde yer aldı.

THKO'nun aldığı karar doğrultusunda kır gerillası faaliyetlerini sürdürmek için yoldaşları ile Malatya kırsalına çıktı. 31 Mayıs 1971'de Nurhak Dağlarında çıkan çatışmada Sinan ve Kadir ile birlikte öldürüldü.

Kadir Manga

Kadir 1947 yılında Konya'ya bağlı Akşehir ilçesinde dünyaya geldi. İlk ve orta öğrenimini Akşehir'de, lise eğitimini İzmir'de tamamladı.

1967'de Erzurum Atatürk Üniversitesi Fen Edebiyat Fakültesi, Türk Dili ve Edebiyatı Bölümüne kaydını yaptırdı. O dönem Fikir Kulüpleri Federasyonu'nun (FKF) Erzurum Sekreterliği henüz kurulmamıştı. Aynı sene Fen-Edebiyat Fakültesi Fikir Kulübünün kurucu üyesi oldu ve yeterli sayı tamamlanarak yine aynı sene kurulan FKF Erzurum Sekreterliğinin Yönetim Kurulunda görev aldı.

Öğrenci yurdunun B blok 85 numaralı odasının duvarında ele geçirdikleri dinleme cihazını kamuoyuna duyurduklarında takvimler 25 Aralık 1967'yi gösteriyordu. 1968 yılı süresince de öğrenci derneği seçim kampanyalarının düzenleyicisi ve örgütleyicisi oldu.

FKF'nin 4 Ocak 1969'da düzenlediği olağan kongresine Erzurum Delegesi olarak katıldı ve Yusuf Küpeli'nin Genel Başkan seçildiği kongrede FKF Yönetim Kurulu üyeliğine getirildi.

1968 baharında, Erzurum FKF Sekreterliğinin Tortum ilçesinde düzenlediği *"Uyanış Mitingi"* Tertip Komitesinde iki arkadaşıyla birlikte görev aldı. Fakat o zamanki gerici ve faşistlerin halkı galeyana getirerek Kadir'i linç etmeye çalışmaları üzerine miting yapılamadan, Tertip Komitesi Erzurum'a geri döndü.

Süleyman Demirel hükümetinin 1968'in Nisan ayında gündeme taşıdığı 1961 Anayasasında yapmak istediği değişikliklere karşı Diyarbakır'da düzenlenen *"Hürriyet Mitingi"*'ne Erzurum FKF Sekreterliğini temsilen katıldı.

Türkiye Öğretmenler Sendikası'nın (TÖS) Şubat 1969'da Ankara'da düzenlediği mitinge Erzurum FKF Sekreterliği adına bir grup arkadaşı ile birlikte katıldı.

17 Mart 1969'da, Türkiye İşçi Partisi Kars örgütünün desteklediği Susuz ilçesine bağlı İncesu ve Çamçavuş köylülerinin kredi adaletsizliğini protesto etmek ve topraksız köylülerin toprak talebinde bulunmak için ilçe merkezine kadar yapmak istedikleri yürüyüşe FKF Erzurum Sekreterliği olarak katılan gurubun içinde ve önünde yer aldı. Susuz'da öğrencilerin bütün gün okulları terk etmesi yasaklandı.

Yürüyüş, bölgede büyük yankı uyandırdı. Ancak jandarmanın yarı yolda yürüyüşü durdurması üzerine Susuz'a kadar sürmesi mümkün olamadı.

1969 yılının Nisan ayında Ağrı'da "İşsizlik Mitingi" düzenleyen FKF Erzurum Sekreterliği, yaklaşık dört bin kişiyi miting alanına topladı, mitingin sunucusu Kadir Manga idi.

Kadir Manga, 1 Mayıs 1969'da hayatını kaybeden o zamanki Yargıtay Başkanı İmran Öktem'in cenaze töreninde gericilerin saldırısıyla meydana gelen olayları protesto eden FKF Erzurum Sekreterliği'nin bildirisini arkadaşlarıyla Erzurum'da dağıtırken saldırından kıl payı kurtulabildi.

1969 Haziran ayı sonunda Erzurum'da Kurulu bulunan İzmir Yüksek Tahsil Talebe Cemiyeti Başkanı seçildi ve Filistin'e gidinceye kadar bu görevini sürdürdü.

1969 Aralık sonlarında Filistin'e gidinceye kadar aralıksız olarak Erzurum Atatürk Üniversitesi'nde ve çevre illerdeki tüm devrimci eylemlerin örgütlenmesini yönetti ve aktif olarak yer aldı.

THKO adına Hüseyin İnan'ın çağırısı üzerine gittiği Filistin'de El Fetih örgütü kamplarında eğitim gördü. 16 arkadaşıyla Türkiye'ye döndükten sonra 1 Şubat 1970 tarihinde dönenlerden 11 arkadaşıyla Diyarbakır'da yakalanarak 8 ay Diyarbakır Cezaevinde yattı.

Tahliye olduktan sonra Türkiye Halk Kurtuluş Ordusu'nun (THKO) dağ kadrosunda yer aldı. 1971 Şubat ayından itibaren kırsal kesimde görev alarak fiilen kırlarda çalışmalar yaptı.

12 Mart Muhtırası verildiği gün Kadir Manga, THKO'nun kır örgütü ile dağdaydı.

31 Mayıs 1971'de de Nurhak Dağlarında, Gölbaşı'nın İnekli Köyü civarında jandarma ile giriştiği çatışmada Sinan Cemgil ve Alpaslan Özdoğan ile birlikte öldürüldü.

Milli Demokratik Devrim (MDD)

Sol içi ayrışmaları çağrıştıran bu tartışma 1960'lı yılların en önemli başlıklarından birisiydi. Mihri Belli MDD görüşünün en bilinen temsilcilerindendir.

Marksist- Leninist bakış açısından, burjuva devrim sürecini gerçekleştirmemiş olan ülkelerde, burjuvazinin gericileşmesi nedeniyle devrimin proletarya önderliğinde gerçekleştirilmesi ve buradan sosyalizme ulaşılmasını tarif ediyor.

Doğan Avcığolu'nun başında olduğu YÖN grubu ve Mihri Belli'nin MDD kanadı ülkenin iktisadi ve sosyal geriliği, proletaryanın nicel ve nitel zayıflığı ve benzeri argümanları dayanak yaparak gündemde olan devrimin sosyalist bir devrim değil, milli demokratik bir devrim olması gerektiğini ileri sürdüler. MDD anlayışının 60'lı yıllarda yaygın bir destek bulmasının ardındaki en önemli faktörlerden birisi de sosyalist devrim çizgisinde olan Türkiye İşçi Partisinin (TİP) reformist bir yapıya yaklaşması ve sosyalist devrim anlayışı ile reformist çizgiyi bağdaştırmasıydı.

Fakat, terminolojik açıdan demokratik devrimden sosyalist devrime kesintisiz bir geçiş öngörülmesine ve bu devrimin işçi sınıfı önderliğinde bir işçi-köylü ittifakı şeklinde gerçekleştirilmesi gerekirken Doğan Avcıoğlu ve YÖN grubu sosyalist devrim anlayışını tümüyle devre dışı bırakıyor, devrimin önderliğini ise ordu gibi Marksist-Leninist terminolojiye tümüyle karşıtlık içeren bir güce devrediyordu. Milli Demokratik Devrim yandaşları, teori bakımından Marksizm'e daha yakın durmalarına ve sosyalist devrim hedefini de YÖN'e göre daha net bir şekilde göstermelerine, dile getirmelerine rağmen, devrimin önderliğini kimin yapacağı ve ne tarz bir birliktelikle gerçekleştirileceği konusunda esas olarak YÖN grubu ve Doğan Avcıoğlu'ndan bir ayrılık göstermiyordu.

Milli Demokratik Devrimi savunan bir başka isim, Hikmet Kıvılcımlı'nın devrim ve ittifak anlayışı diğer isimlere nazaran Marksizm'e daha yakındı. Tüm bunlara rağmen Hikmet Kıvılcımlı'nın ekibi daha güçsüzdü ve 27 Mayıs'ta yapılan askeri darbenin Kıvılcımlı'nın anlayışında da orducu bazı etkiler meydana getirdiği söylenebilirdi.

MDD 1971 ile birlikte daha fazla Marksist ve radikal bir tutum içerisine girdi. Bu kopuşun adresinde THKP-C, TİKKO ve THKO vardı. 1968'lerden sonra MDD'yi savunanlar arasında da bir iç tartışmanın filizlendiği görüldü. Tartışmanın belirleyici noktalarını MDD'cilerin örgütsüzlük durumuna karşın bir örgütlenme isteği ve giderek alt sınıfların artan toplumsal muhalefeti ile birleşme çizgisi oluşturdu.

1971 senesi, gerek devlet iktidarının zora dayalı bir devrimle yıkılması, bunun parti önderliğinde bir cephe anlayışıyla gerçekleştirilmesi ve devrimde orduya değil, toplumun alt sınıflarına dayanılması gibi konularda bir kopuşun gerçekleştiği tarih oldu.

Bu tarihten sonra Milli Demokratik Devrim işçi, köylü, kent yoksulu ve diğer alt sınıfların devrimci eylemiyle gerçekleştirilen ve kesintisiz bir şekilde sosyalizmle sonuçlanan bir süreç olarak algılanmaya, dolayısıyla Marksizm'e daha uygun bir çerçeve içinde formüle edilmeye başlandı.

1970-80 arasında da TİP dışında kalan sol hareketler ulusal demokratik halk devrimi, Milli Demokratik Devrim ve benzeri isimlerle demokratik devrim anlayışını savunmayı sürdürdüler.[13]

Bu bölümde MDD ve çevresini daha iyi tahlil edebilmek için, Mihri Belli'nin kaleme aldığı bir yazıyı okumamızda fayda vardır.

Mihri Belli / Milli Demokratik Devrim[14]

Bir toplumun önündeki devrimci adımın hangi adım olduğunu devrim yolunda aştığı mesafe belirler. Eğer ülke demokratik devrimini geçmişse, burjuva demokratik devrimler çağını da yapamamış ise, bu devrimin başta gelen unsuru olan toprak devrimini görmemiş, tanımamış ise, bir devrimle yazgısını değiş-

---

[13] İnönü Alpat, *Türkiye Solu Sözlüğü*, Dipnot Yayınları – Ankara 2008. Sf. 178

[14] Mihri Belli, *Devrimci Hareketimizin Eleştirisi 1961 - 1971*, Emekçi Yayınları, 1977.

tirmedikçe Üçüncü Dünya'nın sömürülen azgelişmiş ülkeleri safında debelenmesi kaçınılmazdır. Türkiye böyle bir ülkedir. Belli bir bağımlı kapitalist gelişmeden geçmiş olması, topraklarının bir ucunun Avrupa kıtasına girmiş bulunması bu gerçeği değiştirmez.

Türkiye'de egemen güç emperyalist tekellerin, transnasyonallerin acentesi durumunda olan işbirlikçi, tekelci kapitalistler sınıfıdır. Bu sınıfın ve bağlaşığı olan taşra mütegallibesinin çıkarları ülkenin geri, sömürülen ülke durumunun sürüp gitmesini emreder. Bağımlı kapitalist ekonominin siyasal üstyapısı bu bağımlılığı açıkça yansıtmaktadır. Bugün Türkiye topraklarında Türk hükümetinin denetimi dışında nükleer füzelerle donatılmış Amerikan üstleri vardır. Ve bu yüzden Türkiye, iradesi dışında kopacak bir nükleer savaşta ilk dövülecek hedeflerden birisidir.

Yer yer yarı-feodal ilişkileri de barındıran bağımlı kapitalizmin siyasal üstyapısı demokratik olamaz. Türkiye'de arada bir askeri darbelerle kesintiye uğratılan şekli burjuva parlamenter düzen işçi sınıfının, köylülüğün kendi partisi ile parlamenter mücadele alanında yerini almasını ve gücü ile orantılı olarak ülke politikasında belirleyici rol almasını engelleyen antidemokratik bir düzendir. Ülke nüfusunun beşte birini oluşturan Kürt ulusal topluluğunun varlığı inkar edilir, bu topluluğa zorla asimilasyon politikası uygulanır. Devlet aygıtı içinde, seçimle gelen hükümetlerin denetimi dışında ayrıcalıklı kastlar oluşmuştur. Ve bunlar ayrıcalıklarını tehlikede gördükleri anda darbenin koşullarını hazırlamak için tertiplere girişirler ve vatan kurtaran arslan pozunda CİA'nın izniyle baskını yaparlar. Darbe sonucunda sol ezilir, işçinin, emekçinin gerçek ücreti yarıya düşer, işbirlikçi tekellerin kârları rekor düzeye yükselir. Ve vatan böylece kurtarılmış olur. Burjuva partilerin iktidarın bu şekilde gasp edilmesine karşı çıkışları göstermeliktir. Onlar cuntacılardan çok halktan korkarlar. "Ara dönem" dedikleri cunta yönetiminden "normal koşullar" denilen parlamentoculuk oyununa geçildiğinde de devletin polis devleti niteliği değişmez. Türkiye'de işkence iktidarların doğal saydıkları yönetim yöntemidir. Cezaevleri birer işkencehane olmaya devam eder.

Evet, böyle bir düzendir Türkiye'nin düzeni. Böyle bir ülkenin önündeki devrimci adım, bağımsızlık ve demokrasiyi gerçekleştirmeyi hedef alan ve bu hedeflere ulaşılmakla toplumu sosyalist kuruluş aşamasına getirecek olan Milli ve Demokratik nitelikte bir Devrim'den başkası olamaz. Sosyalizm, çağımızın devrimci düşüncesini benimsemiş olan aydınlar eliti tarafından emekçi yığınlarına yukardan aşağıya sunulan bir lütuf olamayacağına göre, sosyalizm bizzat işçi sınıfının bağlaşığı emekçi yığınlarla birlikte verdiği devrimci mücadelenin ürünü olacağına göre, bu yığınların geniş bir kısmının henüz sosyalizm davasına kazanılmadığı bu aşamada sosyalist hareketin o yığınlara ulaşması olanağını sağlayacak olan demokrasinin birinci hedef, demokrasi mücadelesinin de önde gelen devrimci görev olduğu açıktır.

Türkiye gerçekliğinde demokrasi mücadelesi işbirlikçi tekelci burjuvazinin sömürü ve tahakküm olanaklarının elinden alınmasını da hedef alır. Bu yolda mücadele anti-emperyalist mücadeleden ayrı olarak düşünülemez. İşbirlikçi sermayeye el kaldıran transnasyonallere, emperyalizme de el kaldırmış olur. Ayni biçimde bugünün dünyasında anti-emperyalist mücadelede de yerli işbirlikçi tekelci büyük sermayenin kamulaştırmalar yoluyla mülksüzleştirilmesini hedef alan sosyalizme yönelik mücadeleden ayrı düşünülemez. İkisi iç içedir. Ve mücadele hedefine ancak en geniş emekçi yığınlarının bilinçli ve örgütlü olarak katılımıyla başarıya ulaşabileceğinden, bu, aynı zamanda, demokrasiyi devrimci eylem içinde kurma mücadelesidir, demokrasi mücadelesidir.

"Sosyalizm Yolunda Tam Bağımsız ve Gerçekten Demokratik Türkiye" sloganı bu dediklerimizi ifade eder. Bu, geçmişte bazılarının iddia ettiği gibi "sosyalist mücadeleyi ertelemek" değildir. Sosyalizme giden yolu açmak, bağımsız ve demokratik bir devrim Türkiye'sini yaratmaktır gösterilen hedef. Besbelli, sosyalistler sosyalizm yolunda mücadele vermekle yükümlüdürler. Ama sosyalistler aynı zamanda en tutarlı, en güvenilir bağımsızlık ve demokrasi savaşçılarıdır da. Ancak emperyalizme karşı, faşizme karşı mücadelenin sosyalistlerin tekelinde olmadığını da bilelim. Bu mücadele toplumda tüm ulusal ve demokratik güçlerin mücadelesidir. İşçi sınıfı içinde, yoksul köylülük saflarında derin kökler salabilmiş bir sosyalist parti bütün ulusal ve demokratik güçleri emperyalizme karşı, faşizme karşı cephe birliği kurmayı, işbirlikçi tekelci burjuvaziyi bağlaşıklarıyla birlikte tecrit etmeyi görev bilmelidir.

Geçmişte MDD çizgisini savunanların bütün güçleri bağımsızlık ve demokrasi hedefine yöneltme çabasında oldukları, sosyalizm mücadelesini küçümsedikleri, hatta TİP yanlılarının "Sosyalist Türkiye" sloganına karşı çıktıklarını ileri sürenler oldu. O dönemde TİP yöneticilerinin ileri sürdüğü "Sosyalist Türkiye" sloganı bu partinin parlamentarist, pasifist tutumunu maskelemek için ileri sürülen görünüşte sol bir slogandır. Biz buna karşı çıktık; elbette ki sosyalizme karşı olamazdık.

Hem Türkiye'de sosyalist mücadeleyi nasıl verirsin? Faşizme karşı, emperyalizme karşı mücadelenin bize dayattığı acil görevleri bir yana bırakıp, bütün oyunları parlamentoculuk oyununa bağlayarak sabahtan akşama "Sosyalist Türkiye" diye bağırarak değil elbette. Emperyalist sistem içinde sömürülen ülke durumunda olan Türkiye'de "gelin sosyalizmi kuralım" diye ortaya çıkmaya kalksan ancak gülünç duruma düşersin. Yapılacak şey, bir yandan emperyalizme karşı, faşizme karşı bağımsızlık ve demokrasi mücadelesinin acil görevlerini eksiksiz ve yürekle yerine getirirken bu mücadele içinde yer alan yığınları, kadroları sosyalist bilince ulaştırmak için gerekeni yapmaktır: Yayın, eğitim, araştırma; bilimsel sosyalizmin temel yapıtlarını Türkçeye kazandırmak, Marksist düşünceyi işçi mahallerinden en ücra köy dağlarına kadar iletmek...

Bütün bunları MDD çizgisini benimseyenler yaptı.

İşbirlikçi, tekelci burjuvazinin mülkiyetindeki üretim araçlarının, bu sınıfın egemen durumuna son vermek amacıyla ilk aşamada kamulaştırılması sosyalist kuruluşa geçiş değil midir? Bu, sosyalist kuruluşun ancak Milli Demokratik Devrim'in belli başlı görevlerinin yerine getirilmesinden sonra yer alacağı yolundaki sav ile çelişmiyor mu?

Eğer, dünyada birçok örneklerini bugün gördüğümüz gibi, ayrıcalıklı bir bürokrat zümre tahakkümü altında devlet kapitalizmi değilse amacımız, ki bir devrimci halk iktidarının amacı bu olamaz, bu ilk aşamada da kamulaştırmalar yoluyla kurulacak olan bir sosyalist sektördür. Ama henüz ülke düzeyinde sosyalist kuruluşa geçiş değildir. Bu kamulaştırmaların birinci hedefi ülkenin iktisadi bağımsızlığıdır. Ülke ekonomisine, dolayısıyla politikasına hükmetme olanaklarının işbirlikçi sermayeden ve emperyalist tekellerden alınmasıdır. Ülke düzeyinde sosyalist kuruluşa paldır küldür geçilemez. Sosyalizm yığınların eseri olacağına göre, bu yığınlar içinde, özellikle yoksul köylülük saflarında uzun süreli, sabırlı çalışmaları gerektirir.

Milli Demokratik Devrim tezleri, bu ad altında ilk kez altmışlı yıllarda savunulmuş olmakla birlikte, bu tezler, özünde, Türkiye'de Marksist hareketin 1920'lerden beri savunduğu asgari programın günün koşulları göz önünde tutularak bir ölçüde geliştirilmiş şekliden başka bir şey değildir. Bilindiği gibi bu tezlerde asker-sivil-aydın zümre ulusal demokratik güçlerden sayılmıştı. Türkiye toplumunda okul görmüşlerin büyük kitlesiyle demokratik bir güç oluşturduğu tartışma götürmez. İlerici güçlerin hareketlilik dönemlerinde TÖS'ün, TÖB-DER'in, tekniker örgütlerinin, TMMOB'nin, barolar, tabipler odaları ve benzeri meslek örgütlerinin demokratik güçler safında yer aldıkları ortadır.

Askerlere gelince, hiç değilse 1960'larda subaylar ve astsubaylar zümresi içinde hiç de küçümsenmemesi gereken ilerici tutum ve davranışa yatkın bir kesim olduğu tartışma götürmez. Bizim bu kesimi Kurtuluş Savaşımızın istiklalci geleneğine sahip çıkmaya ve Türkiye toplumunun ilerici saflarında yer almaya çağırmamız doğru bir davranıştır. 27 Mayıs hareketi sonrası dönemde Türkiye toplumunun sola açılışından subay astsubay kadrosunun önemli bir kesimi özellikle, alt rütbedekiler etkilenmişti. Genç subaylar içinde sol basını izleyenler ve çağımızın devrimci düşüncesine eğilim gösterenler yer yer etkindir. Bu toplumdaki güçler dengesini değerlendirirken Türkiye'nin bu gerçeğini göz önünde tuttuk. Bu bize son derece önemli bir alanı tümü ile burjuvaziye terk etmeme, bu alanda da çalışma görevini yüklüyordu. Baskını karşı tarafın yapabilmiş olması ve hemen ardından silahlı kuvvetlerde tasfiyeye girişmesi tutumumuzun yanlışlığının kanıtı olamaz, tam tersine.

12 Mart darbesi öncesi militan solun hemen hemen tümünün savunduğu MDD çizgisi, bugün çok daha dar bir çevre tarafından savunulmaktadır. Bu, MDD sloganlarının artık aşıldığını göstermez. Çünkü "Tam Bağımsız ve Gerçekten Demokratik Türkiye" sloganı ancak ülkemizdeki Amerikan vesayetine ve işbirlikçi tekelci kapitalistler sınıfının egemenliğine son verildiğinde, köklü demokratik reformlar gerçekleştirilerek ülkemiz tam bağımsız ve gerçekten demokratik bir ülke durumuna geldiğinde işlevini tamamlamış olur. Ama bugün Türkiye altmışlı yıllardakinden daha bağımlı, ve düzen bugün o yıllardakinden çok daha antidemokratiktir. Onun için bu slogan bugün de geçerlidir.

Bilindiği gibi, 12 Mart döneminde askeri mahkemelerin baktığı belli başlı davaların iddianame ve gerekçeli hükümlerinde askeri savcı ve yargıçlar Milli Demokratik Devrim tezlerini kendi açılarından açıklayarak suçlamaya uğramışlardır. Dev-Genç davası da böyledir. TÖS davası da; Aydınlık davası da böyledir. Haziran Hareketi davası da, diğer davalar da hep böyle. Ben bu davaların dördünde sanıktım. Yakalansaydım ve mahkeme önüne çıkmak nasip olsaydı dört davada da yargılanacaktım.

Evet, inisiyatifin bizde olduğu ve gerici güçleri geriletebildiğimiz o günlerde militan sol içinde herkes MDD'yi savunuyordu. Bugün Türk solunu oluşturan bilmem şu kadar örgütün önemli bir kesimi 12 Mart öncesi militan solun çizgisinin sürdürücüsü olduğunun iddiasındadır. Bunlar, aynı terminolojiyi kullanmasalar bile bugün de emperyalizme karşı, faşizme karşı mücadeleyi ön plana almakla öz olarak bizim tezlerimizle bağdaşan görüşler savunmaktadırlar. Başka türlü de olamaz. Bugün Türkiye'de bağımsızlık ve demokrasi mücadelesine öncelik tanımayan ve soyut sosyalizm propagandasıyla yetinen bir çizgi ciddiye alınamaz. Ancak bu örgütler ötekilerden değişik bir çizgi izlediklerini kanıtlama gayretinde olduklarından ayrıntı niteliğindeki farklılıkları alabildiğine vurgulamadan edemiyorlar.

Bu tutumdakilerle, varlıklarını solun bölünmüşlüğüne borçlu olanlarla diyalogun hiçbir yararı olmadığı açık. Geçmişi Marksist eleştiri süzgecinden geçirme kavrayış ve yürekliliğini gösteremeyen, Türkiye Marksist solunda sağlam ne varsa onun birliği içinde erimeye hazır olmayan örgüt ve çevrelerle diyalog zaman kaybıdır. Sosyalist örgütlenme sorunu, dediğim kavrayış ve yürekliliği gösterebilenlerle omuz omuza çözüme bağlanacaktır.

Sosyalist Devrim (SD)

MDD gibi Sosyalist Devrimde (SD) 1960'lı yılların en fazla tartışılan konularından birisiydi. Sol hareket için ayrım noktası sayılabilecek SD tartışmalarının yaşandığı süreçte TİP (Türkiye İşçi Partisi) bu anlayışı en fazla savunan ve benimseyen parti oldu.

TİP Genel Başkanı Mehmet Ali Aybar SD söyleminin telaffuz edildiği 1965 ve devamındaki yıllarda parti içinde özel bir yere ve gizli bir ağırlığa sahipti.

SD anlayışı daha fazla, o tarihlerde TİP'in yükselişinden de etkilenen CHP'yle ayrım noktalarını öne çıkarmak ihtiyacından kaynaklanıyordu. TİP sosyalist bir düzen yaratmanın umudunda, CHP ise ortanın sol tarafındaydı. Sonuç olarak, SD düşüncesini benimseyen ve savunan TİP oylarının çoğunu köylülerden alması ve işçi örgütlenmelerinden ziyade köylüler içinde örgütlenmeye önem vermesi bunun açık bir göstergesiydi.

MDD düşüncesini savunanlar gibi TİP de ülkenin sosyalist bir düzene geçmeye hazır olmadığını düşünüyor ve sosyalizme geçiş için planlamaya dayalı, ulusalcı ve demokratik bir aşamanın yaşanmasının gerekliliğini savunuyordu. Ancak arada şöyle bir fark vardı; MDD yanlıları bunu ilerici bir ordunun yapacağı darbe ile TİP ise parlamenter yoldan iktidara gelerek gerçekleştirmek taraftarıydı. Bu yüzden de darbeci zihniyeti kendisi için büyük bir engel ve tehlike olarak görüyordu.

1968 yılı itibariyle TİP içerisinde daha Marksist bir devrim anlayışı gün yüzüne çıkıyordu. Partinin oy oranının azalması, köylülerden beklenen desteğin gelmemesi, Devrimci İşçi Sendikaları Kurumu'nun (DİSK) kurulması ve gün geçerek güçlenmesi, işçi sınıfı merkezli bir Sosyalist Devrim anlayışının parti içerisinde şekillenip güçlenmesi açısından da koşulları olgunlaştırdı.

TİP bünyesinde Sadun Aren ve Behice Boran'ın temsil ettiği Emek grubunun yönetime gelmesiyle, Mehmet Ali Aybar ve MDD düşüncesini benimseyen grup partiden tavsiye edildi. Parti içerisinde içinde farklılıklar bulundurmayan daha net bir Sosyalist Devrim anlayışı egemen oldu.

1978 yılında Türkiye Komünist Partisi'ne (TKP) yakınlaşan TİP, ulusal cephe anlayışından etkilendi ve SD düşüncesinden uzaklaştı.

Sosyalist Devrim'in terminolojik anlamda ne olduğunu ve dünya üzerinde nasıl tanımlandığına bakacak olursak; Sosyalist Devrim üzerine yapılan tartışmalar aslında şiddet ile değil, toplum içerisinde halkın gerçek gücünü geliştirmekle, demokrasiyi genişletmekle ilgilidir. Sosyalist Devrimin asıl anlamı şudur:

İşçi sınıfı, kökleri günlük yaşamda olan, var olan otoritelere meydan okuyacak ve onların yerini alacak yeni kurumlar geliştirir. Milyonların iradesinin aracı olabilmeleri için, bu kurumların demokratik olması zorunludur. Şimdiye kadar işçiler, farklı zamanlarda ve farklı yerlerde, bu kurumlara, komün, Sovyet, işçi konseyi, özerk cumhuriyet gibi isimler verdiler. Büyük olasılıkla gelecekte de yeni isimler bulacaklar.

Sosyalist devrim, milyonların aktif olarak katıldığı, "aşağıdan" bir süreç olmak zorundadır. Sosyalist devrim boyunca sıradan insanlar kendi yaşamlarını etkileyen bütün meselelerin kontrolünü ele alırlar. Bu, genel olarak bir "politika" sorunu değildir. Ekonomik yaşama ve dolayısıyla üretim araçlarının toplumsallaştırılmasına kadar uzanır. Toplumun zenginliği çok az insan tarafından kontrol edildiğinde, gerçek bir demokrasiden söz etmek mümkün değildir.

Sosyalist devrim, işyerlerine kadar uzanır. Bazı insanlar diğerlerinin patronu olurken ve ayrıcalık sahibi olmak için daha fazla para kazanırken demokrasinin hiçbir anlamı yoktur. Sosyalist devrim "yasa ve düzen" sorunlarıyla uğraşır. Seçilmemiş yargıçlar, sulh yargıçları ve polis şefleri hiçbir zaman suçun yarattığı problemleri ve kapitalizm altında yabancılaşmış yaşamın ürünü olan günlük şiddeti çözemezler. Sosyalist devrimde, çalışan insanlar, sosyal yaşamın her alanında kontrolü ele geçirirler ve neye ihtiyaç duyduklarını ve bu ihtiyaçlarını karşılamanın en iyi yolunun ne olduğunu tartışırlar. Yeni bir dünyayı şekillendirmenin araçlarının kontrolünü ele geçirirler. Böyle bir değişim, sadece kurumları değiştirmenin ötesine geçer ve toplumun ve insan psikolojisinin en derin düzeyinde gerçekleşir.

Kapitalizmde, çoğu zaman, yöneticilerimizin gücü, bizim kendi aramızda bölünmüş olmamız ve kendimizi güçsüz hissetmemiz koşuluna bağlıdır. işte, kapitalist toplumda cinsiyetçi, milliyetçi ve ırkçı bölünmelerin önemi burada yatar. Hayatın oluşturduğu engellerin gerçek kaynaklarını saptırarak, bunların sorumluluğunu "günah keçileri"nin üzerine atarlar. Farklı zamanlarda, bu hedefler Katolikler, İrlandalılar, Yahudiler, siyah ve Asyalı insanlar, eşcinseller ve diğerleri olmuştur.

Fakat, bu bölünmelerin temelinde yatan daha derin bir şey; yani kapitalizmde her günkü yaşam tarafından oluşturulan yoğun güçsüzlük duygusudur. Yaşamak için bir başkası için çalışmak, patronlar tarafından aşağılanmaya boyun eğmek zorundayız. Teoride "özgür" olduğumuz "pazar", aslında, çalışan insanlara çok az seçenek sunar. Günlük yaşam, acı gerçek ile 'kendi yaşam koşulları üzerinde demokratik güçlerini kullanan sıradan insanlar' fikri arasındaki boşluğun en büyük olduğu yerdir. Birkaç yılda bir seçimlerde oy kullanmak bu boşluğu kapatmaz. Halk devrimi gereklidir, çünkü egemen sınıfı sırtımızdan atmanın başka bir yolu yoktur. Daha da önemli olan, beraber mücadele ettiklerinde bu insanların yaşamında meydana gelen değişimler ve bu mücadelenin onları harekete geçirici etkisidir. Bir yüzyıl önce, Rus devrimcisi Lenin, "*her devrim ezilenlerin şölenidir*" diye yazmıştı. İşte bu en önemli ve en değerli, şeydir. İnsanlar kendilerini dönüştürürler. Biz, bu dönüşümü, küçük ölçekte, grevlerde ve sosyal hareketlerde görürüz. İnsanların kendilerine olan güvenleri artar ve kendilerini daha iyi hissederler.

1980'de Polonya'da, kitle grevlerinin etkisi ve zaferi sadece işçilerin kendi arasında değil, bütün toplumda hissedildi. Hastanelerdeki hastalar daha çabuk iyileştiler ve taburcu oldular. Birkaç hafta içinde hastane koğuşları tekrar doldu; fakat bu sefer kendini bir anda kötü hisseden resmi görevliler ve yöneticilerle. Halk devrimleri, toplumun yaratıcılığını ve farklı bir toplumun temeli için gerekli olan kolektif gücü artırırlar. Devrim, kapitalizmde önü kapatılan bu potansiyelin önünün açılması sürecidir. Devrim kolektif ve ortak bir süreç olmak zorundadır. Yeni bir dünya yaratma kapasitemize olan güvenimiz, bütün güce sahipmiş gibi görünen egemenler karşısında zayıf düşürülmüş ve yeteneksizleştirilmiş, yalnız ve çaresiz bireyler olmadığımız duygusuna bağlıdır. Devrimlerin sadece egemen sınıflar için değil, aynı zamanda sıradan insanlar için de sürpriz olmasının nedeni budur. Her dürüst halk devrimi tarihçisi, insanların devrim sırasında duydukları mutluluğu ve kendi güçlerini kazanmış olmalarını anlatmanın yanı sıra, her zaman, bu durumu da kayda geçmiştir.

İnsanlar, devrimlerde, başka koşullarda olduklarından daha hızlı değişirler. Yeni olasılıklar kendilerini ortaya çıkarırlar. Bir anda insanlığın ufku genişler. Gri dünya yeni renkler almaya başlar. Sadece devrim deneyiminde güçsüzler kendi kapasitelerini görmeye, kendi güçlerini sınamaya ve artırmaya ve bilinçli bir şekilde yeni bir dünyayı yönetme yeteneğine sahip olmaya başlarlar. Bu hiçbir şekilde şiddetle değil, tamamen özgürlüğün genişletilmesiyle ilgilidir.

Fikir Kulüpleri Federasyonu (FKF)

Gençlik mücadelesine ve döneme damgasını vuran FKF 1965 yılının Aralık ayında Siyasal Bilgiler Fakültesi (SBF), Dil Tarih Coğrafya Fakültesi (DTCF), Hukuk Fakültesi, Fen Fakültesi, Yüksek Öğretmen Okulu ve fikir kulüpleri öncülüğünde kurulmuştur.

17 Aralık 1965 tarihinde SBF'den Hüseyin Ergün, Kudret Ulutürk, İsmet Özel, Erdal Türkkan, Ümit Hassan. DTCF'den Ataol Behramoğlu. Fen Fakültesinden Asaf Köksal. Hukuk Fakültesinden Zülküf Şahin, Şirin Yazıcıoğlu, Taylan Türker. YÖO'dan Mevlüt Korkmaz, Talip Özay, Rıfat Murat, Dudu Körücekli'nin Ankara Valiliğine yaptıkları başvuru gençliğin mücadelesi için yeni bir dönemin başlangıcı oldu.[15]

Gençliğin sadece anti-emperyalist mücadele ile sınırlanan başkaldırısını sosyalist bir mücadeleye doğru

---

[15] İnönü Alpat, *Türkiye Solu Sözlüğü*, Dipnot Yayınları – Ankara 2008. Sf. 104

çevirmesinin ilk adımı FKF'nin kuruluşuyla atılmış oluyordu.

FKF'li gençler 1965 yılında çıkarttıkları Dönüşüm Dergisi çevresinde toparlanmaya başlıyordu. Dönüşüm bir taraftan sosyalist gençliğin potansiyelini ortaya koyarken, diğer yandan da gençlerin birlikte hareket etmelerini sağlayan bir ürün olmuştur. Dönüşüm'ün ilk sayısında Sadun Aren, Aziz Nesin ve Mithat Şen'in yazıları yer almıştır. Bertrant Russel ve Henry Lefebure gibi yazarlarında çevirilerine yer verilmiştir.

FKF çalışmaları ve gösterdiği başarılar ile kısa sürede gençlik mücadelesinin merkezi örgütü haline geldi. Düzenlenen anti-emperyalist gösterilerin hemen hepsini FKF'li gençler tertip ediyor, aktif ve kitlesel katılım sağlıyordu. 12 Mart günlerinde silahlı mücadele veren grupların önderleri de FKF çatısı altında sürdürülen mücadelede isimlerini duyurma başlayacaklardı.

21 Aralık 1965'de ilk Kurucular Kurulu toplantısı yapıldı. Hüseyin Ergün, Kudret Ulutürk, Ahmet Ali Arlı, Asaf, Köksal, Erol Barutçugil, Ataol Behramoğlu, Orhan Ali Yücealp, Zülküf Şahin, Erol Temelkuran, Mevlüt Korkmaz, Dudu Körücekli Yönetim Kuruluna seçilen isimler oldu. Genel Yönetim Kurulu içinde yapılan görev dağılımıyla da Hüseyin Ergün genel başkanlığa getirildi. Askere gidene kadar bu görevi sür-

düren Ergün'ün ardından Kudret Ulutürk genel başkan olarak seçildi.

FKF, Kavga isminde bir bülten çıkartmaya başladı. FKF amacını; *"Kulübümüz toplumcu dünya görüşü çerçevesinde düşünme ve davranma yetisine sahip yüksek öğrenim gençlerinin; aralarındaki dayanışmaya, karşılıklı eğitime, iş ve eylem birliğine dayanan örgütüdür."* Şeklinde açıklıyordu. TİP ile yakın ilişkiler içinde olmasına rağmen; *"Yalnız iktidara gelmeye yönelmek ve ya da iktidara gelme savaşı veren bir kuruluşu açıkça desteklemek, yani siyasete karışmak örgütümüzün konusu dışındadır"* gerçek amacının bağımsız bir öğrenci ve gençlik hareketi yaratmak olduğunu tüzüğüne yansıtıyordu.

FKF 1. Kurultayına 22 Ocak 1967'de TİP içinde yaşanan sol içi tartışmalar altında giriyordu. FKF içinde de yönetime tepkiler artıyor, muhalifler sık sık Mihri Belli ile görüşüp fikir alıyorlardı.

Genel Yönetim Kuruluna İzzet Ararat, Ahmet Ali Karlı, Asaf Köksal, Ergun Türkoğlu, Burhan Gürcan, Mustafa Kamer ve Nail Gürman seçildi. İzzet Ararat Genel Başkanlığa getirildi. 1. Kurultayda FKF'ye üye olan Fikir Kulübü sayısı 11 iken dönem sonunda bu sayısı 26'ya çıktı.

FKF'ye canlılık ve ivme kazandıran İstanbul Sekreterliğinin oluşturulması kararı olmuştur. Bu kararın ardından *"Kavga"*da şu yazı yayınlanmıştır:

İstanbul'da Fikir Kulüpleri yöneticilerinin yaptıkları son toplantıda üç kişilik bir komite kurulmuştur. Bu komite sekreterlik kuruluncaya kadar tüm işleri yapacak ve sorumlu olacaktır. Fikir Kulüpleri Federasyonunun eylemi, gerek genel merkez olarak Ankara'da gerekse FKF sekreterliği olarak İstanbul'da daha geniş anlamlar kazanmaktadır. İstanbul'da sosyalist gençlerin örgütlenmesi Ankara ve diğer illere göre daha da avantajlıdır. İstanbul sendikacılığın yoğun olduğu bir şehirdir. Sosyal gelişim hızlı ve temel çelişki daha belirgindir. Yeni sosyalist örgütlerin işlerliğini sağlayan örgütlenme EYLEM ve EĞİTİM olanakları İstanbul'da daha fazla boldur.[16]

21 Mayıs 1966 tarihinde alınan kararla, Veysi Sarısözen İstanbul Sekreterliğine atandı.

FKF'nin İstanbul Sekreterliği lokali Aksaray'da Prof. Dr. Sadun Aren tarafından 9 Temmuz günü açılmıştır. Aren açılışta, *"Sosyalist gençlik Türkiye'de sömürücülüğe karşı savaşmaktadır. Bu savaşın başarıya ulaşması için disiplin içinde yürütülmesi zorunludur"* demektedir.[17]

2. Kurultay 23-24 Mart 1968'de Ankara'da toplandı. Kongre başkanlığına birden fazla aday çıktı. Osman Saffet Arolat seçimi 90 oy alarak kazandı. FKF'nin 2. Kurultayında meydana gelen tartışmalar ve birden fazla adayın çıkması ilerleyen yıllarda gençliği ayrılığın eşiğine kadar taşıyacaktı.

---

16 *Kavga*, FKF Bülteni. 30 Nisan 1967. Sayı 5, s. 6

17 Ali Yıldırım, *FKF – DEV-GENÇ Tarihi*, Doruk Yayınları s.165

FKF yönetimi faşizmin gelmesini hızlandıracağı gerekçesi ile sokak gösterilerine sıcak yaklaşmıyordu. FKF yönetimine muhalif olan grup ise; *"devrimcilerin görevinin düşmanın üstüne gitmeyi bilmek olduğunu, faşizm gelir diye harekete geçmemenin faşizme teslim olmak anlamına geleceğini"* vurguluyordu. Muhalefet daha militan bir çizgide durulması konusunda ısrarcıydı.

TİP içinde yaşanan tartışmalarda TİP merkezine yakın olan isimler FKF yönetimini oluşturuyorlardı. Deniz Gezmiş, Mahir Çayan, Yusuf Küpeli, Doğu Perinçek ve arkadaşları ise muhalefette bulunan isimlerdi.

Eylem yöntemi ile başlayan tartışmaları MDD-SD saflaşması ve tartışmaları izledi. Bu kurultay MDD taraftarı Doğu Perinçek'in FKF Genel Başkanlığına seçilmesi ile sonuçlansa da, ne muhalefet ne de eski yönetimin içine sindi.

İstanbul Sekreterliği ile merkez arasında ciddi bir iletişimsizlik ve uyumsuzluk baş gösteriyordu. Doğu Perinçek ve ekibinden TİP yönetimi de rahatsızdı. Daha sonra Genel Yönetim Kurulunda yapılan güven oylaması ile Perinçek ve ekibinin yönetimle ilişkileri kesildi.

Genel Başkanlığa getirilen Zülküf Şahin'in ilk icraatı, Perinçek döneminde girilen Dev-Güç'ten ayrılmak oldu. Bu dönemle birlikte gençlik mücadelesi içindeki ilk ciddi bölünmeler yaşanmaya başlandı.

Deniz Gezmiş ve arkadaşları FKF'nin eylem çizgisine eleştiri getirerek Devrimci Öğrenci Birliğini (DÖB) kurdu.

FKF içindeki sıkıntı bitmek bilmiyordu, çizdiği eylem planları ve uygulanış biçimi gençlerin istediği ve hayal ettiğinden çok farklıydı. FKF içinde kalan muhalifler yeni bir kurultaya gidilmesi için yönetimi zorluyordu. Toplanan imzalar, verilen istifalar vb. zorunluluklar FKF'nin 3. Kurultayını düzenlemesini sağladı.

4-5 Ocak 1968'de toplanan 3. Kurultayda TİP'li gençlerin adayı Hüseyin Ergün, MDD'li gençlerin adayı ise Yusuf Küpeli'ydi. Genel Başkanlığı kazanan isim Yusuf Küpeli oldu.

FKF yeni yönetimi ile birlikte yayınladığı ilk bildiride MDD görüşlerini savunduğunu kamuoyuna duyurdu. DÖB'lü öğrencilerinde yeni dönemde FKF'ye katılmalarıyla birlikte eylemler daha militan ve keskin bir çizgide devam etti. Bu dönem, daha sonra Türkiye Halk Kurtuluş Partisi – Cephesi'nin de (THKP-C) kurucu kadrosunu oluşturacak olan Mahir Çayan ve arkadaşlarının da gençlik mücadelesinde ön plana çıktıkları bir dönem oldu.

MDD görüşünü benimseyen çevre bazı farklılıklar göstermeye başladı. Mahir Çayan ve Doğu Perinçek MDD yorumları ve Türkiye devriminin izleyeceği yol konusunda farklılıklarını açıkça söylüyorlardı. Bu tartışmalar sadece FKF içinde başlayan ve biten tartışmalar değil, asıl olarak Türk solu içinde yaşanan tartışmalardı.

Bu tartışmaların sonucunda Mihri Belli, Mahir Çayana, Sadun Aren-Behice Boran ve Doğu Perinçek Türk solunda yıllarca devam edecek bir ayrılığın temellerini atıyorlardı.

Yaşanan tartışmalar sonucunda FKF 4. Kurultayını yapmak zorunda kaldı. Bu kurultay sonucunda FKF ismini değiştirerek Türkiye Devrimci Gençlik Dernek Federasyonları (Dev-Genç) ismini aldı.Sadece isim değişikliği olmamıştı aslında, yeni dönemde Mahir Çayan'ın görüşlerini benimseyen öğrenciler yönetime ağırlıklarını da koyuyorlardı.

Dev-Genç yönetimince yapılan seçimler sonucunda, Atilla Sarp Genel Başkanlığa, Genel Sekreterliğe ise İrfan Uçar getirildi. Gün Zileli, Ergun Aydınoğlu, Aktan İnce, Oral Çalışlar, Tuncay Çelen ve Ömer Özerturgut Yönetim Kurulunda bulunuyordu.

Aktan İnce, Gün Zileli, Oral Çalışlar ve Ömer Özerturgut Doğu Perinçek'in görüşlerini savunduklarını söyleyerek istifa ettiler. Yerlerine Hüseyin Onur, Ruhi Koç, Nurettin Öztürk ve Oktay Etiman getirildi.

FKF ismini Dev-Genç olarak tarihteki yerini alıyordu. Gençliğin anti-emperyalist mücadelesini, örgütlenmesini eylemlerini organize ediyor, gün geçtikçe büyüyordu.

Devrimci Öğrenci Birliği (DÖB)

FKF içinde başlayan tartışmalar, özellikle İstanbul Sekreterliğinde öğrenci arasında çıkan tartışmalar ve kopan bağlar sonucunda 5 Ekim 1968 tarihinde DÖB kuruldu.

Deniz ve arkadaşlarının başında olduğu örgüt, İstanbul Sekreterliğinin eylem çizgisini eleştiriyor ve pasif olmakla itham ediyorlardı.

O günlerde meydana gelen Haziran boykot ve işgallerini yöneten, Dolmabahçe Direnişini gerçekleştiren, Vedat Demircioğlu'nun temsili cenaze töreni esnasında valiliğe yürüyüşe geçildiği sırada, Cağaloğlu'nda çıkan çatışmaları da yönlendiren yine Deniz ve arkadaşlarıydı.

DÖB tüm yaşanan bu birikimler üzerine Deniz Gezmiş, Cihan Alptekin, Ahmet Özdemir, M. Lütfü Kıyıcı, İlker Gürkan, Deniz Çamlıbel, Eral Karabilgin, Cevat Ercişli gibi gençlik önderleri tarafından kuruldu.

DÖB yayınladığı tüzükte amacını *"devrimci düşünceyi yaşatmak ve yaymak"* olarak tarif ediyordu. Bu amaç içinde hareket eden dernek, anti-emperyalist mücadele ve gençlik mücadelesi içinde yaşanan gösterilerde başı çekti. Kararlı ve militan bir eylem tarzı olan DÖB bir dönem İstanbul'da yapılan tüm eylemlere damgasını vurdu.

Samsun'dan Ankara'ya yapılan "Mustafa Kemal Yürüyüşü"nün ana gövdesini oluşturdu. Amerikan

Büyükelçisi Kommer'in uçağının İstanbul'a ineceğinin haber alınması üzerine havaalanına giderek uçağı taşlayanlar yine DÖB'lülerdi. Deniz Gezmiş ve bir grup arkadaşı bu eylemden sonra tutuklandılar.

FKF'nin 3. Kurultayında MDD yanlılarının tekrar yönetime gelmeleri üzerine DÖB'lü öğrenciler FKF ile tekrar ilişkilerini tekrar sıcaklaştırıp FKF'ye katıldı. Ancak DÖB hiçbir zaman kendisini feshettiğini kamuoyuna duyurmadı. Zamanla adı da unutuldu.[18]

Devrimci Güç Birliği (Dev-Güç)

Birlik 1968 yılının Mart ayında, gericiliğe karşı tam bağımsız ve demokratik bir Türkiye ve anayasa ilkelerinin eksiksiz olarak hayata geçirilmesi maksadıyla 27 Mayıs Milli Demokratik Devrim Derneğinin çağrısı üzerine oluşturuldu.

Harun Karadeniz Dev-Güç oluşumunu şöyle tanımlar:

"Büyük bir iddia ile kurulan Dev-Güç önce iki bildiri ile ortaya çıktı. Bu bildirilerin birinde "Esas Amaç ve Temel Hedef" açıklanıyordu. Diğerinde ise sloganlar sıralanıyordu.

---

[18] İnönü Alpat, *Türkiye Solu Sözlüğü*, Dipnot Yayınları – Ankara 2008. Sf. 71

Bizim tavrımız doğal olarak Dev-Güç'e karşıydı. Çünkü Dev-Güç bir karşı kuruluştu. Daha ileri çizgide örgütlenmemizi engellemek üzere aceleyle ve komik sloganlarla kurulmuş bir birlikti. Katılanların çoğu talebe örgütüydü, ne yığınlara dayalı bir güçleri vardı, ne de Türkiye'nin sorunlarını doğru olarak ortaya koyabiliyorlardı. Örgüt yönetimindeki inisiyatif Atatürk ilkeleri ve 27 Mayıs çizgisinden öteye gitmeyen ve gitmeyecek kimselerdeydi. Bu Dev-Güç'e katılmamız elimizdeki gücü ileri çizgiye devretmek ve onların son tahlilinde cunta hesaplarına alet olmak demekti. Devrimci Güç Birliğine inanıyorduk, ancak gerçekte bu devrimci olanların güç birliği değildi. Tam tersine gerçek devrimcileri sapmaya götürecek ve devrimci olanlara engel olacakların birliği idi."[19]

Türkiye'nin önündeki en büyük engeli, kökü dışarıda olan ve emperyalizmin maşası olarak nitelediği dinci gericilikti. Dev-Güç'ün Yürütme Kurulunda FKF, DİSK, TMTF, TÖDMF ve Milli Demokratik Devrim Derneği yer alıyordu.

Bahri Savcı, Mucip Ataklı, Uğur Cankoçak, Mehmet Can, Doğu Perinçek, Ahmet Cenan ve Sinan Cemgil gibi isimlerin altına imza attıkları ilk bildiride şunlar yazıyordu:

---

[19] Harun Karadeniz, *Olaylı Yıllar ve Gençlik,* İstanbul, Belge Yayınları 8. Baskı. 1995 s.192

"Hedef tam bağımsız ve demokratik Türkiye'nin kurulması için, Türk halkına düşman bütün güçlere karşı mücadeledir."

Dev-Güç'ü oluşturan örgütler birde Devrimci Güç Birliği programı hazırlamışlardı. Dokuz madde ve 24 fıkradan oluşan program *"Yaşasın Bağımsız Türkiye"* sloganı ile bitiyordu. Dev-Güç fazla bir varlık gösteremeden kurulduğu yıl içinde kendiliğinden dağıldı.[20]

Devrimci Gençlik Dernekleri Federasyonu (Dev-Genç)[21]

Türkiye'de özelde gençlik hareketi, genelde de devrimci hareketin soyağacına bakıldığı zaman Dev-Genç pratiğinin bu hareketlerin oluşumunda ne kadar etkin olduğu görülecektir. Bir bakıma denilebilir ki Dev-Genç belki bir öğrenci gençlik hareketi olarak doğmuş olabilir, ama daha sonraki süreçlere bakıldığında günümüze kadar gelen birçok siyasi hareketin kadrolarının yetiştiği bir pratik eylem okulu haline gelmiştir.

Bu sebep ile de Dev-Genç ile ilgili bir araştırmaya kalkarken aslında 71 sonrası günümüze kadar gelen ve 75-80 sürecinde özellikle kendini hissettiren siyasi bir

---

[20] İnönü Alpat, *Türkiye Solu Sözlüğü*, Dipnot Yayınları – Ankara 2008. Sf. 68

[21] http://www.dev-genc.net/dev-genc/dev-genc/tarihimiz.html

gelenekten bahsetmekteyiz. Öyle ki 12 Mart askeri cuntası süreciyle beraber başlayan ve 71-75 yenilgi dönemlerinin ardından 75-80 devrimci atılım dönemine damgasını vuran bu siyasi kuşaktır. Yani Dev-Genç kendine bir kuşak yaratabilmiştir ve her şeyden önce bir siyasi partinin üstlenmesi gereken birçok görevi ortada böyle bir örgütlülük olmadığından üzerine almak zorunda kalmıştır. Yani bir bakıma Dev-Genç ile ilgili bir tarih araştırmasına girmek isteyen herkesi bekleyen: Türkiye devrimci hareketinin 1960 sonrası siyasi tablosudur. Göreceğimiz olan bu tablodur. Ondan çıkaracağımız dersler de bu tabloya baktığımız yerle alakalı olacaktır

Dev-Genç, adı Fikir Kulüpleri Federasyonu (FKF) olan öğrenci gençlik hareketinden doğmuştur. Fikir kulüpleri ise ilk olarak Ankara Üniversitesi Hukuk Fakültesi'nde Kasım 1952 yılında kurulmuştur. Bu kulüp yayınladığı bildiri de şöyle seslenmektedir:*"Fikir, insanlık hayatının ve gelişmesinin ana unsurudur... politikadan ve her türlü ideolojik propagandadan uzak olarak fikirlerin tam bir hoş görülülük ve mevcut kanunlar sınırı içinde münakaşasını amaç edinmiş bulunuyoruz"*

Böyle eski bir tarihi göstermek isteyişimizin nedeni fikir kulüplerinin tarihi değil 1950'ler Türkiye'sinde antikomünist yönelimin ve politikadan korkunun gösterilmesidir. Böylesi bir süreçten FKF'ye evrim yavaş olacaktır. Türkiye sosyalist hareketinde 1960lar ile başlayan hareketliliğin ve FKF'nin de kuruluşuna hız katan faktörün büyükçe bir bölümünün Türkiye İşçi Partisi olduğunu unutmamak gerekir. Bununla beraber diğer bir siyasi aktör konumda olan Yön dergisi de TİP'den bir yıl sonra politik arenaya çıkacaktır.(Eski TKP kökenli kadroların büyük kısmı ya yurt dışındadır ya da siyasi hayatına çok zor koşullarda devam edebilmektedir).

TİP 12 Şubat 1961 tarihinde sendika liderleri tarafından kurulur. Bir halkayı anlayabilmek için bütün olarak zinciri görebilmek gerekli. O sebepledir Dev-Genç'ten bahsederken "1960ların tablosuna bakmak" yararlı olacaktır deyişimiz. Çünkü TİP'i anlamadan FKF 'tip'olojisini; Milli Demokratik Devrim tezlerinin içeriğini anlayamadan da Dev-Genç 'itirazını' anlamak çok mümkün görünmüyor. TİP için "Türkiye kapitalizmi gelişmemiş bir kapitalizmdir. Buna göre Türkiye kapitalist olmayan yönden kalkınma yolunu tutmalıdır. Bu yol da emekçilerin yönetim ve kontrolüne katıldıkları planlı ekonomik bir sistemdir. Anayasa'nın sağladığı hak ve hürriyetlere dayanılarak işçi sınıfı ülke yönetiminde söz ve karar sahibi olacak, işçi temsilcileri meclise girecek ve demokratik seçim yoluyla iktidara gelecektir"

Dolayısıyla TİP genel anlamda siyasi bir örgütün başarısını dört yılda bir yapılan seçimlere indirgemekte, bunun dışındaki kazanımları gör(e)memekte, önemsememektedir. Dolayısıyla toplumsal hareketlere ve olaylara karşı refleksinin zayıflığı ve burjuva yasallığına hapsolma yönelimini aşamamasının nedeni devrimci dönüşümden çok reformcu mantıkla hareket etmesinde, deyim yerindeyse bu hareketlerden korkmasında yatmaktadır. Türkiye İşçi Partisi'ndeki bu eylem fobisi ve toplumsal olaylara mesafeli yaklaşım onun gençlik örgütü gibi hareket eden 17 Aralık 1965 tarihinde kurulan Fikir Kulüpleri Federasyonu için de geçerlidir. Öyle bir hava hâkimdir ki bu örgüte "aman bir şey yapmayın faşizm gelir " savı bütün 'safları' etkisi altına almıştır. Öyle ki FKF'nin yayın organı "Kavga" 25 0cak 67 tarihli yayınında şu tespitte bulunur:

"Bugün Türkiye önemli günlerini yaşıyor. İki bölük gibi gözüken egemen güçler aslında ortak bir oyun oynuyor. Bu işi gençlik hareketleri ile yapıyorlar. Yakında işçileri de bu işe karıştırıp sokağa dökmek isteyecekler. Sokak kavgasının ise Türkiye'yi nereye götüreceği açıktır. Bu davranışlar faşizmi çağırmaktan başka bir işe yaramayacaktır. Türkiye sosyalist gençliği bu oyuna gelmeyecektir."

Yayın organının adı Kavga olan bir gençlik örgütünün böyle savlar söylüyor olabilmesi tarihin cilvesi olsa gerek ki tespitler yapıldığında Türkiye'de yaşanan henüz bir öğrenci boykotu ya da antiemperyalist herhangi bir pratik sokak eylemliliği yoktur. Ama toplumsal hareketler daha şimdiden mahkûm edilmiştir. Burada başka bir halkaya geçiş yapmak sanırız yararlı olacaktır. Türkiye'de bunlar tartışılırken Avrupa'da barikat geceleri kuruluyor, Vietnam savaşı nezdinde antiemperyalizm güçleniyordu. Diğer yönüyle Orta doğu'da Suriye, Irak ve Mısır'da "ilerici" ordu darbeleri yaşanıyor ve komünist partiler de bu yönelimlerle ittifak kurma arayışlarına giriyorlardı. Öte yandan bir süre sonra Çekoslovakya'nın işgali ile Türkiye'de güler yüzlü sosyalizm tartışmaları yaşanıyor ve TİP bu gelişmelerden muaf kalamıyordu.

Bu tartışmalarda önemli bir yerde durduğu için Yön dergisine değinmek faydalı olacaktır. Yön dergisi 20 Aralık 1961 de birçok aydının imzası ile Ankara'da yayın hayatına başladı. Bu bileşenin 27 Mayıs darbeci generallerinden, öğretim üyelerine, Doğan Avcıoğlu'ndan, Kemal Tahirlere kadar uzanan bir içeriği vardı. Yöncülere göre ise esas orak devrim "devrimci" orduya dayanacaktı. Asker sivil genç devrimci aydınlar, öğretmenler ve üniversite gençliği devrimin asıl dayanakları olacaklardı. Yön'ün içerisinde diğer bir yazar Mihri Belli ise dergide çıkan yazıda benzer bir tahlil yaparak:

"Türkiye'nin önündeki ödev, milli bağımsızlığımızı ve demokrat inkılâbını gerçekleştirmektir... gerici cepheye karşı birleşerek karşı durmak gereklidir. Bağımsız ve gerçekten demokratik Türkiye'yi özleyen her Türk yurtseveri, işçiler, köylüler, Atatürkçü aydınlar, Kemalist gençlik eksik kalmayacaktır." diyerek Milli Demokratik Devrim tezini ortaya atar ve böylece Sosyalist Devrim ile Mili Demokratik Devrim tartışmaları gündeme gelmiş olur.

MDD tarafından anlatılan Türkiye'nin bağımsız bir devlet olmadığı, ilk etapta bağımsızlık için mücadele vermek gerektiğini, bunu yaparken de asker sivil aydın zümresi ile ittifak kurmak gerektiği tezidir. Doğan Avcıoğlu'nda olan da bir yönüyle vurucu gücün ordu olduğu tezinin, ittifak politikası diline uyarlanmış biçimidir. Hatırlatmak istediğimiz Türkiye'nin de bir Ortadoğu ülkesi olduğu ve yanı başında Suriye ve Irak'ta yaşanan Baas rejim-darbelerinin Mısır'daki Nasr yönetimimin yansımalarının Türkiyeli kimi sosyalistler açısından değerlendirilip uyarlanışıdır.

MDD-SD tartışmaları ile beraber bir diğer tartışma da Sovyetlerin Çekoslovakya'yı işgali üzerine tavır alışlarda ortaya çıkmış ve TİP lideri Mehmet Ali Aybar tarafından ortaya atılan güler yüzlü sosyalizm anlayışında kendini göstermiştir. Tüm gelişmeler TİP içerisinde MDDci etkiyi arttırmış ve tabanda özellikle gençlik alanında bir karşılık bulmaya başlamıştır. Uzunca anlatışımızın sebebi buraya gelmek isteyişimizdir. Ortadoğu Balkanlar ve Avrupa'da gelişen hareketlilik karşısında Türkiye'de durağanlığın olması hele ki aman bir şey yapmayalım faşizm gelir türünden önermelerin taban bulması böylesi bir siyasi atmosfere uygun düşmemektedir. İşte böylesi bir momentte FKF içerisinde, Latin Amerika'da, Ortadoğu'da, Avrupa'da gelişen hareketliliğe karşı kayıtsız kalınması çok olanaklı görülemezdi sanırız. İşte FKF' deki TİP pasifizmine karşı gelişen bu hareketleniş DEV-GENÇ 'e giden yolu yaratmış ve MDDci etki kendini hızla göstermiştir. Bu evrede Yön dergisi kapanması (Haziran 67) ,aradan Türk Solu ve Aydınlık sosyalist derginin açılması ile beraber MDD tezleri FKF içerisinde geniş bir sempatizan ağı yakalıyordu.

1966 TİP Malatya Kongresi ile etkisini iyice gösteren MDD-SD tartışmaları FKF içinde geniş yankı buluyor ve gençlik MDD tezleri etrafında toplanmaya başlıyordu. Bu toplanmadaki kimi etkenleri yukarıda saydık.(toplumsal hareketlere karşı çekingenlikten, parlamentarizme, güler yüzlü sosyalizm anlayışından, antiemperyalist hareketliliğe kadar).MDD etkisi TİP' i çöküşe doğru götürürken, FKF'yi Dev-Genç'e evriltmeyi becerebilmiştir. FKF deki bu tartışmalarla beraber Ekim 69'a gelindiğinde FKF Türkiye Devrimci Gençlik Federasyonuna kısa adı Dev-Genç olan örgüte dönüşecektir ve böylece MDD tezleri gençlik üzerindeki etkisini taçlandıracaktır. FKF'nin son süreci ve Dev-Genç in ilk dönemlerinde gelişmekte olan işçi hareketleri lokal çapta grevler ve Ege'de(Ödemiş'te, Akhisar'da)tütün mitingleri ile, FKF, Dev-Genç eylem pratiğini geliştiriyor ve sokak pratiklerine yöneliyordu. Bununla beraber ülkedeki üç büyük kentte üniversite işgalleri, boykotlar ortaya çıkıyor ve antiemperyalist sokak eylemlilikleri çapını aşarak gelişiyordu.

İşte böylesi bir pratik eylemlilik ortamında Dev-Genç kendine düşenin çok üzerinde bir işlev görerek, Türkiye'deki TİP'ten doğan boşluğu doldurmak zorunda kalmıştır. Bunu da yaparken kendi yollarını ve tarzlarını çizerek yapmışlardır. FKF'nin son dönemlerinde gerçekleşen Akhisar tütün mitinginde bazı pankartlara yazılan sloganlar, bu tarzı en iyi şekilde gösterecektir.*"Biz tarlada yanıyoruz, siz plajda, biz tütün dikiyoruz siz apartman"*vb. ironilerle sürece aktif katılım sağlayan FKF, Dev-Genç kadrolarından başkası değildi. Yani öğrenci gençlik hareketi olarak başlayan ve FKF' den Dev-Genç'e evrilen süreçte, bu örgüt bir öğrenci hareketi olmaktan çok daha fazla işlev görmüştür.

Bir süre sonra Aydınlık Sosyalist Dergi'deki (ASD) MDD'ciler arasında da çıkan tartışma süreci ile Proleter Devrimci Aydınlık adında bir grup kopacak ve Şahin Alpay, Doğu Perinçek, Halil Berktay gibi isimler ASD'den ayrılacaklardı. İşte tam da bu zaman diliminde FKF, Dev-Genç'e evrilecektir. Bu ayrılık durumu Dev-Genç'in ilk kongresine de istemeden de olsa yansıyacaktır. Ayrılan grup daha sonra Türkiye sosyalist hareketindeki Maocu akımın öncüllerini oluşturacaktır. Bunun yanında bir süre sonra TİP kurultayına alternatif olarak yapılan proleter devrimci kurultay gerçekleşecek ardından da ASD' ye açık mektup yazısı ile Mahir Çayan, Yusuf Küpeli öncülüğünde ASD den bir kopuş daha yaşanacak ve bu kopuş Dev-Genç'in bundan sonraki politik siyasi örgütsel hayatına yön verecektir. Dev-Genç bu isimle 9 Ekim 1969-26 Nisan 1971 tarihleri arasında politik hayatına devam etmiş bir örgüttür. Bu tarihler arasında ve sonrasında Dev-Genç'e hâkim olacak olan eğilim 71 gerilla hareketinin yaratıcılarından olan THKP olacaktır. FKF,Dev-Genç sürecine alternatif olmamakla birlikte İstanbul'daki MDD'ci gençlerin Deniz Gezmiş önderliğinde kurdukları örgütlülük ise Devrimci Öğrenci Birlikleri (DÖB)idi. Bu hareketlilik ise eylem zemini üzerinden doğan bir canlılığın ürünüydü.

Dev-Genç, 69-71 yılları arasında öğrenci hareketi olmanın çok ötesinde pratikler sergileyerek, toplumsal olaylara öncülük etmeye çalışmış 12 Mart askeri cuntasından sonraki yenilgi dönemimde ve 75 sonrası siyasi politik mücadeleyi sürdürecek kadroların yetişmesini sağlayarak Türkiye sosyalist hareketinin TİP sonrası önemlice bir militan tipolojisini ortaya çıkmasına katkı sunmuştur. Öğrenci gençliğin dışında işçi ve köylü gençliği örgütlemeyi başarabilmiş, 1975 sonrası antifaşist mücadele pratiklerinin gelişmesinde bu kuşak aktif rol almıştır.1971 silahlı direniş örgütlerinin birçok militanının yetiştiği bir okul gibi işlev görmüştür.80 sonrası sürecin önemli dinamiklerinden Kürt özgürlük hareketinin Dev-Genç ve THKP pratiğinden etkilendiğini söylemek, sanırız yanlış olmaz. Bir yönüyle yazmaya çalıştığımız Dev-Genç tarihi aslında bir bütün olarak kendinden önce ve özellikle de sonraki devrimci dinamikler için önemli bir yerde durmaktadır. Dolayısıyla bahsettiğimiz, salt var olduğu dönem açsından ele alınabilecek bir hareket değil, kendinden sonraki sürece de etki yapan bir tarihtir. Göstermek istediğimiz de bu fotoğrafın bir kesiti değil, kesiti de içine alan bütünüdür.

Nasıl yazmıştı Gramsci:

"Bir partinin tarihini yazmak, monografik bir bakış açısıyla bir ülkenin genel tarihini yazmak."

T.H.K.O
(Türkiye Halk Kurutuluş Ordusu)

4 Mart 1971 tarihinde kamuoyuna deklere edilen bir bildiri ile kuruldu. Türkiye sosyalizm tarihinde yönetim ve iktidara karşı ilk silahlı mücadele veren örgüttür.

THKO 1960'lı yılların ikinci yarısında başlayan köylülerin toprak mücadelesi ve anti-emperyalist eylemlere koşulsuz destek veren gençlerin omzunda yükseldi ve kuruldu. THKO artık anti-emperyalist mücadelenin diğer bir adıydı.

1960'lı yıllarda dünyada ve Türkiye'de yaşanan toplumsal ve siyasi gelişmelerin THKO'nun ortaya çıkmasında büyük bir önemi vardı.

Örgütün kurucu kadrosunda yer alan Mustafa Yalçıner THKO'yu şu şekilde tarif ediyor:

1968-9 yılı gençlik hareketi içinden gelen kadroları ile THKO'nun oluşumunda, Ankara'da Kommer'in arabasının yakılmasına karışan devrimci ODTÜ öğrencilerinin kaçaklık ve hapishane süreçleri içinde mücadelenin yasadışı cephesi ile tanışmaları önemli bir unsur olmuştur. TİP ve Mihri Belli önderliğindeki Milli Demokratik Devrim (MDD) pratiğinin iflası, kitlelerdeki devrimci potansiyeli kullanma amacı ile gençlik arasında özgün hareketlenmelere yol açmaktaydı. Bu gruptaki Yusuf Aslan, Sinan Sönmez ve Hüseyin İnan THKO'nun kurucuları arasındaydı. 1969 yılındaki Fikir Kulüpleri Federasyonu (FKF) kurultayında, aynı eyleme katılan diğer üç gençlik lideri Ulaş Bardakçı, İrfan Uçar ve Münir Aktolga, devrimci proleter partisi oluşumunu birincil hedef olarak saptayıp, ayrı bir grup oluşturarak Türkiye Halk Kurtuluş Parti-Cephesi (THKP-C)'nin zeminini oluşturma sürecine girdiler. Hüseyin İnan ve arkadaşları ise, Küba deneyimi ışığında "ordunun partiden değil, partinin ordudan doğacağı" belirlemesiyle, silahlı mücadele örgütleme hazırlıklarına başladılar. Bu hedef doğrultusunda Filistin'de eğitim gören Hüseyin İnan, Tuncer Sümer, Teoman Ermete, İbrahim Seven, Atila Keskin, Ercan Enç, ve Müfit Özdeş 1970 baharında geri dönüş yolunda, Diyarbakır'da yakalanarak tutuklanırken, dışarıda kalan Mustafa Yalçıner, Ahmet Erdoğan, Yusuf Aslan ve Gülay Özdeş ODTÜ içinde eleman kazanmayı sürdürdüler.

1970 yazında Bursa cezaevinden çıkan Deniz Gezmiş, aynı sıralarda serbest bırakılan Hüseyin İnan ve arkadaşları ile ilişkiye geçerek, ODTÜ'de faaliyetlerini organize etmeye başladılar. Bu süreçte, Müfit Özdeş ve

Ercan Enç gruptan koparak Proleter Devrimci Aydınlık (PDA)'a katılırken; İbrahim Seven de SBKP yanlısı bir tutum takınarak, Sosyalist dergisi etrafında toplanan Kıvılcımlı yanlılarına katıldı.

1971 kışında, Malatya Akçadağ'da devrimci köylü hareketleri oluşumu içinde bulunan Teslim Töre, Hacı Tonak, Mustafa Yalçıner, Metin Güngörmüş, Kadir Manga, Alpaslan Özdoğan ile ilişkiye geçen grup, yapılan işbölümü sonucu bu kadro önderliği altında kır gerillası oluşumu sürecini başlatırken; Ankara'daki diğer kadrolar ise silahlı mücadele için şehir gerillası yapılanmasını örgütlediler.

THKO 1971 kışında İş Bankası Emek şubesini soyarak harekete geçti; kısa sürede birçok eylem gerçekleştiren THKO, nihayet 4 Mart 1971'de 4 Amerikan askerini kaçırarak THKO bildirisiyle kuruluşunu ilan etti. ODTÜ yurtlarının çatışmalar sonucu kapatılmasının ardından, şehir kadroları kırsal üst noktalarına gitmek üzere ayrıldılar. Ancak Deniz Gezmiş ve Yusuf Aslan 16 Mart'ta Sivas'ta; Hüseyin İnan ve Mehmet Nakiboğlu ise 21 Mart'ta Kayseri'de yakalandılar. Böylece, THKO kıra geçmeyi başaran Sinan Cemgil komutasında kırsal faaliyetlerini ve İstanbul'da kalan Cihan Alptekin komutasında şehir faaliyetlerini yeniden organize etmek zorunda kaldı. 31 Mayıs günü Malatya Kürecik ABD radar üssünü basmak üzere yola çıkan gruptan, çıkan çatışmada, Sinan Cemgil, Alpaslan Özdoğan ve Kadir Manga vurularak öldürüldü (Nurhak Katliamı), diğerlerinin büyük kısmı ise yakalandı.

THKO'nun İstanbul kolu ise mali kaynak sağlama amacı ile eylemlerini sürdürdü. Bu gruptan, Ömer Ayna Unkapanı soygununda yakalanırken, İbrahim Öztaş İzmir'de polis tarafından öldürüldü. Peşi sıra, Cihan Alptekin, Tayfun Cinemre, Osman Bahadır, Oktay Kaynak, Zerruk Vakıfahmedoğlu yakalanınca, THKO'nun eylem ve faaliyetleri dışarıda kalan Nahit Tören ve Fevzi Bal aracılığı ile sürdürüldü. Kasım ayı içinde Cihan Alptekin ve Ömer Ayna'nın ve ardından Kartal Askeri Cezaevi'nden THKP-C liderleri Mahir Çayan, Ulaş Bardakçı ve Ziya Yılmaz'ın kaçması ilişkileri yeniden hareketlendirdi.

THKP-C ile beraber alınan ortak eylem kararı doğrultusunda Ünye'deki ABD radar üssünü basan Mahir Çayan ve Cihan Alptekin 30 Mart 1972'de Kızıldere'de, Sinan Cemgil Nurhak'ta öldürülürken; Deniz Gezmiş, Yusuf Aslan ve Hüseyin İnan 6 Mayıs 1972'de idam edildiler. Böylece, kurucu ve lider kadrosunu oluşturan kişilerin çoğunu kaybeden THKO, bir süre daha Teslim Töre'nin Filistin'e geçerek, dağdaki unsurlarını bir araya getirmesi ile varlığını sürdürdü.

1974 genel affını takiben serbest kalan kadrolar, THKO-Geçici Merkez Komitesi'ni kurarak, örgütlenme, ideolojik-teorik görüş üretme faaliyetlerini çıkarılan Yoldaş dergisi çevresinde sürdürdü. Bu süreçte ortaya çıkan ideolojik farklılaşma sonucu, farklı iki dünya görüşünü savunan taraflar, 1976 yılı başlarında yapılan toplantıda karşılıklı şiddet kullanmama temelinde bir protokol ile resmi bölünmeyi gerçekleştirdiler. Böylece, Mustafa Yalçıner, Metin Güngörmüş ve Yavuz Yıldırımtürk, THKO'nun yapısını eleştirerek Maocu görüşler doğrultusunda, Halkın Kurtuluşu - Türkiye Devrimci Komünist Partisi (TDKP)'ne giden süreci başlattılar. Teslim Töre ve çevresi ise THKO eleştirisi sonucu, Mao'nun düşüncesine karşı SBKP'nin görüşleri doğrultusunda Mücadelede Birlik - Türkiye Komünist Emek Partisi (TKEP) sürecini başlattılar.

Örgütün ideolojik yapısına ilişkin temel önermeler şöyle sıralanabilir;

Pratik formülasyonunda kendine özgü bir çizgi izlemekle birlikte, MDD görüşlerine uygun olarak antiemperyalist mücadeleyi birinci hedef olarak saptayan grup, pratik uygulamasında da hedeflerini bu doğrultuda seçiyordu. Silahlı mücadele anlayışı, pratikten anlaşıldığı üzere; büyük kentlerde "taktik" amaçlı propaganda ve maddi güç kazanma hedeflenirken, "stratejik" yığınak kırsal alanda olacaktı. Yani devrimin kırlardan oluşacağı inancı vardı. ÇKP-SBKP bölünmesinde Küba ve Vietnam KP'nin tutumuna benzer şekilde, eşit uzaklıkta durma politikası izleniyordu.

THKO

THKO, Türkiye'nin, özellikle Türkiye Solunun siyasal gelişimini etkilemiş, kendisi de uluslararası etkenlerin yanında, Türkiye'nin ve Türkiye Solunun toplumsal siyasal gelişiminin ürünü olan bir olgudur. Her olgu gibi, tarihseldir. Ortaya çıkışı, gelişmesi ve bir sonu vardır.

THKO oluşumunun başlangıç yılı 68'dir. Ankara ve İstanbul'da, gençlik hareketi ve onun örgütü olan Dev-Genç içinde kendilerini diğerlerinden ayıran ve birbirleriyle belirli ilişkilere sahip iki grubun ortaya çıkması, THKO'nun oluşum sürecinin başlangıcı olmuştur. Ankara'da Hüseyin İnan, İstanbul'da Deniz Gezmiş etrafında toplanan, eylemler içinde sınanarak titizlikle seçilmiş devrimci militan gençler, gençlik eylemlerinin en önünde yer alanlar arasındaydılar ve özellikle şeriatçı-faşist ve resmi güçlerle çatışmanın ve gençliğin silahlı savunmasının içindeydiler. Gençlik eylemleri ve savunmacı eylem çizgisinin yetersizliği, önlerine iktidar sorununu koymaya yönelen THKO'yu önceleyen bu gruplar açısından görüldükçe, gençlik hareketinin sınırlarını aşan bir devrimci hareket ve onun örgütünü yaratma sorunu gündeme girmeye başladı. Türkiye'de işçi ve emekçilerin, halkın iktidarı ve kurtuluşunu hedefleyen, böyle bir amaca uygun ideolojik siyasal yaklaşım ve tutumlara, devrimci bir programa sahip, devrimci taktik ve yöntemler uygulayıp kullanan bir örgüt yoktu ve gençlik mücadelesi içinden gelen militanlar devrimci mücadelenin bu ihtiyacını karşılamaya yöneldiler. Uluslararası etkenleriyle de birlikte Türkiye'nin o günkü koşulları, THKO'nun kuruluşuna götürdü. 69 içinde gençlik hareketinin ihtiyaçlarının ötesinde silahlı eylemler gerçekleştirmeye başlayan devrimci militanların, önemli bir kısmı silah ve savaş eğitimi için, aynı yıl Filistin'e gidip döndü ve 70, Ankara ve İstanbul gruplarının birleşmesiyle THKO'nun kurulduğu yıl oldu. THKO'nun örgütleyicisi ve siyasal ideolojik yönlendiricisi Hüseyin İnan, popüler önderi ve İnan ile birlikte sürükleyicisi Deniz Gezmiş'ti. Kurucu militanlar arasında Yusuf Aslan, Sinan Cemgil, Cihan Alptekin, Alpaslan Özdoğan ve bir dizi gençlik önderi bulunuyordu.

NEDEN THKO?

60'ların ikinci yarısı, emekçi kitlelerin hareketinin önemli boyutlar kazandığı yıllardı. Bu dönem, Cumhuriyet tarihinde emekçi kitlelerin en geniş demokratik mevzileri ellerine geçirdikleri dönem de oldu. Üst sınıflar arasındaki çelişme ve çatışmanın da gelişmesini kolaylaştırdığı kitle hareketi bir dizi demokratik hakkı koparıp aldı ve fiilen kullanılır kıldı. Bir yandan kitle eyleminin, başta öğrenci gençliğin Amerikan emperyalizmine ve faşizme karşı mücadelesi olmak üzere işçilerin sendikal hareketinin, grevlerin ve köylülerin toprak işgali eylemlerinin yaygınlaşması, diğer yandan ilerici, demokratik, sosyalist fikirlerin kitleler arasında geniş ölçüde yayılması dönemin özelliğiydi. Kitle eylemleri radikalleşirken Marksist klasikler birbiri peşi sıra Türkçeye çevrildi ve geniş bir okur kitlesi buldu. Bu koşullarda TİP parlamentoya 15 milletvekili sokmuştu. Başlangıçta TİP tüm sol hareketi kucaklıyordu. THKO kurucularının hemen tümü de TİP üyesiydi. Ancak TİP gelişen kitle hareketinin bir etkeni değil engeli durumundaydı ve hareket radikalleştikçe bu durum dayanılmaz hal aldı.

Kruşçev revizyonizminin etkisi altında olan ve bu etkiyi Türkiye'ye taşıyan TİP, aynı zamanda Şefik Hüsnü'nün burjuvaziyi aklayan ve ona bel bağlayan sınıf işbirlikçisi, sınıf barışını ve yasalcılığı esas alan oportünizminden besleniyordu. TİP iflah olmaz bir parlamentarizm savunucusuydu. Barış içinde parlamentoda çoğunluk sağlayarak "iktidar" olmayı öngörüyor ve bu planı bozabilecek her türden "aşırılık"a karşı çıkıyordu. Hruşçov'un "barışçıl geçiş" tezini hayata uygulayan ve Şefik Hüsnü'nün 46'daki Demokrat Parti destekçisi parlamentarizminin takipçiliğini yapan TİP hızla radikalleşen kitle hareketi karşısında pasifizmin teorisini yaparak hareketi geriye çekmeye uğraştı. Birçok grev, öğrenci boykot ve işgalleri, anti-emperyalist eylemler TİP'e rağmen, onu da karşısına alarak gerçekleşebildi. Unutulmaz örnektir:

İstanbul'da Deniz'in önderlik ettiği 6. Filo'yu protesto gösterilerinde TİP fiilen Amerikalıların safında yer aldı, göstericiler TİP'lilerin barikatlarını aşmak durumunda kaldılar. Radikalleşerek yükselen kitle hareketi sol hareketi de etkileyip radikalleştirirken, parlamentarizm, yasalcılık ve pasifizmiyle TİP'i tecride götürdü. Başta gençlik önderleri olmak üzere devrimci militanlar, onunla iktidara yürünemeyeceğini pratik içinde görerek TİP'ten koptular.

TİP karşısında yükselen, kendi içinde baştan beri farklı eğilimleri barındıran MDD hareketi oldu. Önderliğini Mihri Belli'nin yaptığı MDD hareketi, TİP reformculuğu karşısında "devrim" savunuculuğu yapıyordu; ama, Hruşçov'un etkisi altında bu "devrim"in "kapitalist olmayan yol"dan gerçekleşeceğini ileri sürüyor, Nasır örneğinin propagandasını yapıyordu. MDD tezine göre, TİP'in öngördüğü anayasal reformlar parlamenter yolla değil "küçük burjuva radikaller" ya da "asker-sivil aydın zümre" adını verdiği reformcu solcu cunta aracılığıyla olanaklıydı. Şefik Hüsnü'nün Kemalizm yüceltisi MDD'nin çıkış noktasıydı. MDD'nin bir dönem TİP karşısında güç toplamasının etkeni, onun yükselen kitle hareketi ve devrimci eylemleri TİP'ten farklı olarak "anarşizm-goşizm" şeklinde nitelememesi, gelişmeden yana bir tutum almasıydı. Mihri Belli ve MDD hareketi, özellikle gençlik hareketini ve küçük grup eylemlerini, bel bağlanan ordu-gençlik ittifakına dayalı solcu askeri darbenin koşullarını olgunlaştıracağı ve bir cunta yönetiminde kendilerini güçlü kılacağı düşüncesiyle desteklediler.

MDD hareketi parçalı bir bütündü, bir yandan gençliğin radikalizmini saptırıp emiyor diğer yandan Kemalizm savunuculuğu ve cuntacılıkta ortaya çıkan reformculuğuyla burjuvaziye bel bağlıyor, sınıf işbirliğini öngörüyordu. Parçalanmadan edemezdi: önce Doğu Perinçek'in PDA'sı ayrıldı. Bu grup Mihri Belli'nin görüşlerini biraz daha incelterek savunmayı sürdürdü, ama radikalizmden uzaktı ve ondan güç almıyordu, pasifizmiyle kısa sürede tecrit oldu. Bunu kırabilmek amacıyla o dönem, devrimci demokrat niteliğiyle devrimciler arasında önemli bir prestije sahip Mao'yu kullanmaya, onun özellikle sağcı görüşlerini savunmaya yöneldi, Maoculuk'ta karar kıldı, yine de tecridi kıramadı.

Bölünmenin diğer yanı Aydınlık Sosyalist Dergi'nin başında bulunan Mahir Çayan'dı, radikalizmden güç alıyordu. Çayan, MDD'nin birçok tezini savunmayı sürdürdü ancak, yükselmekte olan devrimci radikal bir eğilimi temsil ediyordu. Mihri Belli, bölünmede, kendi görüşlerine daha yakın olmasına rağmen PDA tecrit olunca, Çayan'ın tarafını tuttu. Oluşum halindeki THKO tüm grupların dışındaydı.

15-16 Haziran işçi direnişi ve onun karşısında ordunun tutumu, cunta ve cuntacılara bağlanan umutların geçersizliğini pratik olarak gösterince, radikal gençlik önderleri THKO ve THKP-C'yi oluşturmak üzere gençlik kitlesi ve hareketini peşlerinden sürükleyerek Mihri Belli'yi kendi başına bıraktılar. Bu sıralar İ. Kaypakkaya da PDA içinde, sonradan TKP/ML-TİKKO'nun kurulmasına varacak bir muhalefet geliştirmeye başladı.

THKO'nun (ve THKP-C ile TİKKO'nun da) oluşumuna yol açan koşullar, nesnel yönüyle, yükselen ve radikalleşen kitle hareketi ve onun doğurduğu ihtiyaçlardı. Düzenin kendini savunması yanında, yükselen işçi ve özellikle gençlik hareketi karşısında burjuvazi ve siyasal aygıtlarının beslediği şeriatçı-faşist güçlerin silahlı saldırıları, devrimci militanların karşısına önce korunma ve savunma, giderek de iktidar mücadelesi için silahlanma sorunu koydu. Ve öznel yönüyle TİP ve MDD'ciliğin, parlamentarizm ve cuntacılığın pratikteki iflası ve radikalleşen kitle hareketinin ihtiyaçları, devrimci fikir ve yaklaşımları dayattı. Devrim ve halkın kurtuluşu peşinde olan militanlar, arayış içine girdiler. Türkiye'de savunulup geliştirilecek devrimci bir miras bulunamadı. Militanlar sosyalist ve devrimci bir miras bulabilmeleri halinde ona sıkıca sarılacaklardı. Ama yoktu.

Öte yandan uluslararası gelişmeler de THKO ve benzer diğer örgütlerin oluşmasını önemli ölçüde etkiledi.

68 dünya kapitalizminin kriz içinde çalkalandığı bir yıldı,ve yalnız geri ülkelerde değil, Avrupa'da da kitle hareketleri gelişkindi; başta Vietnam olmak üzere Gü-

ney Doğu Asya, Latin Amerika, Fransa, hatta İngiltere, Almanya devrimci kitle eylemleri, ayaklanma ve savaşlarla çalkalanıyordu. Ama kapitalist restorasyona bağlı olarak Sovyetler Birliği yeni bir karşı devrim mihrakı oluşturmuştu. Hruşçov ve sonra Brejnev modern revizyonizmi her yerde devrimci gelişmeyi saptırmaya, yatıştırmaya ve bastırmaya soyunmuştu. Modern revizyonizm bir çok ülkede Marksist partileri yozlaştırmış devrimci mücadelenin dışına ve karşısına düşmelerine yol açmıştı. Bu partiler gelişen, mücadeleye önderlik edip devrimci örnekler sunacak durumdan uzaklaşmışlardı. Revizyonizmin yol açtığı tahribat büyüktü, revizyonist yol tutan önderlikler dışında kalan devrimci militanların kafaları karmakarışık edilmişti. Yaygın bir sınıf barışı propagandası, "barışçıl yarış", "barışçıl geçiş", "kapitalist olmayan yol" gibi tezlerle yürütüldü; proletaryanın devrimci iktidarının ve onun ayrılmaz parçası olan bürokratik militarist aygıtın parçalanıp kırılması fikrinin reddedilmesi aracılığıyla yürütülüyordu. Proletaryanın öncü rolü, proletarya iktidarı ve genel olarak devrim fikri reddedilip barışçıllık, yasallık, demokratizm, uzlaşmacılık propagandaları yaygınlaştırılınca, samimi devrimci militanlar tüm dünyada, bu arada Türkiye'de revizyonizmden uzaklaştılar ve ona karşı tutumlar geliştirdiler. Modern revizyonizmin yoz ve sapkın tezleri; ne sınıf mücadelesinin ihtiyaçlarına ne de gelişen kitle hareketlerinin gereksindiği yönelim ve bürünme durumunda olduğu yeni biçimlere uygun düşüyordu. Pratik, modern revizyonist tezlerin geçersizliğini, Türkiye'de olduğu gibi gösteriyordu; ancak salt pratiğin onun saptırıcı ve yozlaştırıcı etkinliğinin üstesinden gelmesi beklenemezdi. Marksist teori ve ideolojik tutumla modern revizyonizmle hesaplaşma, mücadelenin, revizyonist yozlaştırmanın üstesinden gelinerek doğru bir yolda gelişmesini sağlayabilirdi. Ancak revizyonizmin tahribatı büyüktü ve bu imkan bulunamadı. Marksizm, tek tek ülkelerde görece güçlü etki merkezleri yaratamamıştı, bir çok ülkede küçük de olsa Marksist bir grup bile yoktu, Türkiye'de olduğu gibi.

Bu koşullarda gelişen kitle mücadelesinin ihtiyaçlarından hareket eden, revizyonizmin, barışçıl, yasalcı, uzlaşmacı ve sınıf işbirliğini esas alan reformcu önerilerinin çıkmazını pratikte görmüş ve devrimin gerekliliğine inanmış, emekçi halkların yağma, baskı ve zulümden kurtuluşunu dava edinmiş samimi devrimciler, revizyonizmin uzlaşmacı reformcu önerilerini reddedip onların partilerinin dışına çıktılar ya da bu partilerin dışında örgütlendiler. Türkiye'de THKO'nun şahsında olduğu gibi tüm ülkelerde bu tür yeni örgütlenmelere damgasını vuran, revizyonizmin reformcu yol önerileri karşısında şiddete dayanan devrim fikrini ve devrimci şiddeti savunmaları, revizyonizmden bu alanda ayrılmalarıydı. Ayrışma, son derece dar ve sınırlı bir alanda gerçekleşti, devrimin yolu konusunda bir farklılaşma olarak kavrandı. Revizyonizmle, onun teorik temellerine yönelik bir hesaplaşma içine girilemedi; hemen tüm ülkelerde, bu arada Türkiye'de revizyonizm teorik temellerinde aşılamadı, yeni gruplar birçok revizyonist tezi ve genel olarak onun teorik temelini kendilerine temel edindiler. THKO ve dünyadaki benzerleri devrimi savundular, kararlı bir devrimci eylem içine girdiler; ama "solcu" bir yönelimle küçük burjuva ihtilalciliğini geliştirdiler. Bu akım, başlıca Latin Amerika ülkelerinde yayıldı. Bu ülkelerde anarşist ye Troçkist "solcu" teori ve pratiğin tarihsel kökleri oldukça güçlüydü. THKO da başlıca Latin Amerika'dan, özellikle Che Guevara'dan etkilendi.

Sosyal ve ekonomik yapı değerlendirmesi, Kemalizm, proletarya önderliği ve partinin rolü ve önemi gibi temel konularda revizyonizmden kopamayan, Kemalizm'i küçük burjuva devrimciliği olarak değerlendirip sınıfın örgütlenmesine ve temel alınmasına yönelmeyen, önemli olanın silahlı eylem olduğu düşüncesiyle başlangıçta orduyla partinin ayrışmasını ve bir parti örgütlenmesini gerekli görmeyen THKO, emperyalizme ve faşizme karşı geliştirdiği mücadeleyle ülkede, siyasal mücadelenin gelişimine damgasını vurdu, üst sınıflarla alt sınıflar arasında bir daha kapanmayacak bir uzlaşmazlık uçurumu açtı. Devrimci şiddetin ve şiddete dayanan devrim fikrinin savunulması, silahlı mücadelenin her koşulda temel olduğu görüşü, THKO'nun ayırıcı özelliğiydi. Yasalarla kendini sınırlamayan, burjuva partilere ve revizyonizme, mevcut düzene karşı çıkan, orduyla ilgili hiçbir hayale sahip olmayan THKO kır gerillasını temel almıştı. Önceleri hiç düşünülmeyen şehir gerillasının yan bir faaliyet olarak sürdürülmesine maddi olanak temini amaçlı şehirlerde gerçekleştiren eylemler büyük yankılar getirince karar verildi.

THKO sert ve uzlaşmaz bir mücadele yürüttü; ancak, daha kuruluş döneminde militanları aracılığıyla önderlik etmekte olduğu kitle mücadelesinden ideolojik siyasal yönelimiyle kopan, örneğin son Kongresinde kesinlikle yönetimine geleceği ve yönlendirebileceği Dev-Genç'i, silahlı eylem gerekliliği nedeniyle terk eden, --temel bir amacı kitleleri kazanmak da olsa-- küçük grubun silahlı mücadelesini temel alan THKO'nun yenilmesi, olağanüstü elverişli koşullar dışında kaçınılmazdı. Nitekim öyle oldu. 70'de kitle eylemi durulma ve gerileme eğilimine girdi, sözü edilen elverişli koşulların oluşması olanaksızlaştı ve THKO yenildi. Önderleri ve çoğu militanı yok edildi, tutuklandı, örgüt eylemsizleştirildi.

74-75'lerde kalan ileri kadroları THKO'nun merkezi yapısını yeniden kurdular ve THKO'nun özeleştirisi sürecini başlattılar. THKO'nun eleştirisinde biraz aşırı gidildi ve geçmiş eylem çizgisinin eleştirisi bir miktar sağ tutumlara vardırıldı; ancak bu süreç temelde revizyonizmle köklü bir hesaplaşma süreci oldu ve ondan tam kopuşa götürdü. Revizyonizm tüm teorik temelleriyle Marksist eleştiriden geçirildi. Bu, aynı zamanda THKO'nun küçük burjuva devrimci bir örgütten Marksist bir örgüte dönüşümü süreci oldu, sonunda THKO adını da değiştirdi, TDKP-İÖ adını aldı. Bu gelişme, proletaryanın partisine, TDKP'ye kadar devam etti.[22]

[22] Mustafa Yalçıner, *Sosyalizm ve Toplumsal Mücadeleler Ansiklopedisi*, "THKO", s.2178-2179

Bildiriler, Tutanaklar, Ekler...

ODTÜ SFK 7 Ocak 1969 Tarihli Bildirisi

"YAŞASIN MİLLİ KURTULUŞ SAVAŞIMIZ"

Kamuoyuna, Amerikan emperyalistleri ve işbirlikçileri, dünyanın dört bir yanında kafalarını durmadan ulusal direnişlerin sert kayalarına vurmaktadır. Uyanan dünya halklarının milli kurtuluş savaşları, Amerikan emperyalizmini ve maşalarını yok edecektir.

Asya, Afrika ve Latin Amerika'da her geçen gün ulusal hareketlerin dar boğazına giren Amerikan emperyalizmi son darbeyi sömürülen dünya halklarından yiyecektir.

Türk halkı dünyada ilk kurtuluş savaşıl örneğini veren ülke olarak Amerikan emperyalizmine karşıda milli kurtuluş bayrağını açmıştır. Savaşımız haklı bir savaştır, zorbalık değil, kurtuluş savaşıdır. Bu savaşta gerçek dostlarda tıpkı gerçek düşmanlar gibi açıkça kendini belli edecektir. İşbirlikçilerin maskeleri düşecektir.

Amerikan elçisinin arabasının yakılması olayı bu gerçekleri gün ışığına çıkarmıştır. Dost Amerika deyip

Vietnam katilini yurdumuza çağıranlar gibi, ODTÜ Rektörü Kurdaş da[23] Amerika'ya oynuyor.

Olay bir tertiptir, Kurdaş deşifre olmuştur. Öğrenci Birliği de aynı yanlış tutumun içindedir.

Bugünkü iktidar halkın gözünde yıpranmıştır. Amerika'nın yeni bir adama ihtiyacı vardır. Halk cellâdı Kommer'in gelişini bini aşkın ODTÜ öğrencisi protesto etmiştir. Kommer Türkiye'ye normal yollardan sokulmamıştır.

Elbette ki ODTÜ'ye de sokulmayacaktı.

Bunu Kurdaş biliyor.

Bunu Kommer biliyor.

Bunu CIA biliyor.

Bunu Sükan[24] Biliyor.

Kommer'in ODTÜ'ye gelişi kasıtlıdır. Hem Rektör Kurdaş Amerika'nın adamı olacak, hem onun üniversitesi Amerika'ya baş düşman olacak. Bu çelişki çözümlenmeli, ODTÜ'deki antiemperyalist gençlik, hiç değilse onun öncüleri saf dışı edilmeli idi.

Hesap budur, başarılamayacaktır. Hiçbir güç tarihin akışını durduramayacaktır. Arkadaşlarımıza yapı-

---

[23] Maliye Bakanlığı ve Hazine'de uzun yıllar çalışan Mustafa Kemal Kurdaş, IMF'de ki görevinin ardından 1961 yılında ODTÜ rektörlüğüne getirildi. Öğrencilerin istenmeyen adam ilan ettiği Kurdaş, bu görevi 1969 yılında Erdal İnönü'ye devretti. (y.n.)

[24] Mehmet Faruk Sükan 1961 yılında Adalet Partisinden Konya milletvekili olarak meclise girdi. 1965-1969 yılları arasında İçişleri Bakanlığı görevinde bulundu. (y.n.)

lacak en ufak bir haksızlık en keskin şekilde karşılığını alacaktır.

Hodri meydan.

Kahrolsun Amerikan emperyalizmi ve onun uşakları.

Yaşasın Milli Kurtuluş Savaşımız.

ODTÜ Sosyalist Fikir Kulübü

ODTÜ SFK 15 Ocak 1969 Tarihli Bildirisi

"İŞÇİ ARKADAŞ"

Bildiğiniz gibi, geçen hafta Amerikan elçisi Kommer'in arabası Orta Doğu Teknik Üniversitesi'nde, Amerikan gavurlarına karşı devrimci gençler tarafından yakıldı. Arabanın yakılması olayı Türkiye'nin bağımsızlığından yana olan bütün yurtseverler tarafından takdirle karşılandı.

Yurdumuzu sömürge haline sokan Amerikan emperyalistleri ve onların yurdumuzdaki işbirlikçileri artık şunu iyice anladılar ki Türkiye'de Milli bağımsızlıktan yana güçler kendilerine fırsat vermeyecektir. Emperyalizm demek bir yabancı ülkenin başka bir ülkeyi sömürmesi demektir. Biz ancak sömürücü Amerika'yı yurdumuzdan kovduğumuz zaman bağımsız bir ülke haline geleceğiz.

Vietnam'da Milli Kurtuluş savaşı veren Vietnamlı yurtseverleri yok etmekle görevli Amerikan elçisi Kommer elbette ki Türkiye'de rahat edemeyecektir.

Milli Kurtuluş Savaşımız ancak bütün Amerikan gavuruna karşı olanların mücadelesi sonunda başarıya ulaşacaktır.

Kıbrıs'a Türk askerinin çıkmasını 6. Filo ile önleyen Amerika'ya karşı yurdumuzda öteden beri yurtsever gençler tarafından sürdürülen mücadeleye artık devrimci işçi kardeşlerimizde katılmaktadır. İstanbul'da Amerikan sermayesi ile kurulan Singer fabrikasında işçiler, 'Kahrolsun Amerika' diyorlar.

Daha dün 6. Filo adı verilen ve Türk askerinin Kıbrıs'a çıkmasını önleyen savaş gemileri en keskin şekilde protesto edildi, fakat yurdumuzu çiftliği sanan Amerikan gavuru bugünde Vietnam kasabını elçi olarak gönderdi.

Unutmasınlar ki Türk işçisi, Türk köylüsü gavur Amerika'yı kapı dışarı etmek için hazırdır.

Daha dün milli bayramımızda İzmir'e eğlenip keyif etmeye gelen Amerikalıyı protesto eden iki arkadaşımız vurularak öldürülmüştü. Bugün birçok arkadaşımız Kommer'in arabasını yaktı diye hapishaneye sokuldu.

Biz, bağımsızlıktan yana olan yurtseverler bu mücadelede her şeyi göze aldık. Zafer bizimdir.

Türkiye'nin bağımsızlığından yana olan devrimci gençler olarak bütün işçi kardeşlerimizi milli kurtuluş mücadelemizde omuz omuza savaşa çağırıyoruz.

İşçi gençlik el ele.

Yaşasın milli kurtuluş savaşı.

Yaşasın bağımsız Türkiye için savaşanlar.

ODTÜ Sosyalist Fikir Kulübü

Kommer'in otomobilini Yakan Öğrencileri Savunmaları İçin Türkiye'nin Değişik Bölgelerinde Görev Yapan Avukatlara 17 Ocak 1969 Tarihinde Gönderilen Çağrı:[25]

"Amerikan emperyalistleri dünyanın dört bir yanında ulusal kurtuluş savaşçılarından yedikleri şamarlardan sonra Türkiye'de egemenliklerini sürdürebilmek için provokasyon ve pasifizasyon hareketlerine girişmişlerdir.

Türkiye'ye Büyükelçi olarak gönderilen, Vietnam'da halk cellâtlığıyla ün yapmış olan, harp çıkarma uzmanı, CIA ajanı Kommer gereken cevabı ilk olarak Esenboğa hava alanında devrimci, anti-emperyalist Türk gençliğinden almış ve Türkiye'ye ancak arka yollardan kaçırılarak sokulabilmiştir.

---

[25] Turhan Feyizoğlu, *Sinan/Nurhak Dağlarından Sonsuzluğa*, Ozan Yayıncılık, İstanbul 2007. s.364.

6 Ocak 1969 da Ortadoğu Teknik Üniversitesi öğrencisini tahrik etmek için Kommer Amerikancı rektör Kurdaş tarafından kimseye –hükümet dahil- haber vermeksizin üniversitemize getirilmiştir. Yurtsever ODTÜ öğrencisi Amerikan emperyalistlerine ve onun yerli uşaklarına gereken darbeyi bir kez daha en keskin şekilde indirmiştir. Amerikancı Kurdaş, olay üzerine, bazı arkadaşlarımızı arabayı yakmak suçuyla ihbar etmiştir. Onun ve Amerikan emperyalistlerinin amacı önde gelen devrimci kardeşlerimizi harcamak ve geride kalan anti-emperyalist, Atatürkçü kitleyi sindirmektir.

Üniversite gençliği bu hesabı boşa çıkartmıştır. Sıra bütün yurtsever Türk halkındadır. Amacımız halk düşmanlarına karşı girişilen bu hareketin meşruluğunu dünya kamuoyuna ispatlamak ve Amerikan canavarlarını Türkiye'den kovmaktır. Sadece ODTÜ öğrencileri arasında hareketin meşruluğunu belirten imzaların sayısı, okulun tatile sokulmasına rağmen bini aşmıştır.

Tüm Kemalist yani anti-emperyalist hukukçuları da bu destekleme kampanyasına katılarak, hareketin meşruluğunu kanın önünde savunmaya çağırıyoruz. Diğer yurtsever Avukat dostlarımızı da durumdan haberdar ederek onlarında bu göreve katılmalarını sağlamanızı rica ederiz. Bu çağrı, Türkiye'deki tanınmış bütün yurtsever hukukçulara ve öğretim üyelerine de yapılmıştır.

Savunmaya fiilen katılmanız mümkün olmasa da, bu hareketi desteklediğinizi ve meşruluğuna inandığınızı belirtmeniz yeterlidir. Bu tarihi görevi kabul ettiğiniz takdirde, en seri vasıtalarla –telgraf vs- bizi haberdar etmenizi dileriz.

Saygılarımızla.

ODTÜ Forumu Direniş Komitesi

Başvurulacak adres: Aydınel Altıntaş, ODTÜ İdari İlimler Fakültesi Öğrenci Derneği, Ankara.

Kommer'in Otomobilini Yakmaktan Sanık Olarak Yargılananlar Hakkında Verilen Karar:[26]

T.C.

ANKARA

Birinci Ağır Ceza Mahkemesi

Esas No: 1969/47

Karar No: 1971/57

C. Sav. No: 1969/956

KARAR

Başkan: Tevfik Ahıska 8516

Üye: Yunus Gürer 8244

Üye: H. Avni Güneş 10094

Katip: Fehmi Görgeç

---

[26] Turhan Feyizoğlu, *Sinan/Nurhak Dağlarından Sonsuzluğa*, Ozan Yayıncılık, İstanbul 2007. s.378.

Hüseyin Çakıroğlu 11833

Cumhuriyet Savcı Yard.

Davacı: K.H.

Sanıklar 1) SEÇKİN YAVUZ İNCEFE: Gündoğdu ve Şadan'dan 26.10.1946'da doğma. Balıkesir ili, Edremit ilçesi, Hacı Tuğrul Mahallesi, Hane 5, Sahife 229 ve Cilt 6'da nüfusa kayıtlı. Ankara ODTÜ Maden Bölümü son sınıfta öğrenci, Ankara Emek Mahallesi 71.Sokak 5/6'da mukim, bekar, okur yazar, sabıkasız.

2) BEKİR TUNCAY ÇELEN: Necip Eyüp ve Dürüye'den 19.06.1949 da doğma. Elazığ ili merkez ilçe, İcadiye Mahallesi, Hane 349, cilt 26 ve Sahife 80 de nüfusa kayıtlı. Ankara ODTÜ'de öğrenci, Ankara Cebeci İmrahor Caddesi 56/12 de oturur, bekar, okur yazar, sabıkasız.

3) İRFAN UÇAR: Tayyar ve Havva'dan 02.07.1947'de doğma, Bolu ili merkez ilçe, Hane 19*4, Cilt 41 ve Sahife 135 de nüfusa kayıtlı, (Sazak Kahramanlar Mahallesi), ODTÜ'de öğrenci, Ankara Çankaya Yıldız Mahallesi 66 numarada oturur, bekar, okur yazar, sabıkasız.

4) KASIM ÇELİK: İbrahim ve Fidan'dan 1944'de doğma. Göle ilçesi Koyunluk (Kundik) Mahallesi, Cilt 3 ve Sahife 77 de nüfusa kayıtlı. ODTÜ'de öğrenci, evli, çocuksuz, okur yazar, sabıkasız, Ankara'da Server Somuncuoğlu Mahallesi 142 numarada oturur.

5) M. TAYLAN ÖZGÜR: Hasan ve Necla'dan 1948'de doğma. Van ili merkez ilçe, Barutçu Mahallesi,

Hane 9, Cilt 5 ve Sahife 19'da nüfusa kayıtlı. ODTÜ'de öğrenci, bekar, okur yazar, sabıkasız.

6) YUSUF ASLAN: Beşir ve Mediha'dan 1947'de doğma, 1947 doğumlu, Yozgat ili, Çekerek ilçesi, Mahure nahiyesi Kersemüz köyü nüfusuna kayıtlı (Kuşsaray köyü), Ankara'da Emek mahallesi 75. Sokak 45 numarada oturur. ODTÜ'de öğrenci, bekar, okur yazar, sabıkasız.

7) HALİL ÇELİMLİ: Hasan ve Fatma'dan 19.02.1946 da doğma. Denizli ili Tavas ilçesi Tilkili Köyü, Hane 37, Cilt 38 ve Sahife 7 de nüfusa kayıtlı. ODTÜ'de öğrenci, aynı yerde Öğrenci Yurdunda ikamet eder, bekar, okur yazar, sabıkasız.

8) İBRAHİM SEVEN: Esmer ve Necmiye'den 1948'de doğma, Mardin ili Midyat ilçesi, Hane 3, Cilt 2 ve Sahife 85 de nüfusa kayıtlı. ODTÜ'de öğrenci, aynı yer Yurdunda kalır, bekar, okur yazar, sabıkasız.

9) MUSTAFA AKGÜL: Saadettin ve Havva'dan 10.05.1948 de doğma, Güdül ilçesi merkez nahiyesi Keşanuz yukarı mahallesi, Hane 28, Cilt 1 ve Sahife 50 de nüfusa kayıtlı. ODTÜ'de öğrenci, aynı yer Yurdunda kalır, bekar, okur yazar, sabıkasız.

10) COŞKUN EROĞLU: Abdullah ve Hasibe'den 08.03.1937'de doğam, Amasya ili Mehmet Paşa Mahallesi, Hane 11, Cilt 14 ve Sahife 121'de nüfusa kayıtlı. Ankara Emek Mahallesi 77. Sokak 17/2 de oturur. ODTÜ'de öğrenci, bekar, okur yazar, sabıkasız.

11) MEHMET ÜNAL: Recep ve Zekiye Leman'dan, 16.12 1950'de doğma, İzmir ili 2. Sultaniye Mahallesi, Hane 608, Cilt 171 ve Sahife 118'de nüfusa kayıtlı. ODTÜ'de öğrenci, aynı yerde Yurtta kalır, bekar, okur yazar, sabıkasız.

12) SAİT BİG: İsak Muzaffer ve Samiye'den 1947'de doğma, Düzce ilçesi Şerefiye, Hane 217/2, Cilt 56 ve Sahife 139'da nüfusa kayıtlı. Ankara Ayrancı Tirebolu Sokak 27 numarada oturur. ODTÜ'de öğrenci, bekar, okur yazar, sabıkasız.

13) BAYRAM YAŞAR: Şamil ve Fatma'dan 06.05.1945 aslı, 06.04.1945 tashih doğumlu, Ankara'da Emek Mahallesi 77. Sokak 12/2'de oturur. Hacettepe Üniversitesinde öğrenci, bekar, okur yazar, sabıkasız.

14) NUH NACİ BAŞOĞLU (KUNDAKÇIOĞLU): Kazım ve Hayriye'den 29.03.1946'da doğma, Kayseri ili Muammer Bey Mahallesi, Hane 19, Cilt 146 ve Sahife 27'de nüfusa kayıtlı. Ankara'da ODTÜ'de öğrenci, aynı yer Yurdunda kalır, bekar, okur yazar, sabıkasız.

15) AHMET YILDIRIM: Fethi ve Sabahat'tan 11.05.1949 da doğma, Elazığ ili Hankendi nahiyesi Sir Uşağı Köyü, Hane 46, Cilt 61 ve Sahife 33'de nüfusa kayıtlı. ODTÜ'de öğrenci, Aynı yer Yurdunda kalır, bekar, okur yazar, sabıkasız.

SUÇ: Yabancı bir hükümetle Türkiye Devletinin münasebetini bozacak ve Türkiye Devletini veya Türk Vatandaşlarını mukabelei bilmisile maruz kılacak şekilde hasmane harekette bulunmak, Amerikan Büyükelçisinin makam arabasını tahrip ve yakarak toplu halde şahıslara şiddet kullanmak suretiyle izrar ve bu suçlara iştirak.

Suç Tarihi: 6.1.1969 günü saat 13.

Tevkif Tarihi: 7.1.1969 (Sanık Seçkin Yavuz İnceefe ve Tuncay Çelen için)

Tahliye Tarihi: 12.3.1969 (Sanık Seçkin Yavuz İnceefe ve Tuncay Çelen için)

Tevkif Tarihi: 11.1.1969 (Sanık Sait Big ve Bayram Yaşar için)

Tahliye Tarihi: 12.3.1969 (Sanık Sait Big ve Bayram Yaşar için)

Tevkif Tarihi: 15.1.1969 (Sanık Kasım Çelik için)

Tahliye Tarihi: 12.3.1969 (Sanık Kasım Çelik için)

Tevkif Tarihi: 15.1.1969 (Sanık M. Taylan Özgür, Yusuf Aslan, Halil Çelimli, İbrahim Seven, Mustafa Akgül, Coşkun Eroğlu, İrfan Uçar için.)

Tahliye Tarihi: 12.3.1969 (Sanık M. Taylan Özgür, Yusuf Aslan, Halil Çelimli, İbrahim Seven, Mustafa Akgül, Coşkun Eroğlu, İrfan Uçar için.)

Tevkif Tarihi: 12.1.1969 (Sanık Nuh Naci Kundakçıoğlu için)

Tahliye Tarihi: 27.1.1969 (Sanık Nuh Naci Kundakçıoğlu için)

Tevkif Tarihi: 14.1.1969 (Sanık Mehmet Ünal için)

Tahliye Tarihi: 12.3.1969 (Sanık Mehmet Ünal için)

Vekilleri: Av. Niyazi Ağırnaslı, Halit Çelenk ve Türkay Çelen.

Yabancı bir hükümetle, Türkiye Devletinin münasebetini bozacak ve Türkiye Devletini veya Türk Vatandaşlarını mukabelei bilmisile maruz kılacak şekilde hasmane harekette bulunmak, Amerikan Büyükelçisinin makam arabasını tahrip ve yakarak toplu halde şahıslara şiddet kullanmak suretiyle izrar ve bu suçlara iştirakten sanıklar yukarıda açık kimlikleri yazılı Seçkin Yavuz İnceefe, Bekir Tuncay Çelen, İrfan Uçar, Kasım Çelik. M. Taylan Özgür, Yusuf Aslan, Halil Çelimli, İbrahim Seven, Mustafa Akgül, Coşkun Eroğlu, Mehmet Ünal, Sait Big, Bayram Yaşar, Nuh Naci Başoğlu ve Ahmet Yıldırım hakkında yapılan açık yargılama sonunda.

İCABI KONUŞULDU:6.1.1969 günü saat 13:00 raddelerinde Rektör Kemal Kurdaş'ın daveti üzerine, Orta Doğu Teknik Üniversitesine gelen Amerika Birleşik Devletlerinin, Türkiye nezdindeki Büyükelçisi Robert Kommer'in Elçiliğe ait 06 AC 001 plaka numaralı 1968 model Cadillac tipindeki 9.000 dolar, yaklaşık 90.000.00 lira değerli otoyu Rektörlük binası önündeki otopark yeri olarak kullanılan meydana park ettikten sonra, üniversitedeki Rektör odasına gittiği, bu sırada üniversite kafeteryasında istirahatta bulunan sanıklar, kimlikleri kesinlikle tespit edilemeyen diğer öğrencilerle birlikte keyfiyeti öğrenerek Rektörlük binası önündeki meydana toplanıp Rektör odasında misafir olarak bulunan Robert Kommer ve temsil ettiği Amerikan Birleşik Devletleri aleyhinde "Kahrolsun Amerika, Kahrolsun Katil Kommer" gibi sözlerle nümayişte bulunduktan sonra bir kısmının, "arabaya, arabaya" diye bağırmasıyla kalabalığın hep birlikte Robert Kommer'e ait araba etrafında toplandığı, olay yerine gelen Rektör ve Üniversite yöneticilerinin ihtar ve ikazlarına sert bir şekilde tepki gösteren grubun Rektör ve yöneticiler oradan uzaklaştıktan sonra, hep beraber taş ve tekmelerle vurmak suretiyle camlarını kırarak otoya zarar verdikten sonra, üniversite bahçesinden söktükleri "çimlere basmayınız" levhasının asılı bulunduğu demir boruyu, levye olarak kullanmak suretiyle otoyu devirerek, benzin deposunu delmek suretiyle, ateşe verdikleri ve yangına müteakipte bir kısım aletlerini söktükleri, bu kalabalık arasında bulunan sanıklardan İbrahim Seven, Yusuf Aslan, İrfan Uçar, Seçkin Yavuz İnceefe, Ahmet Yıldırım, Halil Çelimli, Kasım Çelik, Coşkun Eroğlu, Bekir Tuncay Çelen, Sait Big, Bayram Yaşar ve Mustafa Akgül'ün suça maddi asli fail olarak iştirak ettikleri, kamu tanıkları Yaşar Gürbüz, Mehmet Bektaş, Kemal Kurdaş, Mehmet Yılmaz, Mahir Sayın, Necdet Onur, Sadık Kakac, Sadri Sapdur, Adnan Doksanoğlu, Adnan Şaplakoğlu, Rasim Serbatur, Orhan Alsac, Mustafa Parlar, Mümin Arıkan, Şemsettin Aktaş, Sadul İllez, Türköz Erkay, Nuri Soysal ve Orhan Kural'ın soruşturma aşamalarındaki birbirini tamamlayan şahadetleri, olay esnasında muhtelif gazete foto muhabirleri tarafından çekilen fotoğraflar, oto üzerinde inceleme yapan bilirkişi tarafından düzenlenen rapor kapsamı ve dosya içindeki diğer delillerde sabit olmuş ve mahkemece de bu yolda kanaat hasıl edilmiştir.

Olay yerine 200 metre yaklaşarak fotoğraf çektiğini, olaya katılmadığını ileri sürerek savunma tanığı dinleten sanık Seçkin Yavuz İnceefe'nin, salınması kamu tanığı Sadık Kakac, Adnan Doksanoğlu ve Mehmet Yılmaz'ın tanıklıkları, araba yanarken olay yerine geldiğini ileri sürerek savunma tanığı dinleten sanık Kasım Çelik'in salınması, kamu tanığı Adnan Doksanoğlu ve Mahir Sayın'ın tanıklıkları, olayı 80 metre geriden seyrettiğini, katılmadığını ileri sürerek savunma tanığı dinleten Sait Big'in savunması, kamu tanığı Mehmet Bektaş'ın tanıklığı, karşısında kabule şayan görülmedikleri gibi, yukarıda adları yazılı diğer sanıkların mücerret inkara dayanan savunmaları da kabule şayan bulunmamıştır.

Olaydan sonra Hükümetler arasındaki münasebetlerin bozulmadığına dair resmi beyan ve açıklamalar bu münasebetlerin seyrini tespitten ziyade bozulmaması gerektiğini belirtmek amacını gütmüştür.

Bu olay Türkiye devletinin veya Türk vatandaşlarının Amerika'da herhangi bir mukabelei bilmisile maruz kalmasını intaç etmemiştir. Aynı zamanda olayın Amerika Birleşik Devletlerinde geçmiş herhangi bir vakıa ile hiçbir şekilde irtibatı olmadığı da tespit edilmiştir" denilmekte ise de, yapılan eylemin Büyükelçi Kommer'in geçmişteki az gelişmiş ülkelerde yaptığı ve bu ülkelerin zararına olduğu kabul edilen hizmet göz önünde bulundurularak Kommer'in şahsına karşı da ika edildiği dosya kapsamından anlaşıldığı gibi, çoğu Orta Doğu Teknik Üniversitesi öğrencisi ve aynı zamanda Fikir Federasyonları Kulübü mensubu olan sanıklar tarafından yapılan bu kabul eylem ve hareketlerin çağımız dünyasında bütün devletler öğrencileri tarafından sürekli bir şekilde yapıla gele olması ve bu hareketlerin "dünya öğrenci hareketi" diye adlandırılması ve yukarıya aynen alınan Dışişleri Bakanlığı yazısından bu hareketler dolayısıyla Amerika Hükümeti ile Türkiye arasındaki münasebetlerin bozulmadığı ve Türkiye Devleti ile Türk vatandaşlarının mükabelei bilmisile maruz bırakıldığının anlaşılmasına göre, sanıkların fiil ve hareketlerinde T.C.K.'nın 28/2. maddesindeki suç unsurlarının bulunmadığı gibi, ızrar suçu ika edilmezden evvel veya edilirken sanıkların araba şoförü Nidai Cemal ve üniversite yöneticilerine karşı gösterdikleri tepki de fiili nitelikte olmadığından T.C.K.'nın 516/2 maddesinde kast olunan anlamda şahıslara karşı şiddet kullanılarak işlenmiş ızrar suçu mahiyetinde görülmemiştir.

HÜKÜM:Gerekçesi yukarıda tafsilen izah edildiği üzere, sanıklardan İbrahim Seven, Yusuf Aslan, İrfan Uçar, Seçkin Yavuz İnceefe, Ahmet Yıldırım, Halil Çelimli, Kasım Çelik, Coşkun Eroğlu, Bekir Tuncay Çelen, Sait Big, Bayram Yaşar (Uçar) ve Mustafa Akgül'ün tespit edilmediği için haklarında kamu davası açılmayan diğer bir çok arkadaşları ile birlikte tamamı maddi, asli fail olarak Amerikan Birleşik Devletleri Büyükelçisi Kommer'in Orta Doğu Teknik Üniversitesi araba park yerine, park edilen 06 AC 001 plaka no'lu 9.600 dolar, yaklaşık olarak 90.000 Türk lirası değerini taşıyan otosunu taşlayarak camlarını kırmak ve aletlerini sökmek ve aletlerini yakarak işe yaramaz hale getirmek suretiyle ızrar suçunu işlediklerini tekmil dosya münderecatı ile anlaşıldığından,

1) Sanık İbrahim Seven, Yusuf Aslan, İrfan Uçar, Seçkin Yavuz İnceefe, Ahmet Yıldırım, Halil Çelimli, Coşkun Eroğlu, Kasım Çelik, Bekir Tuncay Çelen, Sait Big, Bayram Yaşar (Uçar), Mustafa Akgül'ün eylemlerine uyan T.C.K.'nın 516/1 maddesi delaletiyle "aynı kanunun 517/1 maddesi gereğince, suçun işleniş şekli, suç yeri, mağdurunun suç yerinde misafir olarak gelmiş olması hali şiddet sebebi kabul edilerek takdiren 4 er ay hapis ve yine takdiren 50 şer lira ağır para cezasıyla mahkumiyetlerine, ika edilen zararın miktarı pek fahiş kabul edildiğinden aynı kanunun 522/1 maddesi ile cezaları yarı nispetinde arttırılarak neticeten ALTIŞAR AY HAPİS ve YETMİŞ BEŞ'ER LİRA AĞIR PARA CEZASIYLA MAHKUMİYETLERİNE, suçun işleniş şekli ve özellikleri göz önünde tutularak 647 sayılı kanunun 4 ve 5. Maddelerinin uygulanmasına yer olmadığına, tecil isteklerinin REDDİNE. Emanetin 1969/74 numarasında kayıtlı bir oto cantının Amerikan Büyükelçiliğine İadesine, Sanıklardan Tuncay Çelen ile Seç-

kin Yavuz İnceefe'nin 7.1.1969, Sait Big ile Bayram Yaşar'ın 11.1.1969, Kasım Çelik'in 15.1.1969, Coşkun Eroğlu, İrfan Uçar, Yusuf Aslan, Halil Çelimli, İbrahim Seven, Mustafa Akgül'ün de 24.1.1969 tarihinde tutuklanarak, tanıkların 12.3.1969 tarihinde tahliye edildikleri anlaşıldığından, tutuklu kaldıkları günlerin cezalarından sayılmalarına, aşağıdaki müfredatı yazılı (939) lira (50) kuruş yargılama giderlerinin de mahkumiyetlerine karar verilen sanıklardan mütesabiyen ve müteselsilen tahsiline,

2) Sanıklardan Mustafa Taylan Özgür'ün 23.9.1969 tarihinde öldüğü Çankaya Nüfus Memurluğunun 13.1.1971 tarihli yazısından anlaşılmakla T.C.K.'nın 96. Maddesi uyarınca bu sanık hakkındaki kamu davalarının ORTADAN KALDIRILMASINA,

3) Sanıklardan Mehmet Önal Ölçer ile Nuh Naci Kundakçıoğlu'nun kendilerine, yükletilen suçları işledikleri hakkında hükümlülüklerine yeter kanaat verici delil olmadığından müsnet suçlardan BERAATLERİNE,

4)Sanık İbrahim Seven, Yusuf Aslan, İrfan Uçar, Seçkin Yavuz İnceefe, Ahmet Yıldırım, Halil Çelimli, Kasım Çelik, Coşkun Eroğlu, Bekir Tuncay Çelen, Sait Big, Mustafa Akgül ve Bayram Yaşar'ın, Büyükelçinin otomobiline ızrar maksadı ile yakmak ve aleyhinde nümayiş yapmaktan ibaret olmaktan eylemlerinde T.C.K.'nın 128/2. Maddesinde yazılı suç unsurlarının bulunmadığı netice ve kanaatine varıldığından bu sanıkların da bu yönden BERAATLERİNE,

Temyizi kabil olmak üzere oy birliğiyle verilen karar 8.3.1971 tarihinde sanıklardan Seçkin Yavuz İnceefe, Kasım Çelik, Coşkun Eroğlu ve Mustafa Akgül'ün yüzlerine, sanıklar vekillerinden de Halit Çelenk, Türkay Çelen ve Niyazi Ağırnaslı'nın da yüzlerine ve diğer sanıkların gıyabında, C. Savcısının hazır olduğu halde alenen ve usulen tefhim kılındı.

8.3.1971

Başkan 8516, Üye 8244, Üye 10094. Kâtip.

Türkiye Halk Kurtuluş Ordusu Bildirisi
4 Mart 1971

Türkiye Halk Kurtuluş Ordusu'nun sesidir:

1. Türkiye Halk Kurtuluş Ordusu halkımızın bağımsızlığının silahlı mücadele ile kazanılacağına ve bu yolun tek yol olduğuna inanır.

2. Türkiye Halk Kurtuluş Ordusu bütün yurtseverleri bu kutsal mücadele saflarına çağırır ve hainlere karşı giriştiği kavgada son savaşçısına kadar devam edeceğini bildirir.

3. Amacımız Amerika'yı ve tüm yabancı düşmanları temizleyerek, hainleri yok etmek ve düşmandan temizlenmiş tam bağımsız Türkiye'yi kurmaktır.

4. Türkiye Halk Kurtuluş Ordusu ezilen halkımızın öncü gücüdür, halkımızın kurtuluşu dışında hiçbir harekete girişmez.

5. Halkımıza şunu duyuruyoruz. Düşmanın zenginliğine, sayısına, imkânlarına ve dehşetine aldanmayınız. Düşmana boyun eğmeyiniz, haklarımızı zorla alacağız, çünkü onlar her şeyi bizden zorla alıyorlar.

Bütün yurtseverler: Şerefsiz yaşamaktansa şerefle ölmek, yalvarmak yerine zora başvurmak, başkasına değil kendine ve kendin gibi olanlara güvenmek, nerede ve nasıl olursa olsun hainlere boyun eğmemek parolamızdır.

Devrimciler: Barışçıl şartlar içinde mücadele metotlarını bırakınız. Halk kitlelerini kurtuluşa götürecek olacak olan şiddet politikasını temel alan silahlı mücadeleye THKO'nun saflarında katılınız. Ulusal kurtuluş savaşının haklı bayrağını emperyalizmin saldırgan politikasına karşı hep beraber dalgalandıralım.

İşçiler, köylüler: Hainler sürüsünün jandarması ve polisi her gün yeni katliamlar hazırlamaya devam ediyor. Doğu'da komando saldırılarında, 16 Haziran'da, Bossa'da ve daha birçok yerlerde, kurşunlanan ve işkence edilen kardeşlerimizin intikamını henüz alamadık. Alın terimize el koyan hainler sürüsüne karşı isyan bayrağını hep birlikte açalım.

Öğretmenler, küçük memurlar: Bir kuru ekmek parasını zorla veren, hesabına gelmeyince diyar diyar sürgün çocuğu yapan ve sizleri elinin altında bir uşak gibi kullanmak isteyen bu satılmışlardan aman dilemeyiniz. Ezilenlerin tek kurtuluş yolu ezenlere karşı giriştikleri kutsal isyandır.

Türkiye Halk Kurtuluş Ordusu mücadeleye girdiği kısa dönem içinde yaptığı bütün eylemlerin sorumluluklarını üzerine alır ve halkımıza ilk açıklamayı yapar:

1. 29 Aralık gecesi Amerikan Büyükelçiliği önünde nöbet tutan toplum polisleri kurşunlanmıştır. Bu olay devrimcilere ve halka güven vermiş ve hainler Türkiye'de ilk defa ciddi bir devrimci terörle karşılaşmışlardır.

2. 11 Ocak 1971 günü Türkiye İş Bankası Emek Şubesini soyarak 124 bin lira para alınmıştır. Soygunun amacı bir taraftan sömürücü çarkının devamını sağlayan bankaların iç mekanizmasını bozmak, diğer taraftan düşmanla daha iyi savaşabilmek için silahlanmaktır. Ve bu yüzdendir ki, soygundan sonra düşman şimdiye dek görülmedik bir vahşetle halka ve savaşçılarımıza karşı baskıyı arttırmıştır. Tam bir aylık kovalamacadan sonra düşman savaşçılarımızı yakalayamamış, fakat aksine kısa zamanda kahraman olmalarına yardımcı olmuştur.

3. Şubat ayı ortasında İstanbul'da bir Amerikan motoru bombalanmıştır. Motor batmaktan zor kurtulmuştur.

4. 20 Şubat gecesi İstanbul'da Edirnekapı'da nöbet bekleyen iki toplum polisi kurşunlanmıştır. Bu eylemimiz Ankara'da polislerin kurşunlanmasından sonra aynı taktik çalışma gereği yapılmıştır.

5. 21 Şubat gecesi Amerika'nın Ankara'nın Balgat semtindeki üssüne girilmiştir. Tam dört saat, üs savaşçılarımızın kontrolüne geçmiştir. Cephane diye girilen depoda ve nöbetçilerde silah bulunamamıştır. Ayrılırken nöbet bekleyen Amerikalı çavuşu yanına alan savaşçılarımızın, zenci olduğunu görünce kurşuna dizmekten vazgeçmiş, buna karşılık Türkiye'deki Amerikalılar hakkında gerekli istihbarat alındıktan sonra serbest bırakılmıştır.

Bu olaylar şunu göstermiştir:

Düşman, zalim, göründüğünden de çok korkaktır. Kuvvetli görünmesine rağmen zayıftır. Kuvvetli, yiğit ve cesur olan biziz. Bir buçuk aydır hain iktidarın polis teşkilatı bir avuç savaşçımızın karşısında dize gelmiştir. Bütün baskı ve şiddete rağmen savaşçılarımızdan bir kişiyi dahi yakalayamamış, fakat halkı kandıran ve başarılı görünmek için olayla ilgisi olmayan başka devrimcileri tutuklamış ve işkence etmiştir.

Türkiye Halk Kurtuluş Ordusu TUSLOG DET 18 Amerikan üssünde görevli 4 Amerikalı astsubayı esir almıştır. Esirler şunlardır:

Astsubay Jimmie J. Sexton
Çavuş James M. Gholson
Çavuş Larry J. Heavner
Çavuş Richard Garaszi

Türkiye Halk Kurtuluş Ordusu esir aldığı Amerikalıları serbest bırakmak için 36 saatlik bir süre tanımaktadır. Bu süre içinde aşağıda ileri sürülen şartların yerine getirileceği hükümet yetkililerince TRT ve basın yoluyla duyurulmalıdır. Her türlü gelişme aynı haberleşme araçlarıyla yetkililerce açıklanmalıdır. Böyle bir duyuru yapılmaması halinde şartlar kabul edilmemiş sayılacak, verilen sürenin sonunda Amerikalı esirler kurşuna dizilecektir.

Şartlar:

1. Esirlerin tümünün serbest bırakılması karşılığı ABD'nin Türkiye Halk Kurtuluş Ordusu'na 400.000 (dört yüz bin) dolar fidye vermesi. (Alış şekli sonradan bildirilecektir.)

2. Türkiye Halk Kurtuluş Ordusunun, bütün dünya halklarına ve Türkiye halkına başlıklı bildirisi ile "Şartların" verilen süre içinde TRT'de 7:30, 13:00 ve 19:00 haber ajanslarında eksiksiz okunması.

3. Amerikalı esirlerin tutuklu bulunduğu süre içinde hiçbir devrimcinin bu olaydan dolayı tutuklanmaması.

Not: Verilen süre 4 Mart 1971 sabahı saat 6:00'da başlamakta ve 5 Mart günü saat 18:00'de bitmektedir. Bu arada polisin girişeceği muhtemel arama çabalarının esirlerin can güvenliğini ortadan kaldıracağı bilinmelidir.

Subaylar, öğrenciler, teknik elemanlar: Elinizdeki silahı ve bilimi, vatanın kurtuluşu uğrunda kullanınız. NATO'nun emrindeki komutanların ve Amerikan beslemesi hainlerin çıkarlarına karşı dikiliniz.

Esnaflar, zanaatkârlar, yetimler, dullar ve emekliler: İnsanca yaşamaya ve insan yerine konmaya muhtaç oldunuz. Sefalet her gün biraz daha belinizi büküyor. Yarına korkuyla bakıyorsunuz. Sizlerin kurtuluşu halkımızın tümünün kurtuluşundan ayrı değildir. Sizleri bu hale sokan hainlerin sonu gelmeden rahata kavuşamayız.

Bütün yurtseverler:

Amerika ve onun emrindeki hainler yüzünden öz vatanımızda üvey evlat durumuna düştük. Hiçbirimiz yarınımızdan emin değiliz, ömrümüz aç, sefil, doktorsuz, ilaçsız, okulsuz, yolsuz geçiyor. Gelecek nesillere vatanı böyle terk edemeyiz. Kanımızı emen bir avuç hain ve onların arkasındaki Amerika'ya isyan etmek en kutsal görevimizdir. Bu talan düzeni böyle devam ettikçe açlıktan ölen biz, işsiz kalan biz, insan yerine konmayan biz, hayat pahalılığı ve zamlardan inim inim inleyen biz ve köle muamelesi gören biz olacağız.

Şimdiye kadar hep avuç açtık. Elimize hiçbir şey geçmedi. Diledikçe uçuruma doğru yuvarlandık. Yardımı onlardan bekledik. Zararlı çıktık.

Öyleyse:

Hainlere karşı baş kaldırmaktan başka çare kalmadı. Bugün güçsüzsek birlik olamadığımız için, çünkü onlar bizi birbirimize düşürüyorlar. Gözlerimizi iyi açalım ve esas düşmanı hep beraber görelim. Esas düşman Amerika'dır, hain patronlardır, ağalardır, tefeci ve bezirgânlardır.

Korkmayalım:

Vatanın kurtuluşu uğrunda mücadele bir namus borcudur ve zaten kaybedecek bir canımız kalmıştır.

Daha şimdiden polisinden, devlet başkanına kadar hiç birisi evinde rahat uyuyamaz, çoğu ise evine rahat gidemez olmuştur. Onlar yarın ne olacağını çok iyi biliyorlar ve bugün bir avuç savaşçısı olan Türkiye Halk Kurtuluş Ordusu'nun, yarın binler ve milyonlar olduğu zaman ne yapacaklarını düşünüyorlar.

Tekrar ediyoruz: Düşmanın sayısına, zenginliğine, dehşetine ve imkânlarına aldırmayınız. Onun elindeki silah ve imkânlarına aldırmayınız. Onun elindeki silah ve imkânları aldığımız zaman, bizi durduracak hiç bir güç kalmayacaktır. Kendimize ve kendimiz gibilere olan güvensizliği yok edelim. Şunu iyi bilelim ki, halkın, yani bizlerin gücü karşısında hiç bir kuvvet dayanmaya muktedir değildir. Bu şerefli kavgada, kutsal görevimizi alalım. Yarının Türkiye'si bize cennet, düşmana zindan olacaktır.

Türkiye Halk Kurtuluş Ordusu, bu mücadeleye en son neferine kadar ve kanının son damlasına kadar devam edeceğini bildirir.

04 Mart 1971

Kaçırılan 4 Amerikalı ile İlgili Olarak 5 Mart 1971 Tarihli Son Bildiri:

Türkiye Halk Kurtuluş Ordusu, kaçırdığı 4 Amerikalı ile ilgili bildiri ve şartlar gerekli makamlara iletilmiştir. Fakat aradan geçmesine rağmen önceki gece uzatılan sürenin bitimine 12 saat yaklaşılmasına rağmen hiçbir açıklama yapılmamış ve bildiri ile şartların TRT'de eksiksiz okunması şartı yerine getirilmemiştir.

Son defa şartlarımızı ve kaçırılan 4 Amerikalının kendi imzaları ile Amerikan ve Türk makamlarına yazdıkları mektupları bildiriyoruz. Bundan sonra yetkililer tarafından gerekli açıklama yapılmadan biz hiçbir açıklama yapmayacağız ve tanına sürenin dolmasını bekleyeceğiz.

ŞARTLARIMIZ:

1. 400 bin dolar fidye.

2. Arkadaşımız Mete Ertekin'in serbest bırakılması.

3. THKO'nun bütün dünya halklarına ve Türkiye halkına çağrısı isimli bildirinin TRT'de 7:30, 13:00 ve 19:00 ajanslarında okunması.

4. Olayla ilgili bir devrimcinin gözaltına alınmaması.

5. Gelişmelerin anında bir hükümet yetkilisi tarafından TRT'de açıklanması.

THKO Davası 1- Ortak Savunma (1972)

Sayın yargıçlar,

Bu savunma, mahkemenizde, anayasayı tağyir, tebdil ve ilgadan yargılanan Türkiye Halk Kurtuluş Ordusu (THKO) savaşçılarının ortak savunmasıdır.

İçinde bulunduğumuz şartlar, geniş bir savunma yapmamızı ve şahıslarımızda zincire vurulmak istenen bilimi ve gerçekleri savunmamızı gerektiriyor.

Amacımız, aleyhimize verilecek cezayı önlemekten çok, doğruluğuna inandığımız doğa ve toplum kanunlarının, insanlık tarihine nasıl yön verdiğini açıklamaktır.

Toplumların tarihi, ezenler ve ezilenler arasındaki mücadelelerin tarihidir. Çağımıza kadar, bu mücadelelerde ezilenler daima yenilmişlerdir. Fakat 20. yüzyıl tarihimiz, ezenlerin barbarlığına ve bütün baskılarına rağmen, ezilenlerin kurtuluşuna sahne olmaktadır.

Günümüzde ezenleri temsil eden ve çıkarı uğruna yoksul ulusları, boyunduruğu altında tutan emperyalizm'dir. İnsanlık tarihi gericiliğin, barbarlığın ve vahşetin son kalesi olan emperyalizmin de sonunu müjdeliyor.

Bütün ezilen uluslar, emperyalizme, her gün darbe üstüne darbe vuruyorlar. Asırlardır ezenlere karşı mücadelelerde hayatlarını feda edenlerin çabaları boşa gitmemiştir. Dünyamız zafer türkülerini söylemek üzeredir.

Ezenlere karşı verdikleri mücadelelerde ölen tüm ezilenlere selam olsun!

Türkiye, emperyalizme karşı ilk kurtuluş savaşı veren ve onu dize getiren ülkedir. Bütün ezilen uluslara ışık tutan ve kurtuluş bayrağını dalgalandıran Türkiye halkı, bundan elli yıl önce görevini yapmıştır. Ne yazık ki, o zaman yurdumuzu terk etmek ve yenilgiyi kabul etmek zorunda kalan emperyalist ülkeler, sonradan bir avuç satılmışın menfaati uğruna tekrar yurdumuza girdiler. Ve kurtuluş savaşında gerçekleştiremedikleri emellerini bugün gerçekleştiriyorlar.

Ulusumuz, Amerikan emperyalizminin sömürüsü altında ezilmektedir. Kurtuluş savaşımızda şehit düşen yüz binlerin onurları ve cesetleri üzerinde yabancı pençesi cirit atmaktadır.

Dünyanın ve orta-doğu'nun en eski devletlerinden biri olan Türkiye hâlâ kalkınamamış olup, yarı bağımlı durumdadır. Bir avuç sermaye çevresi Amerikan doları uğruna ulusumuza ihanet etmiş ve bağımsızlığımızı yabancılara ticaret konusu yapmıştır. Yurdumuzun bağımsızlığı için giriştiğimiz bu kavgada kurtuluş savaşımızda şehit olanların onurlarını ve ulusumuzun kaderini korumaya kararlı olduğumuzu bildiriyoruz.

Kurtuluş savaşımızın tüm şehitlerine selam olsun!

Amerikan emperyalizmi, sadece ulusumuzun değil, dünya uluslarının çoğunu ezmekte ve sömürüsünü sürdürmektedir. Tüm ezilen uluslar bağımsızlık ve kurtuluş için silaha sarılmış olup, çağımızın canavarı emperyalizme karşı mücadele etmektedirler. Bugün ezilen halkların tek ve ortak düşmanı emperyalizmdir. Dünyanın dört bir tarafında bağımsızlık savaşı veren halkların kimi kurtulmuş, kimi ise zaferin arifesindedirler. Emperyalizme karşı verilen kurtuluş mücadeleleri, bütün kıtalarda gericileri ateş çemberi içine almışlardır.

Asya kıtasında, Vietnam, Laos, Kamboç, Tayland, Birmanya, Filipinler, Filistin, Bengal, ve daha birçok halkların emperyalizmi ve onların emrindeki uşaklarını alt etmeleri an meselesidir.

Afrika'da, Latin Amerika'da ve başka yerlerde bağımsızlık savaşı veren halkalar, bütün baskılara ve katliamlara rağmen mücadeleye yılmadan devam ediyorlar.

Artık Amerikan emperyalizmini, dolarlar, yalanlar, atom bombaları kurtaramaz. Emrindeki uşak olarak kullandığı gericilerle tarih sahnesinden silinmeye mahkûmdur. Çünkü dünyada bağımsızlık savaşlarını durduracak ve ulusları ezebilecek hiçbir silâh yoktur. Çağımıza damgasını vuran en güçlü silâh bağımsızlık ve kurtuluş savaşlarıdır.

Emperyalizme karşı verdikleri mücadelelerinde başlarını eğmeden kahramanca savaşan tüm ezilen uluslara selam olsun!

Türkiye halkı kurtuluş savaşımızda, emperyalizme ve uşaklarına, gerekli dersi nasıl verdiyse, bu defa da onurunu çiğnetmeyecek ve bağımsızlığını elde edecektir. O zaman, emperyalizmin silahları, uçakları, denizaltıları, emrindeki uşakları dize geldi. Bu defa da dize gelecek ve Türkiye halkı, dünya ulusları arasındaki onurlu yerini alacaktır.

Bugün halkımızı sömüren emperyalizme ve emrindeki bir avuç satılmışa karşı, verilen bağımsızlık ve kurtuluş mücadelemizin bayrağı dalgalanmaya devam edecektir. Şimdiye kadar bu kavgada şehit düşen kardeşlerimiz, gözlerini kırpmadan, hiç bir menfaat gözetmeden, alınları açık görevlerini yapmışlardır.

İşçiler, köylüler, öğrenciler ve tüm yurtseverler gericilere kahramanca karşı koymuşlar ve bu uğurda birçokları şehit olmuştur.

Emperyalizme ve onun emrindeki uşaklara karşı verdiğimiz kutsal bağımsızlık kavgamızın şehitlerine selam olsun.

Emanetiniz olan bağımsızlık ve kurtuluş bayrağını, alnımız açık, yiğitçe dalgalandırdık, bundan sonra da dalgalandırmaya devam edeceğiz.

Bu kutsal kavgada Türkiye Halk Kurtuluş Ordusu olarak yaptıklarımızı savunmamızda açıklayacak ve ulusumuzun nasıl sömürüldüğünü anlatarak, yurdumuzu yarı-bağımlı duruma getiren bir avuç satılmışın yaptıklarını belgelerle ispatlayacağız.

Savunmamızı geniş olarak hazırladık. Osmanlı İmparatorluğu'ndan bugüne kadar geçmiş tarihimizin ekonomik, askeri, siyasi ve kültürel gelişimi alarak inceledik.

Amacımız belgelerle Türkiye'nin Amerikan emperyalizminin sömürüsü altına girdiğini açıklamak ve Türkiye Halk Kurtuluş Ordusu'nun bir örgüt olarak neden mücadeleye başladığını anlatmaktır.

Savunmamızda şu temel noktalara ağırlık veriyoruz.

1) Türkiye 50 yıl önce kurtuluş savaşı vermesine rağmen neden kalkınamamıştır?

2) Tekrar emperyalizmin sömürüsü altına nasıl girmiştir?

3) Türkiye Halk Kurtuluş Ordusunun amacı nedir?

Bu konuları bütün ayrıntılarıyla açıkladığımız zaman, şimdiye kadar verdiğimiz ifadelerin ve söylediğimiz sözlerin anlamı daha kolay anlaşılır olacaktır.

Türkiye'de, emperyalizme karşı yürüttüğümüz bağımsızlık savaşımızın anlamını kavramak için ülkemizin sosyo-ekonomik yapısını bilmek zorunludur.

Bu arada bizim açımızdan fazla önemli olmayan iddia makamının iddianame ve mütalâasına geniş yer vermeyeceğiz. Çünkü toplum gerçeklerimizden uzak ve bilime aykırı olan iddia makamının görüşlerine önem vermek dahi, toplum bilimini gereksiz bir yoruma sokmak olur.

Osmanlı İmparatorluğu'ndan başlayarak yapacağımız geniş tahliller, düşüncelerimiz ve eylemlerimiz açısından, sağlam bir kararın verilmesini ve amacımızın doğru değerlendirilmesini mümkün kılar.

Osmanlı İmparatorluğu:

Malazgirt zaferinden sonra, Osmanlı Boyu'ndan Türklerin, büyük yığınlar halinde Anadolu'ya akmasıyla önce Selçuklular, sonra Osmanlılar olmak üzere Anadolu'da Türk devletleri kuruldu.

Batı'da feodalizm (derebeylik) hüküm sürerken ortaya çıkan Osmanlı devleti, çağına göre ileri bir toplum düzenine dayanmaktaydı. O tarihlerde biz batı'ya değil, batı bize el açmaktaydı.

Devleti yönetenler; saray adamları, ulema ve asker üçlüsüydü. Bu üçlü sınıf üretimin herhangi bir kolunda görev almazdı. Çalışan sınıfların üstünde süper bir sınıf durumundaydı. Bu sınıfın belirgin özelliği kazançlarını üretime yatırmamalarıdır. Gelecekleri padişahın ağzından çıkacak söze bağlı olan bu sınıf, ellerinde toplanan serveti, padişah ve efradı ile birlikte saray âlemlerine harcardı.

Çalışan sınıfları reaya ve zanaatkârlar meydana getiriyorlardı. Reaya (köylü) toprağın sadece tasarruf hakkına sahipti. Bu hak her ne kadar babadan oğla devredilmekte ise de köylü hiçbir zaman toprağın sahibi olamamıştır. Çünkü padişah tasarruf hakkını kaldırabilirdi. Reaya, gelirinin belirli bir bölümünü vergi (aşar)olarak sipahi'ye verirdi. Sipahi beyi de topladığı vergi oranında asker besler ve herhangi bir sefer sırasında bu askerlerle savaşa katılırdı.

Kasaba ve şehirlerde el sanatları oldukça gelişmişti. Bu el sanatları, başlıca, ipekli dokuma, dericilik, keçecilik ve demircilikti r. Bunlardan Avrupa'ya ihraç edilen halı ve ipekli kumaşlar önemli gelir kaynaklarıydı.

16. yüzyıla kadar Asya ile Avrupa'yı bağlayan ticaret yolu Osmanlı devletinden geçer. Ve bu işi yapan tacirlerden belli vergi alınırdı. Yerli tüccar ve zanaatkârlar da devlete belli bir vergi verirdi.

Fakat devletin asıl geliri fetihler neticesinden elde edilen savaş ganimetleri, hediyeler ve işgal edilen bölgelerden alınan haraç ve cizyelerdi. Devlet, kervansaray, köprü, karayolu, çeşme vs. gibi kamu hizmetlerini de kurduğu vakıflar sayesinde yapardı. Tamirat vs. masrafları da yine vakıflardan sağlanırdı.

Görüldüğü gibi, düzenin başarısı fetihlere bağlıydı. Savaşlarda galibiyet devam ettikçe düzen de başarısını sürdürdü.

Düzenin Bozulması:

16. yüzyılın sonralarına doğru düzenin isleyişi hem düzenin iç çelişkileri, hem de dış etkenlerle bozuldu ve süratli bir çöküş dönemine girdi. Biraz aşağıda sosyoekonomik nedenlerini anlatacağımız bu çöküş, tarihi, devlet adamlarının cengâverlik hikâyeleri olarak kabul edenlerin anlattıkları kadar basit değildir. Bu çöküşün nedenleri de kahraman ve akıllı padişahların yerine beceriksizlerin işbaşına geçmesi şeklinde yorumlanamaz.

Bu çöküşün nedenlerini anlamak için Avrupa'da meydana gelen önemli değişiklikler bilmek zorundayız. Bu yüzyılda Avrupa'da iki önemli olay yer aldı.

Amerika'nın keşfi ve Avrupalı denizcilerin karaya hiç ayak basmadan dünyayı dolaşmaları. 15. yüzyıl ortalarına kadar uygarlık dünyasının temeli Asya kıtasındaydı Avrupa, para, servet, endüstri açılarından Asya'ya daima borçlu idi. Doğu ülkeleri ile olan ticaretin de elinde avucundaki nakit parayı, aldığı mallar karşılığında yitiriyordu. Amerika'nın keşfi ile yağma edilen Aztek ve İnka hazineleri, Peru, Bolivya ve Meksika'da işletilen madenlerden elde edilen altın ve gümüşler Avrupa'ya akmaya başladı. 1500-1550 yılları arasında Avrupa'daki altın ve gümüş miktarı dört misli arttı. Altın artık mücevherat eşyası olmaktan çıkıp değişim aracı haline geldi. Nakit paranın çoğalması ticareti geliştirdi, tüccarlar, bankerler zenginleşti. Feodal bey sınıfı köylüyü sıkıştırmak suretiyle feodallikten kapitalist tarım üreticiliğine geçme yoluna girdi.

Zenginleşen bu sınıf (burjuvazi) hükümetlerle el ele vererek ticareti gittikçe geliştirdi, elinde biriken fazla servetleri de endüstriye yatırmaya başladı. bu suretle durumu değiştiren Avrupa, dışarıya mamul madde satıp, hammadde satın almaya başladı. Böylece 16. yüzyıla kadar Asya'ya akan altın yön değiştirdi.

Avrupa'nın bu durumunu gördükten sonra tekrar Osmanlı devletine dönebilir ve çöküşü hazırlayan iç nedenleri inceleyebiliriz. 16. yüzyılda devletin sınırları son derece büyümüş ve merkez iç eyaletlerine söz geçiremez olmuştu. Bu durum sipahilerin ekonomik ve siyasi gücünün artmasına sebep oldu. Bu güçlenme, bazı eyalet valilerinin devlet merkezine başkaldırmasına kadar gitti.

Seferler de merkezden uzaklaştıkça pahalı olmaya başlamıştı. Ateşli silâhlarla donanmış batı devletlerini yenmek de eskisi kadar kolay olmuyordu. Ve bir an geldi ki, seferlerin masrafları ganimetlerden fazla olmaya başladı. Avrupa ile uzak-doğu'yu birbirine bağlayan ticaret yolu da artık eskisi gibi geçerli değildi. Çünkü Avrupalılar daha az masraflı olan deniz yolunu kullanıyorlardı.

Gelirler azalan saray, arazileri bir veya birkaç seneliğine tüccar ve bankerlere kiralamaya başladı. Bu kiracılara "mültezim" denilirdi. Mültezimler, saraya belli para vermekte, karşılığında ise sipahinin topladığı vergiyi toplamaktaydı. Daha çok para kazanmak için köylüyü sıkıştıran mültezimler sipahi sisteminin bozulmasına ve köylülerin göçüne sebep oldular. 16. yüzyıla kadar mamul madde ihraç ederek, karşılığında o günlerin dövizi olan altın ve gümüş stok eden devletin bu durumu da tersine döndü. Altın ve gümüş rezervi çoğalan ve fiyatların çok arttığı Avrupa devletleri artık Osmanlı devletinden hammadde satın almaya başladılar, karşılığında ise mamul madde satıyorlardı. Bu durum bir yandan altın ve gümüşün azalmasına öte yandan el sanatlarının yok olmasına sebep oldu.

16. yüzyılda başlayan Osmanlı devlet düzenin çöküşü, 19. yüzyıla kadar devam etti. Düzenin çözülmeye başlamasına rağmen 2 yüzyıl dayanmasının iki nedeni vardır; Osmanlı devletini çevreleyen sınır devletleri arasında Osmanlıları yıkacak askeri güce erişmiş bir devletin bulunmaması ve Avrupa kolonyalizminin (sömürgeciliğinin) dünyanın başka bölgelerinde bakir ve sömürülmesi kolay olan başka ülkeleri tercih etmesi.

Bu iki yüzyılda devletin durumunu gören bazı devlet adamları bir takım reformlar yapmaya çalıştılar. Fakat düzenin bozukluğunun asıl nedenini göremiyorlardı.

Bu nedenle yaptıkları reformlar hep yüzeyde kaldı. Askerlikte, idari işlerde, kıyafette, davranışlarda bir takım değişiklikler olduysa da bunlar Avrupa'ya özenti olmaktan ileri gidemedi.

Ve nihayet Osmanlı devleti 1838'de Avrupa emperyalizminin karşısına şu manzarayla çıktı.

- Devletin gücünün devamı ve savaşlar için gerekli finansmandan yoksun bir idare...
- Belirli yasaları olmayan rejim...
- Dış ticareti yabancılara, iç ticareti azınlıklara bağlı olan bir ekonomi...
- İçinde Türk'ten gayrı milletlerin doğuş halinde olduğu bir siyasi toplum...
- Siyasi güçleri saray, bab-ı ali, asker, ayan, ağa ve derebeyi arasında çekişmeli bir devlet.

Bu tarihe kadar Avrupalı emperyalist devletler bazı imtiyazlarla Osmanlı devletinin içine girmişlerdi. 1838'de imzalanan ticaret anlaşması Osmanlı devletini emperyalistlerin oyuncağı haline getirdi. Nihayet ekonomik sömürü askeri işgal şekline dönerek Osmanlı devleti tarih sahnesinden silindi.

1838'e kadar yabancılara birçok imtiyazlar verilmişti. Kapitülasyonlar dediğimiz bu imtiyazlar Kanunî Sultan Süleyman zamanına kadar dayanır. Bu imtiyazlar evvelden sadece Venedik ve Fransız tüccarlarına verilirdi. Kanunî zamanında ise ilk defa bir devlete, Fransa'ya verildi. Bu imtiyazlar iki taraflı olmasına rağmen, o sıralarda Osmanlı devleti kendini kuvvetli saydığından ve Avrupa'ya gidecek tüccarı bulunmadığından daima tek taraflı islemiştir.

Emperyalizmin Girişi:

İmparatorluğu açık pazar haline getiren İngiliz Ticaret Anlaşması'nın önemli maddeleri:

1. Kapitülasyonlar, -anlaşma ile tanınan yeni imtiyazlar eski yerine eklenecekler

2. Gerek iç, gerek dış ticaret amacıyla İngiliz tüccarları, ortakları ve adamları, memleketin her tarafında, her çeşit emtiayı (malı) serbestçe alıp satabileceklerdir. Yedi-i vahit usulü tamamıyla terk edilecektir. (Yedi-

vahit usulüne göre, imparatorluk sınırları içindeki yer altı kaynakları devlet tarafından işletilirdi.)

3. Emtia alımı ve nakli için teskere istenmeyecektir. Teskere isteyen vezirler, memurlar şiddetle cezalandırılacaklar ve İngiliz tüccarlarının bu yüzden uğrayacakları zararları tanzim edilecektir.

4. İngiliz tüccarları, ortakları ve adamları iç ticarette en imtiyazlı yerli tüccarlardan daha fazla vergi ödemeyecekler.

5. İhraç mallarında ihracatın yapılacağı iskeleye kadar hiç bir vergi alınmayacak, iskelede %9 vergi alınacaktır. İskeleden ihracında ayrıca %3 gümrük resmi verilecektir.

6. İthalatta yalnızca%3 ithal resmi ödenecektir. Ayrıca %2 oranında ek vergi alınacaktır. Bunun dışında ithal malları memleketin her tarafına vergisiz gidecek, bir yerden öbür yere tekrar götürülüp getirilse dahi vergi ödenmeyecektir. (Buna göre bir Osmanlı tüccarı içerdeki bir yerden öbür yere götürüp satacağı emtia için %12 vergi öderken, yabancı tüccar ortakları ve adamları %5 vergi vereceklerdi.)

7. Yabancı emtia, boğazlardan serbestçe geçebilecek, Osmanlı limanlarında bir gemiden ötekine aktarma edilebilecek, transit serbest olacak, bu muamelelerden ayrıca hiç bir resim alınmayacaktır. Bu anlaşma neticesinde sanayileşme için gerekli olan kapital birikimi yerli tüccardan yabancı kapitalistlere aktarılmış, belli bir gelişme süreci içindeki el sanatları, tezgâhlara

ve fabrikalara dönüşememiştir. İmparatorluk açık pazar haline getirilerek bütün zenginlikler yabancılara peşkeş çekilmiştir. Bu antlaşma olayları iyi değerlendiren bir insan için vatanın satış senedidir. Bugünkü antlaşmalar daha kurnazca fakat nitelik olarak 1838 ticaret antlaşması ile aynıdır.

1838 antlaşması serbest ticaret şartını hatırladığı, tazminat ise batı kapitalizmi yararına kurulan bu açık pazar düzeninin gerekli kıldığı, idari, mali vb. reformları getirdi.

1878'de imzalanan Berlin Antlaşması ile müdahale hakkı haysiyet kırıcı biçime girdi. Bu antlaşma da yabancı müdahale şöyle ifade etmektedir. (Bab-ı ali bu babta ittihaz olunan tedbirleri muayyen zamanlarda devletlere bildirecek ve antlaşmaya imza koyan devletler bu tedbirlerin icrasına nezaret eyleyeceklerdir.

"(...) son derece para sıkıntısında olan devlet borç para almak zorunda kaldı... Çoğu yabancı olan Galata bankerleri bu duruma hemen ayak uydurdu ve yabancılarla ortaklık kurmaya başladılar... Nihayet bu borçlanma o kadar çoğaldı ki, 1874 -75 senesinde 25 milyon liralık devlet bütçesinin 13 milyon lirası dış borç oldu. Devlet bu durumu ödeyemeyecek hale gelince, Avrupa devletleri, İstanbul'da Osmanlı maliyesini ödeyecek bir mali komisyon kurulmasını kabul ettiler. Bu komisyonun adı Düyun-u Umumiye'dir. Düyun-u Umumiye zamanla gelişerek, kendi adına bazı kaynaklar işletmiştir. Düyun-u Umumiye ile ilgili borçlar cumhuriyet dönemi de devam etmiş ve tamamı ancak 1930'da ödenebilmiştir. Düyun-u Umumiye'ye benzerlikler gösteren kuruluşlara bugünün Türkiye'sinde de rastlanır. 1950-58 döneminde alınan ve ödenmeyen borçlar nedeniyle 1958'de bazı tedbirler alınmış ve milletlerarası kuruluşların temsilcileri zaman zaman Ankara'ya gelerek alınan tedbirleri denetlemişlerdir. 1963 yılında kurulan Türkiye 'ye yardım konsorsiyumu ve Amerikan yardım teşkilatının (AID) Düyun-u Umumiye'ye benzer yanları ve Düyun-u Umumiye ile birlikte emperyalist devletler sonradan kendilerine karlar ve nüfuz bölgeleri sağlayan demiryolu inşaatlarına da başladılar. Almanya'nın "Bağdat hattı" ise, Anadolu ve Mezopotamya'yı bir Alman kolonisi haline getirmek amacını taşıyordu.

Vatansever Örgütler ve Hareketler:

Osmanlı devletindeki vatanseverler aydınlar Tanzimat uygarlığı oyununun asıl niyetini kısa zamanda anladılar. Gizli örgütler kurarak iç ve dış düşmanlara karşı savaşmaya karar verdiler. Bu örgütler başlıca Jön Türkler, Yeni Osmanlılar, İttihat ve Terakki idi. Namık Kemal'in önderliğinde kurulan Yeni Osmanlılar, Tanzimat'ın getirdiği sömürü düzenini şiddetle eleştiriyorlardı. Yayınladığı bildirilerle vergi eşitsizliğini, memurların zulmünü, yabancı sermayenin girişiyle çöken yerli sanayi ve ticaretin yabancılara bırakılmasını konu ediyorlardı. Amaçları milli bir iktisat politikasının uygulanması ve hürriyetin ilanı idi. Abdülhamit, jurnalciler sayesinde örgüt üyelerinin çoğunu yakalamış, Namık Kemal sürgün edilmiştir. Namık Kemal ve arkadaşlarının ortaya attığı görüşler, harbiye, tıbbiye, mülkiye gibi okullarda "vatan ve hürriyet" ideolojisini kökleştirdi.

Çoğunluğunu yüksek okullu aydınların meydana getirdiği jön Türkler de yeni Osmanlıların tezlerine benzer öneriler getiriyorlardı. İstedikleri reformların gerçekleşmesine engel olan Abdülhamit istibadını devirmek en büyük amaçları idi. Bu sırada hemen bütün okullarda yurtsever gençler cemiyetler kurdular...

İhtilalcı Askerler Cemiyeti, Cemiyet-i İnkılabiye bunlardandı. Bütün cemiyetler çıkardıkları gizli dergilerle Abdülhamit istibadını yeriyordu...

Abdülhamit aylıklı ihbarcıları boşa çıktı ve emperyalistler kendi kazdıkları kuyuya kendileri düştüler. En güçlü anti-emperyalist direnmelerden birisi de bu konuda yürütüldü. Vietnam'da bağımsızlık mücadelesi veren halkın amansız düşmanı, insan kasabı Kommer'in arabası yakılarak kendisi yurdumuzdan kovuldu.

(...)

İttihat ve Terakki'ye yön verenler vatansever subaylar ve hem kendi durumlarından hem de vatanın durumundan şikâyetçi olan küçük memurlar olmuştur. (...)

Meşrutiyet'in ilanından sonra ortaya çıkan Hürriyet ve İtilaf Partisi İngiliz yanlısı idi. Hürriyet ve İtilafçılarla, İttihatçılar arasındaki vatansever unsurların çatışması yakın tarihimize kadar dayanır. İttihatçılar arasındaki vatanseverler, kurtuluş savaşında, İstanbul'da karakol cemiyetini, Anadolu'da Müdafaa-i Hukuk Cemiyetlerini kurarak emperyalistlerle silahlı mücadele ederken, itilafçılar yabancılarla işbirliği yapıyor, vatanı yabancılara peşkeş çekiyorlardı. İtilafçılar, daha sonra da Serbest Fırkada ve Demokrat Parti içinde çöreklenmişlerdir. (...)

Kurtuluş Savaşı:

Kurtuluş Savaşı. Türkiye halkının emperyalizme ve onun emrindeki dâhili güçlere karşı verdiği bir direnme savaşıdır. Kurtuluş savaşı ezilen uluslar adına Türkiye halkının emperyalizme ilk ve güçlü şamarıdır. (...)

Kurtuluş savaşı, subay ve aydınların öncülüğünde, köylüler, işçiler, esnaf ve zanaatkârların omuz omuza yürüttükleri bir mücadeledir. (...) Silâhaltındaki ordunun bel kemiğini ve çetelerin hemen hemen tamamını köylüler teşkil etmiştir. Toprak ağaları, şeyhler, tefeciler ve İstanbul hükümetinin Anadolu'da görevli devlet memurlarının büyük bir kısmı mücadeleye katılmamış veya karşı çıkmıştır. Savaşa katılan güçlerden, subay, aydın ve esnaflar örgütü, işçi ve köylüler ise örgütlü değildir. Oysa savaşın bütün yükünü köylüler çekmiştir. İşçiler İstanbul'daki yabancı şirketlerde grev ve işgaller yaparak, mücadeleye katkıda bulunmuşlardır. (...)

Meclis yapısına bakınca da aynı manzara görünür. Milletvekilleri Osmanlı meclisinin milletvekilleri olup, kökenleri itibariyle ağa, şeyh ve eşraf kesimindendir. Nitekim kurtuluş savaşı dönemindeki bütün meclis çalışmalarında ve anlaşmazlıklarda bu açıkça görülür.

Cumhuriyet Dönemi:

Türkiye, emperyalizme karşı mücadele ederek bağımsızlığını kazanan ilk ülkedir. Fakat bu bağımsızlık askeri alanda oldu ve düşmanlar yurttan atıldı. Buna teorik anlamda, Türkiye bağımsız oldu diyebileniz. Sonrası askeri alanda kazanılan bağımsızlığın iktisadi reformlar ve girişimlerle devam ettirilmesiydi.

Cumhuriyet başlangıcındaki ekonomik yapı, Osmanlı devletinden arta kalan Türkiye'nin bozulmuş ve dejenere olmuş iktisadi durumudur.

1) Tarım. Tarımda kapitalizm öncesi üretim ilişkisi hâkimdir. Toprakların büyük bir kısmı ağaların elindedir. Ekilmeyen devlet arazisi büyük orandadır. 14 milyon nüfusun %70'i topraksız ve az topraklı köylüdür. Üretime katılan aletler ilkel olup verim düşüktür.

2) Sanayi. Sanayi kesimi, küçük sanayi ve büyük sanayi olmak üzere ikiye ayrılıyordu. Büyük sanayi başlıca dört kolda gelişmişti. a) madencilik. b) elektrik. c) tütün ve tekel. d) imalat sanayi. Bu dört sanayi kolu da yabancı şirketlerin kontrolündeydi.

Liberal Dönem:

Türkiye1923-1931 dönemini liberal dönem olarak tanımlayabiliriz. Bu dönemde temel iktisadi politikanın esası şudur. Devlet, ekonomik girişimler sağlayacak, tüccar ve sanayici takımına her türlü imkânı verecek ve yardım edecektir… Cumhuriyet hükümetinin desteğiyle özel sanayici yaratma politikası, zenginler, şeker kralları yaratmış, ama büyük sanayiciler yaratamamıştır. Tüccarlarda kolay ve garantili yolu seçmişler ve sanayi yatırımı yerine ithalatçılığı tercih etmişlerdir. Rum ve Ermenilerin yerini alan bu tüccar çevresi geniş ortam bulmuştur… Tekel bir Amerikan şirketine verilmiş, sonra da devletleştirilmiştir.

Böylece devlet desteği ile sanayi kalkınmasını yürütmek mümkün olmamıştır. Eski Levantenler, Rum ve Ermeni yabancı uyruklular yerine kolay kar peşinde koşan ve yabancı komisyonculuğunu tercih eden Türk tüccarları almıştır. Yabancı firmalar da mevcudiyetleri için Türk tüccarlarıyla ilişkiye girmeyi uygun bulmuşlar. Sonuçta liberal politika başarıya ulaşamamıştır. Bir taraftan iç şartlar, diğer taraftan 1931 dünya buhranının yarattığı durum dolayısıyla devletçilik politikasına geçilmiştir.

Devletçilik Dönemi (1931-1945)

Devletçilik politikasının ciddi girişimi 1930-37 ilk beş yıllık plan dönemidir. Bu plan bugünkü gibi karma ekonomiye dönük geniş bir plan değildir, dar anlamda sanayi yatırımlarını kapsar... Bu dönemin belirgin özelliği yabancı şirketleri millileştirilmesidir. 1930 yılından 1939'a kadar devam eden bu millileştirmeler, Osmanlı devleti zamanında verilmiş imtiyaz ve imkânların tasfiyesidir. Bu millileştirmeler olurken muhalefet sesleri yükseliyordu. Politika ve iş çevrelerinde yabancı sermaye olmadan kalkınmanın sağlanamayacağı yolundaki görüş hâkim durumdaydı. Devletçilik politikasının en hızlı yılı 1935 yılıdır. Bu hız1937'ye kadar devam etmiş, ondan sonra da yavaşlamış.

İkinci Emperyalist Dünya Savaşı:

İkinci emperyalist dünya savasının patlak vermesiyle Türkiye'de savaş ekonomisi dönemine gidilmiştir. Savaş ekonomisinin özel teşebbüs tarafından önemi büyüktür. Bu ekonomi devlet müdahalelerini artırmıştır. Ve bu politika iki temel üzerinde yürütülmüştür.

1) İç ve ticarette fiyat kontrollerine gidilmiş, sanayi mamullerinden bir kısmına devlet el koymuştur. Bunlar tekstil ve çimentodur.

2) Politikanın diğer yönü özel teşebbüsü besleyici, teşvik edici ve koruyucu yol izlemesidir. Devlet bu işi iki değişik yollardan yapmıştır.

a. İşçilerin grev hakkını kaldırmış, işçi ve işveren ilişkilerinde kuvvet tamamen işveren lehine olduğu için iş uyuşmazlığı söz konusu olmamıştır.

b. Özel teşebbüs mamullerini devlete satabilecektir.

c. Kar getirmeyen, özel teşebbüse ait kurum ve şirketler devlete devredilebilecektir.

d. gerekli malları ithal için devlet her türlü yardımı yapacaktır. Bu anlayışla yürütülen savaş politikası kıtlık ve enflasyonla birlikte tüccar ve ağanın zenginleşmesine yol açmıştır...Nihayet savaş dönemini açlık ve sefaleti köylülerden gelen tepkiler devleti toprak reformu yapmaya itmiştir. Fakat bu girişim toprak ağaları ve onların destekçisi tüccarlar tarafından engellenmiştir.

Toprak reformunu engelleyenlerin başında İş Bankasının başı Celal Bayar ve Aydın'lı toprak ağası Adnan Menderes gelmektedir.

1945 yılında Birleşmiş Milletler anayasası imzalanmış, çok partili rejime geçilmiş ve işçilere kısmi demokratik haklar tanınmıştır. Birleşmiş Milletler'e girdikten sonra Truman Doktrini vasıtasıyla Türkiye yardım istemiştir. Fakat o günün Amerika'sında Türkiye aleyhinde şiddetli bir propaganda vardır. Bilhassa Ermenilerin başını çektiği ve kışkırttığı çevreler Amerika'nın Türkiye'ye yardım etmesini engellemişlerdir.

Böyle bir ortamda halk su sözlerle kandırılıyordu: "Sovyetler ülkemiz üzerinde ciddi tehlike durumuna geldi ve bizden boğazları istiyordu ve demokrasiyi kurtarmak için Amerika ile iktisadi ilişkilere girilmiştir." şunu bilmek gerekir; o sırada Sovyetlerin Türkiye için cidden tehlike teşkil ettiğini söylemek savaş sonrası söylenen yalanlar açısından normaldi. Hâlbuki Sovyetler yurdu istila edecek dedikleri zaman İran'ı istila eden Kızıl Ordu geri çekiliyordu ve Sovyetler savaşın bütün yıkıntıları içinde yıpranmış ve 20 milyon insanı ölmüştür.

1947-1971 dönemi Amerikan emperyalizminin Türkiye'ye giriş ve gelişme devresidir. Kurtuluş savaşında milyonların canı ve kanı pahasına kazanılan bağımsızlığımız adım adım çiğnenmiştir.

Amerikan Emperyalizmi:

Tarihin bir gerçeği olarak kavramak gerekir ki, Amerika dünya üzerinde sistemli bir şekilde yayılmayı kararlaştırdığı zaman ne Sovyetler Birliği vardı ne de Doğu Blok'u. Sosyalizm ya da komünizme karşı durmak Amerika için söz konusu değildi. Deniz aşırı yayılması, başka bir devletten tamamen bağımsız, kendi içinde doğan bir ihtiyaçtı. Amerika'nın bu ihtiyacı duyuşu 18. yüzyılın başlarına rastlar.

Ancak 1917'de Sovyet devriminden sonra ortaya sosyalist blok çıkmış ve ikinci emperyalist dünya savaşından sonra 700 milyon nüfuslu Çin'in de devrimini gerçekleştirip sosyalist olmasıyla dünya nüfusunun üçte biri sosyalist düzende yasamaya başlamıştır. Bu şartlar altında emperyalist devletlerin kendi aralarındaki çelişki ikinci plana düşmüş. Sosyalist blok'a karşı birleşmeleri gerekmiştir. Alman faşizminin yenilgiye uğramasından sonra Amerikan emperyalizmi yalnız geri bıraktırılmış ülkelere değil, yüzyıllardan beri dünyayı sömürmekte olan kapitalist Avrupa ülkelerine de girmiştir. Böylece mağrur Avrupa burjuvazisi, sonradan görmekle itham ettiği Amerikan emperyalizminin uşaklığını kabul etmek zoruna kalmıştır.

Avrupa'da savaş patlak verdiği zaman Amerika geçirmekte olduğu krizi atlatmamıştır 1937 yılında bir gerileme olmuş, 1938 yılında 10 milyondan fazla işsiz kaydedilmiş, 1939'da bu rakam 9 milyona inmiş, 1940'da 8 milyon 120 bin, yani çalışan nüfusun % 15'ini bulmuştur. Dış ticaret, 1920'ye oranla, çok zayıf bir düzeye inmiş, 1939'da 1930 buhran yılındaki düzeye ulaşabilmek üzere yavaş yavaş artmıştır. Aynı Birinci Dünya Savaşı'nda olduğu gibi, ihracatı üç misline çıkaran ve ithalatta da %50 artış sağlayan bu yeni hızı ona verecek olan, gene emperyalist savaştır. İkinci Dünya Savaşı, Amerika'ya birinci emperyalist dünya savaşı sayesinde girilen 1913-1914 ekonomik krizinden çok daha ciddi bir ekonomik krizi atlatma olanağı sağlamıştır.

Emperyalist Kültür:

Emperyalizm bir beynin dolar olarak, zengin bir maden ocağından daha çok kar getireceğini bilmektedir.

Emperyalist Amerika bütün dünya dilerine çevrilen burjuva edebiyatıyla, bütün dünya perdelerinde gösterilen beyin yıkayıcı filmleriyle, bütün dünya basın ajanslarıyla geniş ölçüde yayınlanan haberleriyle, dünyayı baştan başa dolaşan konferansçılarıyla, barış gönüllüleri ve kültür elçileriyle kendini şirin gösterme çabasındadır.

Emperyalizm, şüphesiz iş adamlarına, mühendislere, bankacılara, askerlere ihtiyacı vardır. Ama beyni yıkanmış yazarlara ve sanatkârlara en az onlar kadar ihtiyacı vardır. Yabancı ülkelerde kültür merkezi en az askeri üsler kadar önemlidir. Filmlerin dış pazarlara sürülmesi, silah satışı kadar gereklidir. Başka alanlarda olduğu gibi, emperyalizm kültür alanında da kendi gücüne katkıda bulunan değişim akımını destekleyip kolaylaştırmıştır.

Amerikan Emperyalizmi ve Türkiye:

Türkiye'de bugün acil, temel ve halledilmesi zorunlu ve önemli mesele, Amerikan emperyalizmi meselesidir.

Yurdumuzun kalkınamaması, dünya devletleri arasında en geri sırada oluşumuz ve bugün mahkemede sanık sandalyesinde bulunuşumuz bu yüzdendir. (...)

Bizler, Amerikan boyunduruğu altındaki yoksul Türkiye'nin çocuklarıyız. Açlık ve sefaletin içinden bu yaşa kadar gelmemiz şans eseridir. Yaşadığımız sürece bağımsızlık ve kurtuluş bayrağını elimizde taşıyacağız. Ölürsek, kurtuluş bayrağı biraz daha yükselecektir. Hem görevimiz, hem de varlığımız sebebi olan bu kavgaya boynumuzu eğmeden devam edeceğiz.

Amerikan emperyalizmi, patronlar, ağalar, onların emrindeki uşaklar dinleyiniz.

Kurtuluşa kanla, ateşle varılacaktır. Talan ettiğiniz vatan, esaretinizden mutlaka kurtulacaktır.Geri kalmamızın, sefaletimizin sebebi sizlersiniz. Menfaatiniz için yaptığınız antlaşma ve ittifaklarla Türkiye halkını esaret altına soktunuz.

Mücadelemizin Yolu:

Ülkemiz, bugün bütün anlattıklarımızın ışığında, yarı -bağımlı, yarı -sömürge, geri kapitalist bir ülkedir. Türkiye'yi bu duruma getiren güçler, aynı durumun devamını, sonuna kadar sağlamaya çalışacaklardır. Bu güçler, ulusal olmayan, çıkarlarıyla Türkiye halkıyla çelişen, ulusal olmayan gayri milli sınıfsal ve zümrelerdir. Bir de Türkiye'nin yarı bağımlı ve sömürge durumuna son vermek isteyen yurdumuzu, kurtuluş savaşı sonrası, onurlu, hasiyetli Türkiye durumuna getirmek isteyen güçler var. Bu güçler, milli olan çıkarları ulusun çıkarlarıyla bir olan, ulusal sınıf ve zümrelerdir. Bu sınıf ve zümreler, bugüne kadar kavramlarını demagojik olarak ağızlarından düşürmeyen, aslında gayri-mili olan güçlere karşı, birleşip savaşmak durumundadırlar. Bunu yapmadan, Türkiye'yi emperyalizmin vesayetinden, içinde bulunduğu cağ nedir "ulus" ve "ulusun karakteri".

a. Dil birliği: Aynı ulusun üyeleri aralarında, ortak dil aracılığı ile, ulusal dil aracılıyla anlaşırlar. Dil bir zümrenin değil tüm ulusun malıdır.

b. Toprak birliği: Ulus ayni zamanda bir toprak bütünlüğüdür. Her ulus bir tarihin ürünüdür. Aynı topraklar üzerinde beraberce yaşanan uzun bir hayat olmadıkça ulus olmak mümkün değil. Topraklarının bir bölümünün yabancılar tarafından işgaline, halklar bunun için karşı koyar.

c. İktisadi bütünlük: Ulusal toprağın ayrı ayrı parçaları arasında, bir iktisadi bağlantının bulunması zorunludur. Bir ulus aynı zamanda bir pazardır da. Pazar, toprağın ayrı ayrı bölümlerinden gelen üretimler arasında değişimi, mübadeleyi sağlar. Bu şekilde yaratılan, ortak iktisadi yaşantı birliği, ulaşım, yol ve araçların gelişimi ile güçlenir... (Kurtuluş savaşında, yurdumuzu işgal eden düşman güçler ve onların yerli ortakları, bu nedenledir ki, Türkiye'yi birkaç ayrı parçaya bölmek istiyordu. Halkımızı köleleştirmek için toprak bütünlüğümüzün ve iktisadi yaşantı birliğimizin bozulması gerekiyordu.)Bu durumda ulusal, olmayan şey sınıf mücadelesi değildir. Çünkü sınıfların varlığı iktisadi gerçeğe dayanır. Sınıf mücadelesi, ne denli keskinleşirse keskinleşsin, toplumun dağılmasına sebep olmaz.

d. Ortak ruhi şekillenme: Hayat şartlarının sürekli birlik ve beraberlik sonucu bir ulusun bireylerinde, ortak psikolojik özellikler ortaya çıkar. Dil birliği de bunu aynı zamanla yaratacak en önemli unsurlardandır. Bu durum her ulusu diğer uluslardan ayıran niteliklerden birisidir. Ruhi şekillenme birliği, en yüksek ifadesini kültür birliğinde bulur. Her ulusun, özgün durumunu yansıtan bir kültür mirası vardır. Bu ortak kültür mirası ulusun bireyler arasında güçlü bir bağ yaratır.

e. Tarihi olarak teşekkül etmiş istikrarlı birlik: Ulusun diğer öğeleri, tarih boyunca gelişir oluşurlar. Milli birlik de tarihi bir üründür. (...) ırk, ulusal birliği meydana getiren öğelerden biri değildir. Biyolojik bir etkendir. Hiçbir biyolojik etken, toplumların tarihi evriminde belirleyici bir rol oynamaz. (...) Irkın ulusal karakterden sayılamayacağı gibi, din ve devlet de bu karakterden değildir. Örneğin İsrail bir devlet olarak vardır ama bir İsrail ulusu yoktur. İsrail devlet sınırları içinde, Arap halkı ve İbrani halk yaşamaktadır.

"Dil, toprak, iktisadi yaşantı birliğinin ve ortak kültür biçiminde beliren ruhi şekillenme birliğinin hüküm sürdüğü, tarihi teşekkül etmiş istikrarlı bir topluluktur."

Şimdi kimler ulusçudur Türkiye'de, kimler ulusa karşıdır, halka karşıdır, gayri millidir? Buna gelelim.

Türkiye toprağının, 35 milyon metrekaresi ABD emperyalizminin silahlı gücüne terk edilmiştir. Sahiller yabancıların yağmalarına açık tutulmuştur. Köylüler ağalarca topraklarından edilmişlerdir. NATO antlaşması bir savaş halinde, yurdumuzun tüm halkımızla birlikte, bir kaç dakika içinde yok olmasını bünyesinde taşıyor. Çünkü 20. yüzyıl savaşı nükleer, termo-nükleer bir savaştır. Ve NATO stratejik olarak, her hangi bir savaşında Türkiye'yi yem olarak kullanacaktır.

Amerikan askeri üsleri milli güvenliğimizi ortadan kaldırıcı bir nitelik taşımaktadır. Ekonomide, milli bir ağır sanayi yerine, dışa bağımlı yabancı büyük tröstlerle bütünleşmiş, montaj sanayi, lüks eşya fabrikaları kurulmuş ve desteklenmiştir.Bu ulusal sanayinin canına okuduğu gibi, çıkarı ulusun çıkarıyla çelişen gayri milli bir sınıf yaratmıştır. Bu sınıf azınlık olmakla birlikte, korkunç bir sekil misak-i milli içinde bir halk olan, Türk halkıyla tarihi bir kardeşlik sınavı vermiş bulunan Kürt halkının dili, kültürü ortadan kaldırılmak istenmiştir. Bugünkü ve yarınki kuşakları kendi yaşamlarına öz değerlerine ve ulusal sorunlarına yabancı kılmak geniş anlamı ile kuşakları, sömürüye yatkın hale getirmek, ulusal kültürü temelden etkilemek için de elden gelen yapılmıştır. Meşhur "bin temel eser" bunun içindir. Sel gibi gelen çeviriler, kovboy filmleri, yabancı müzikaller, fotoromanlar, ekstra magazinler, *Red Kit* benzeri kitaplar bunun içindir hep. (...)

İşte bunları yapanlardır gayri milli olanlar!Bunlardır hain olanlar. Bu çizgiyi itirazsız ve yanlışlığını bile bile kabul edip izleyenlerdir. Türkiye'de bugün iki cephe vardır:

Birincisi, yurtseverlerin, devrimcilerin cephesi...

İkincisi de, emperyalizm, işbirlikçi sermaye, feodal mütegallibe ittifakı gerici cephesi...

İşçi sınıfı ve yoksul köylülük, sınıf bilincine vardığı ölçüde bağımsız ve demokratik Türkiye'nin en tutarlı savunucuları olacaklarından toplumumuzun gerçek anlamıyla en millici güçleri de olacaklardır ulusal varlığımızı yok etmek isteyen emperyalizm ve yerli ortaklarına karşı, millici ve devrimci sınıfları takip etmeleri gereken Milli Demokratik Devrim stratejisi, hareketimizin çizgisidir. Diğer bir anlamıyla bütün millici sınıf ve tabakaların ortak devrim anlayışı, Milli Kurtuluş Savaşı'nın, bu savaşı ve onun başındaki Mustafa Kemal'i yok edici, ortadan kaldırıcı bir düzen kuran, karşı devrimci-gerici ittifaka karşı yapılmış olan 27 Mayıs İhtilali'nin ve 1961 Anayasa'sının bir devamı ve tamamlayıcısıdır.

Bunu içindir ki, bizler; Türkiye toplumunun tarihi geçmişinde sağlam olan ulusal ve devrimci olan ne varsa onun mirasçısıyız.

Ve bizler, emperyalizmin, yerli işbirlikçilerinin ve onların ittifak kurduğu çağ dışı, bilim dışı kurumların tasfiyesinin ancak, tüm yurtsever sınıf ve tabakaların ortak devrim stratejisi olan "Milli Demokratik Devrim"le olabileceğine inanıyoruz. Yurdumuzun bu noktaya, çok güç ve zor şartlar altında ulaşabileceğinin de bilincindeyiz. En az Atatürk'ün kumanda ettiği Milli Kurtuluş Savaşı kadar zor ve çetin. Ama mümkün. Şimdiye kadar ki şartlar bizi mücadelemizden yıldıramadı, bundan böyle de yıldıramayacak.

Sonuç:

Toplumuzun bir ferdi ve bir vatandaşı olarak düşünmek zorundayız... Başlarımızı ellerimiz arasına alarak ciddi ciddi düşünelim ve kendimize şu soruyu soralım: "Türkiye neden kalkınamıyor?"

Amerikan emperyalizmi var oldukça bu talan devam edecektir.

Türkiye'nin kalkınması için tek ve zorunlu şart, Amerika'nın yurttan atılmasıdır. Hem Amerika, hem kalkınma olmaz. Kalkınma toplumsal bir sorundur. Amerika Türkiye'de var oldukça, toplum kalkınamayacak, fakat büyük zenginler komisyoncular ve uşaklar olacaktır Amerika yurdumuzda var oldukça, kalkınma değil, tam tersine açlık ve sefalet olacaktır.

Türkiye'nin kalkınması ve halkın kurtuluşu Amerikan emperyalizminin yurttan atılmasına bağlıdır.

Bizler Amerikan emperyalizmine karşı mücadeleyi ilk şart gördüğümüz için, bu işin de mutlaka silahla kazanılacağına inandığımız için silaha sarıldık ve mücadele ediyoruz. Tek amacımız budur, bunun için Nurhak dağlarında mücadeleye başladık. Yoksa sayın savcının dediği gibi anayasayı ortadan kaldırmak için değil... Bu sırada sırası gelmişken iddia makamındaki kişiye birkaç sözümüz var:

Sayın savcı,

1. Amerikan emperyalizmi gayrı millîdir.
2. Ona ortaklık edenler ulusumuza ihanet etmişlerdir.
3. Emperyalizme karşı mücadele suç değildir.
4. Gayrı milli olan emperyalizm ve ortaklarının sömürüsü, anayasaya aykırıdır.

Buna göre iki şey var:

1. Eğer belli bir hata sonucu, iddianame ve mütalaayı hazırladınızsa, dikkatli olunuz; idamını istediğiniz kişiler kasaplık koyun değildir ve siz savcısınız...
2. Yok eğer yaptığınızın bilincinde iseniz: yolunuz açık olsun.

THKO Davası:
Anayasa Mahkemesi Kararı

Resmi gazete tarih/sayı: 24.7.1972/14255
Esas sayısı: 1972/13
Karar sayısı: 1972/18
Karar günü: 6/4/1972

(İşbu 6/4/1972 günlü, 1972/13-18 sayılı kararın iptale ilişkin gerekçeli bölümü, kararın "v. sonuç" kesiminin 5 sayılı bendi uyarınca 7/4/1972 günlü mükerrer 14152 sayılı resmî gazete'de yayınlanmıştır).

İptal davasını açan: Cumhuriyet Halk Partisi

İptal davasının konusu: 25/3/1972 günlü, 14139 sayılı resmi gazete'de yayımlanan "Deniz Gezmiş, Yusuf Aslan ve Hüseyin İnan'ın ölüm cezalarının yerine getirilmesine dair" 17/3/1972 günlü, 1576 sayılı kanunun anayasaya, yasama meclisleri içtüzüklerine ve anayasa hukukuna aykırı olduğu ileri sürülerek ve yine anayasanın değişik 147. değişik 149. ve 150 maddelerine dayanılarak iptali istenilmiş; ayrıca kanunun uygulanmasının durdurulması dileğinde bulunulmuştur.

1. Davacının gerekçesi özeti:

a- Usul bakımından:

1- 1576 sayılı kanuna ilişkin teklif Millet Meclisinin 10/3/1972 ve Cumhuriyet Senatosunun 16/3/1972 günlü birleşimlerinde öncelik ve ivedilikle görüşülerek karara bağlanmıştır. Her iki meclisin ilgili komisyonları öncelik ve ivedilik önergelerinde içtüzüklerin kurallarına aykırı olarak gerekçe göstermemişlerdir. (Millet Meclisi İçtüzüğü: Madde 70, 71, 74 – Cumhuriyet Senatosu İçtüzüğü: Madde 45, 46, 47). Oysa içtüzüklerin bu kuralları buyurucu niteliktedir. Onlara açıkça aykırı düşme ağır bir şekil ve usul eksikliğini oluşturur. Durum her iki mecliste de belirtilmişse de göz önünde tutulmamıştır.

2- Önemli başka bir usul hatası da işin Türkiye Büyük Millet Meclisine Adalet Bakanlığınca değil Başbakanlıkça getirilmiş olmasıdır. Ölüm cezalarının yerine getirilmesine karar vermek hukukçuların "zincir işlem" adını verdikleri, çeşitli halkalardan oluşan bir işlemin tipik örneğidir. Böyle bir işlemde her halkanın yetkili organca oluşturulması ve halka kopukluğu bulunmaması gerekir. Cezanın infazı Adalet Bakanlığına ilişkin bulunduğuna göre işleme başlama, başka deyimle işi Türkiye Büyük Millet Meclisine getirmede ilk girişimde bulunma bu bakanlığın görevidir. Şimdiye dek hep böyle yapılmış; Adalet Bakanlığından geçmeyen dosyalar komisyon kararıyla Başbakanlığa geri çevrilerek eksik tamamlatılmıştır. Çünkü Başbakanlığın bu konuda ne yetkisi, ne örgütü, ne de yeteneği vardır.

3- Üç kişi hakkındaki ölüm cezasının yerine getirilmesine ilişkin olarak adalet komisyonunca düzenlenen kanun teklifinin 1. maddesi her üç hükümlüye birden kapsamaktadır. Böylece cezanın kişiselleştirilmesi ilkesi açıkça zedelenmiştir.

4- Kanun teklifinin Millet Meclisinde görüşülmesi sırasında başkanlık divanı anayasanın 84. maddesinin ruhuna uymayacak biçimde, yalnız bir partiye mensup kişilerden oluşmuştur.

b- Esas bakımından:

Anayasanın, Türkiye Büyük Millet Meclisine tanıdığı ölüm cezalarının yerine getirilmesine karar verme yetkisi yasama ve yürütme organları ve idarece mahkeme kararlarının değiştirilemeyeceği ve yerine getirilmesinin geciktirilemeyeceği yolundaki 132. madde ilkesinin bir istisnasıdır. Bu da ölüm cezasının ağırlığından, öneminden, bir hayata son verilmesi sorununun toplum vicdanını temsil eden yasama meclislerinde bir kez daha incelenmesi gereğinden ve meclislerin işi mahkemelerin bakamayacağı bir yönden ele alabilmeleri olanağından ileri gelir.Onun için Türkiye Büyük Millet Meclisine düşen, kesinleşmiş mahkeme kararı zaten infazı da kapsadığından, cezanın yerine getirilmemesinin yarar ve zararlarının tartışılması ve sorunun hükümlü yönünden de değerlendirilmesidir.

Nitekim mahkeme kararında da aynen ".......bu detaylı eleştiri ve iddialar hakkında mahkememiz kişisel görüşlerini mahfuz tutmuş, müessese olarak bunlar üzerinde hüküm vermeği kamu vicdanına, tarihe ve Türkiye Büyük Millet Meclisinin takdir ve yetkisine bırakmayı uygun görmüştür." denilmektedir. Yargı organının gösterdiği bu yola da itibar etmeden öncelik ve ivedilik kararlarıyla gösterilen istical, bir infaz konusunda infaz edilmeme yönünden etki göstermesi gereken yargı dışı etkenin ters yönde yargı kararına eklenmesi demektedir ve böylece anayasanın 64. maddesi sınırlarının dışına taşılmaktadır.

c- Maksat bakımından:

Olayda usul ve yetki saptırılması vardır. Şöyle ki:

1- Millet Meclisi gündeminde ölüm cezalarının yerine getirilmesine ilişkin başka kanun teklifleri de yer almakta idi. Komisyon bunlar için öncelik ve ivedilik önerisinde bulunmamıştır. Çeşitli mahkemelerin kararları hukukça aynı değerde bulunduğuna ve hükümlüler de yasalar önünde eşit olduklarına göre 1576 sayılı kanunun konusu üç hükümlünün durumlarının öne alınması hukukça geçerli sayılamayacak ereklere yönelme anlamını taşır. Çünkü ne komisyonlar ne meclisler üyeleri önceliği ve ivediliği haklı gösterecek hiç bir neden ileri sürmemişlerdir. Olayda bir devlet organının kendisine belli koşullar altında belli erekler güdülerek tanınmış usulleri başka bir erekle kullanması durumu vardır.

2- Kanunda sözü edilen hükümlüler dilekçe komisyonuna başvurarak özel af çıkarılmasını istemişlerdir. Bu durumda infaz kanununun geciktirilmesi ve böylece Türkiye Büyük Millet Meclisinin başka bir yetkisini kullanmasına önceden engellik edilmemesi gerekirdi. Görüşmeler sırasında uyarmalara rağmen bu durum göz önünde tutulmamıştır.

3- Millet Meclisi Adalet Komisyonu ölüm cezalarının kaldırılmasına ilişkin iki kanun teklifini dava konusu kanun teklifinden önce görüşerek reddetmiş ve bunlar gündemde daha ön sıraları aldığı halde komisyon öncelik ve ivedilik isteminde bulunduğu için dava konusu teklifin onlardan önce görüşülüp karara bağlanması yolu açılmıştır.

4- Türkiye Büyük Millet Meclisinde dava konusu kanun teklifinin görüşülmesinde ve kabulünde bir ölüm cezasının yerine getirilmesinin yarar ve zararları üzerinde durulacak yerde kamu yararı düşüncesi dışında siyasi ereklere itibar edilmiştir.

ç- Yürütmenin durdurulması:

Anayasa Mahkemesi ile ilgili mevzuat yürütmenin durdurulması konusunda bir kural getirmemekle birlikte kimi hukukçular bu müesseseyi yargı yetkisinin doğal bir sonucu saymaktadırlar. Gerçekten kimi yasalar maddi "ölçülere göre, öznel işlem niteliğini taşıyabilmektedir. Belli bir kişinin ölüm cezasının yerine getirilmesi buna bir örnektir. Böyle bir yasama işleminin uygulanması durdurulamayacak olursa öznel işlemlere karşı Anayasa Mahkemesine başvurulması sonuçsuz kalacaktır onun içindir ki öznel kanun işlemlerinin uygulanmasının Anayasa Mahkemesince durdurulabileceğine inanmaktayız.

2- Yasa metinleri:

1- İptali istenen kanun:

Dava konusu edilen "Deniz Gezmiş, Yusuf Aslan ve Hüseyin İnan'ın ölüm cezalarının yerine getirilmesine dair 17/3/1972 günlü, 1576 sayılı kanun", 25/3/1972 günlü, 14139 sayılı resmi gazetedeki metne göre şöyledir:

"Madde 1- Askerî Yargıtay 2 nci dairesinin 10/1/1972 tarih ve 1971/457 - 1972/1 esas, 1972/1 karar sayılı ilamı ile kesinleşen, Askeri Yargıtay Başsavcılığının 3/2/1972 tarih ve 1972/187 – 98 sayılı kararıyla tashihi karar talebi reddedilen, Ankara Sıkıyönetim Komutanlığı 1 no. lu Askeri Mahkemesinin 9/10/1971 tarih 1971/13 esas 1971/23 karar sayılı hükmü ile T. C. K. nun 146/1 maddesi uyarınca ölüm cezasına mahkum edilmiş bulunan, sicilli nüfusta Erzurum Ilıca Nahiyesi Özlük Köyü, hane 27, cilt 5 ve sayfa 129 da kayıtlı Cemil oğlu Mukaddes'ten doğma 1947 doğumlu Deniz Gezmiş ile Yozgat iline bağlı Çekerek ilçesi Kuşsaray köyü, hane 21, cilt 13/2, sayfa 88/114 te kayıtlı Beşir oğlu Mediha'dan doğma 1947 doğumlu Yusuf Aslan ve Kayseri Sarız ilçesi Bahçeli mahallesi, hane 31, cilt 2, sayfa 45 te kayıtlı Hıdır oğlu Selver'den doğma 1949 doğumlu Hüseyin İnan hakkındaki işbu ölüm cezaları yerine getirilir.

Madde 2- Bu kanun yayımı tarihinde yürürlüğe girer.

Madde 3- Bu kanunu adalet bakanı yürütür."

2- Dava ile ilgili anayasa hükümleri:

1576 sayılı kanunun anayasaya aykırı olduğu iddiasıyla açılan iptal davası ile ilgili anayasanın değişik 64. ve 85. maddeleri aşağıdadır:

"Madde 64 (1488 sayılı yasa ile değişik)- kanun koymak, değiştirmek ve kaldırmak, devletin bütçe ve kesin hesap kanun tasarılarını görüşmek ve kabul etmek, para basılmasına, genel ve özel af ilânına, mahkemelerce verilip kesinleşen ölüm cezalarının yerine getirilmesine karar vermek, Türkiye Büyük Millet Meclisinin yetkilerindendir.

Türkiye Büyük Millet Meclisi kanunla, belli konularda, bakanlar kuruluna kanun hükmünde kararnameler çıkarmak yetkisi verebilir. Yetki veren kanunda, çıkarılacak kararnamelerin amacı, kapsamı ve ilkeleriyle bu yetkiyi kullanma süresinin ve yürürlükten kaldırılacak kanun hükümlerinin açıkça gösterilmesi ve kanun hükmünde kararnamede de yetkinin hangi kanunla verilmiş olduğunun belirtilmesi lâzımdır.

Bu kararnameler, resmî gazete'de yayımlandıkları gün yürürlüğe girerler. Ancak, kararnamede yürürlük tarihi olarak daha sonraki bir tarih de gösterilebilir. Kararnameler, resmî gazete'de yayımlandıkları gün Türkiye Büyük Millet Meclisine sunulur.

Yetki kanunları ve Türkiye Büyük Millet Meclisine sunulan kararnameler, anayasanın ve yasama meclisleri içtüzüklerinin kanunların görüşülmesi için koyduğu kurallara göre, ancak, komisyonlarda ve genel kurullarda diğer kanun tasarı ve tekliflerinden önce ve ivedilikle, görüşülüp karara bağlanır.

Yayımlandıkları gün Türkiye Büyük Millet Meclisine sunulmayan kararnameler, bu tarihte, Türkiye Büyük Millet Meclisince reddedilen kararnameler bu kararın resmî gazete'de yayımlandığı tarihte yürürlükten kalkar. Değiştirilerek kabul edilen kararnamelerin değiştirilmiş hükümleri, bu değişikliklerin resmî gazete'de yayımlandığı gün yürürlüğe girer.

Anayasa'nın ikinci kısmının birinci ve ikinci bölümlerinde yer alan temel hak ve hürriyetler ile dördüncü bölümünde yer alan siyasî haklar ve ödevler kanun hükmünde kararnamelerle düzenlenemez. Anayasa Mahkemesi, bu kararnamelerin anayasaya uygunluğunu da denetler

Madde 85- Türkiye Büyük Millet Meclisi ve meclisler, çalışmalarını, kendi yaptıkları içtüzüklerin hükümlerine göre yürütürler.

İçtüzük hükümleri, siyasî parti gruplarının, meclislerin bütün faaliyetlerine kuvvetleri oranında katılmalarını sağlayacak yolda düzenlenir. Siyasî parti grupları, en az on üyeden meydana gelir.

Meclisler, kendi kolluk işlerini başkanları eliyle düzenler ve yürütürler."

3- İlk inceleme ve gündemin düzenlenmesi:

a- İlk inceleme:

a) Anayasa Mahkemesi içtüzüğünün 15, maddesi uyarınca 27/-3/1972 gününde Muhittin Taylan, Avni Givda, Fazıl Uluocak, Sait Koçak, Şahap Arıç, İhsan Ecemiş, Recai Seçkin, Ahmet Akar, Halit Zarbun, Ziya Önel, Kani Vrana, Muhittin Gürün. Lûtfi Ömerbaş, Şevket Müftügil ve Ahmet H. Boyacıoğlu'nun katılmalarıyla yapılan ilk inceleme toplantısında aşağıda yazılı sorunlar ele alınarak incelenmiş ve en sonda açıklanan kararlara varılmıştır:

1- Gündem sorunu:

Görüşmelerin başında, ilk inceleme için 27/3/1972 pazartesi saat 10.00 a gündem çıkarılmış olmakla birlikte gündemin dağıtıldığı günle işin görüşüleceği gün arasında Anayasa Mahkemesi içtüzüğünün 33. maddesinin ikinci fıkrasında yazılı on günlük süre geçmediğinden aynı fıkra hükmü uyarınca sürenin kısaltılmasına ve işin bugün ele alınmasına ayrıca Anayasa Mahkemesince karar verilmesinin gerekip gerekmediğinin üzerinde durulmuştur.

İçtüzüğün 33. maddesinin ikinci fıkrasında yer alan kural genel niteliktedir. İlk inceleme konusunu ise 22/4/1962 günlü, 44 sayılı yasanın 26. maddesinin dördüncü fıkrası düzenlemektedir.Bu fıkraya göre Anayasa Mahkemesi iptal davası dilekçesinin, kayıt tarihinden başlayarak on gün içinde, 26. maddenin ikinci ve üçüncü fıkralarında gösterilenleri içerip içeremediğini; başka deyimle davacının kanunların veya yasama meclisleri içtüzüklerinin hangi hükümlerinin anayasanın hangi hükümlerine aykırı olduğunu gerekçesiyle birlikte açıklama, dava açılmasına yetkili kılan kararın onanlı örneğini ve davayı açanın yetkisini belirten belgeyi genel sekreterliğe verme yükümünü yerine getirip getirmediğini inceler. Bu araştırma Anayasa Mahkemesi içtüzüğünün 15. maddesinde tanımlanan ilk incelemenin başlıca bölümünü oluşturmaktadır. Kanunun, dava dilekçesinin kayıt tarihinden başlayarak on gün içinde yapılmasını buyurduğu bir incelemede içtüzüğün söz konusu 33. maddesinin bu buyruğa uymayan ikinci fıkrası kurallarının işlemesi düşünülemez. Muhittin Gürün bu görüşe katılmamıştır.

2- Davaya bakmanın Anayasa Mahkemesinin görevi içinde bulunup bulunmadığı sorunu:

Anayasanın değişik 147. maddesinin birinci fıkrası ve değişik 64. maddesinin son fıkrası kurallarına göre Anayasa Mahkemesinin anayasaya uygunluk denetimi görev ve yetkisine kanunlar, kanun hükmünde kararnameler, Türkiye Büyük Millet Meclisi içtüzükleri ve anayasa değişiklikleri girmektedir. Anayasa değişiklikleri yönünden yetki değişikliğin anayasa'da gösterilen biçim koşullarına uygunluğunu denetleme ile sınırlıdır. Anayasa koyucu burada "kanun" sözcüğünü salt ve geniş biçimde, başka deyimle gerçek anlamda kanun ve biçimsel anlamda kanun arasında bir ayrım yapılmaksızın tüm kapsamıyla kullanmıştır. Öte yandan yine anayasa koyucunun; kimi kanunları anayasaya uygunluk denetiminden istisna etmeği dilediğinde bunu açıkça belirleme yolunu seçtiği de bir gerçektir. Anayasa kanun hükmünde sayılan "usulüne göre yürürlüğe konulmuş milletlerarası antlaşmalar" da (madde 65/son fıkra, 153. maddede açıklanan kanunlarda ve kanun hükümlerinde, 27 Mayıs 1960 – 6/1/1961 günleri arasında çıkarılan kanunlarda (geçici madde 4, üncü fıkra) olduğu gibi.

Ölüm cezasının yerine getirilmesine ilişkin bir kanunun ancak biçimsel anlamda bir kanun olduğunda kuşku yoktur. Burada sorun anayasa kurallarına göre ölüm cezasının yerine getirilmesinin kanunla mı yoksa Türkiye Büyük Millet Meclisi kararıyla mı sağlanması gerektiğindedir.

Anayasanın değişik 64. maddesi, Türkiye Büyük Millet Meclisinin görev ve yetkilerini genel olarak sayarken (birinci fıkra):

Kanun koymak, değiştirmek ve kaldırmak;

Devletin bütçe ve kesin hesap kanun tasarılarını görüşmek ve kabul etmek;

Para basılmasına, genel ve özel af ilânına, mahkemelerce verilip kesinleşen ölüm cezalarının yerine getirilmesine karar vermek demektedir.

64. maddenin birinci fıkrasında "para basılması, genel ve özel af ilânı, mahkemelerce verilip kesinleşen ölüm cezalarının yerine getirilmesi" konularında, fıkranın üst yanında olduğu gibi "kanun koymak" veya "kanun tasarılarını görüşmek ve kabul etmek" deyimleri yerine "karar vermek" ten söz edilmesini, tekrardan kaçınma kaygısından doğan bir üslûp özelliğine bağlamak ve buradaki karar verme deyiminin her yasama tasarrufu bir kararla oluşacağına göre (anayasa – madde 86/1) böyle bir anlamda kullanıldığını benimsemek, anayasanın birbirini tamamlayan veya açıklığa kavuşturan hükümlerinin belirlediği düzenlenme biçimine uygun düşer.

Çünkü ölüm cezalarının yerine getirilmesi kanunla değil de kararla olacaksa böyle bir karar, niteliğine göre, ancak Türkiye Büyük Millet Meclisinin birleşik toplantısında alınabilir. Oysa anayasa, Millet Meclisinin ve Cumhuriyet Senatosunun birleşik olarak toplanmasını gerekli gördüğü hallerde, meclislerin ancak anayasada gösterilen hallerde birlikte toplanacağına ilişkin 63. maddenin ikinci, fıkrası ilkesi uyarınca bunu açık kural koyarak belirleme yoluna gitmiştir. Cumhurbaşkanının seçimi (madde 95.) Cumhurbaşkanının vatan hainliğinden dolayı suçlandırılması (madde 99), meclis soruşturması ve yüce divana sevk (madde 90), savaş hali hânı ve Türk Silâhlı Kuvvetlerinin yabancı ülkelere gönderilmesine veya yabancı silâhlı kuvvetlerin Türkiye'de bulunmasına izin verme (madde 66), sıkıyönetim ilânının onanması (değişik madde 124), Bakanlar Kurulunun üniversitelerin idaresine el koyma kararının onanması (değişik madde 120) konulan böylece düzenlenmiş ve ilk beş kümeye giren kararların alınmasına ilişkin ayrıntılı işlemler Türkiye Büyük Millet Meclisi içtüzüğünün ikinci, üçüncü, dördüncü kısımlarında gösterilmiştir. Ölüm cezalarının yerine getirilmesi konusunda bunlar benzer herhangi bir hüküm anayasa'da, anayasa'da bulunmadığı için de Türkiye Büyük Millet Meclisi içtüzüğünde yer almış değildir. Bu arada anayasa tasarısına ilişkin anayasa komisyonu raporunda "eski anayasa rejiminde meclis kararıyla olan ölüm cezalarının yerine getirilmesi konusunun yeni rejimde kanun konusu olacağı" yolunda yapılan açıklamaya da işaret etmek yerinde olacaktır.

Öte yandan Türkiye Büyük Millet Meclisinin yine "karar vermek" deyimi altında toplanmış yetkileri arasında "ölüm cezalarının yerine getirilmesi" yanında yer alan "genel ve özel af ilânı" konusu da öteden beri kanunlarla düzenlenmekte. Anayasa Mahkemesi bunları 147. maddedeki "kanun" deyimi kapsamı içinde görmekte ve anayasaya uygunluk denetimlerini yapmaktadır. "Bazı suç ve cezaların affı" hakkındaki 3/8/1966 günlü, 780 sayılı kanunun 5. maddesinin birinci fıkrasına ilişkin 21/2/1968 günlü, 1966/27 - 1968/8 sayılı (24/12/1969 günlü, 13382 sayılı resmî gazete – Anayasa Mahkemesi kararlar dergisi, sayı 7, sayfa 3/18), "Bolu ilinin Mengen kazası Pazarköy nüfusuna kayıtlı Ali oğlu, Hayriye'den doğma 1341 doğumlu Hayrettin Hami Demiralp'in cezalarının affı" hakkındaki 10/1/1966 günlü, 709 sayılı kanuna ilişkin 19/12/1966 günlü, 1966/7 - 46 sayılı (29/1/1968 günlü, 12812 sayılı ve 7/2/1968 günlü, 12820 sayılı resmî gazeteler – Anayasa Mahkemesi kararlar dergisi sayı 5, sayfa: 21/43) kararlar bu uygulamaya örnek olarak gösterilebilir.

Özetlemek gerekirse; dava konusu 1576 sayılı yasa anayasanın değişik 147. maddesindeki "kanun" deyiminin kapsamına girmektedir; anayasanın, anayasaya uygunluk denetimi dışında bıraktığı yasalardan da değildir. Şu duruma göre davaya bakmanın Anayasa Mahkemesinin görevi içinde bulunduğuna karar verilmelidir.

Şahap Arıç ve Halit Zarbun bu görüşe katılmamışlardır.

3- Davanın, ilk inceleme konusu koşullara uygunluğu sorunu:

Dava konusu edilen 17/3/1972 günlü, 1576 sayılı kanunun 25/3/1972 günlü, 14139 sayılı resmî gazete'de yayımlandığı; dava dilekçesinin aynı gün Anayasa Mahkemesi genel sekreterliğince kaleme havale edilerek 250 sıra ve 1972/13 esas sayısını aldığı; 22/4/1962 günlü, 44 sayılı yasanın 26. maddesine göre davanın bu tarihte açılmış sayılması gerektiği ve süresi içinde olduğu; davacı Cumhuriyet Halk Partisinin Türkiye Büyük Millet Meclisinde grubu bulunduğu; parti tüzüğünün 24., 25. maddelerine göre en yüksek merkez organı olan Parti Meclisi'nin üye tamsayısının 43 olduğu; bu kurulun 28 üyenin katılmasıyla 16/3/1972 gününde yaptığı toplantıda "Deniz Gezmiş, Yusuf Aslan ve Hüseyin İnan haklarında verilmiş ölüm cezalarının yerine getirilmesiyle ilgili kanunun resmî gazete'de yayımlanmasından sonra, bu kanunun iptali için merkez yönetim kurulunca düzenlenip parti meclisine sunulan genel gerekçedeki iptal nedenleri göz önünde tutularak Anayasa Mahkemesine dava açılmasına" oybirliğiyle karar verildiği; davanın, bu karara dayanılarak parti genel başkanı İsmet İnönü tarafından açıldığı anlaşılmış; dosyanın eksiği bulunmadığı ve davanın anayasanın değişik 147., değişik 149. ve 150. ve 44 sayılı kanunun 21., 22., 25. ve 26. maddelerine uygun olduğu saptanmıştır. şu duruma göre işin esasının incelenmesine karar verilmelidir.

4- Dava konusu kanunun yürürlüğünün durdurulması sorunu:

Davacı dava dilekçesinde yürütmenin, başka deyimle kanunun yürürlüğünün durdurulmasını istemiştir. Bu konuda genel olarak söylenecek olan şudur:

Anayasa Mahkemesinin görev ve yetkilerini anayasa (değişik madde 19. madde 57, madde 81, değişik madde 147. değişik madde 152) belirlemiş; Anayasa Mahkemesinin kuruluşunun ve yargılama usullerinin kanunla, mahkemenin çalışma biçiminin de kendi yapacağı içtüzükle düzenlenmesini (madde 148) öngörmüştür.

Anayasaya uygunluk denetimi yapılan bir kanunun, yürürlüğünün durdurulması gibi ağır sonuçları olabilecek bir yetkinin Anayasa Mahkemesine ancak anayasa ile verilmesi gerekir. Soruna bir yargılama usulü konusu gibi bakılırsa o zaman da yetkinin mahkemenin kuruluşunu ve yargılama usullerini düzenleyen 44 sayılı kanunda yer alması sonucuna varılacaktır. Anayasa Mahkemesine ne anayasa ile ne de 44 sayılı kanunla böyle bir yetkinin tanınmamış olduğu ortadadır. Üstelik 152. maddenin eski metninde anayasaya aykırılığı nedeniyle iptal edilen kanun ve yasama meclisleri içtüzükleri hükümlerinin karar tarihinde yürürlükten kalkması öngörülmüşken 1488 sayılı yasa ile yapılan değişiklikle yürürlükten kalkmanın ancak gerekçeli kararın resmî gazete'de yayımlandığı günde gerçekleşmesi kuralı getirilmiştir. Anayasa koyucunun iptal edilmiş bir kanunun yürürlükten kalkması konusunda bile gösterdiği titizlik böylece daha belirginleşmiştir.

Öte yandan anayasa'ya uygunluk denetimi için mahkemelerden gelen işlerde anayasa'nın değişik 151. maddesi mahkemelere, anayasa'ya aykırılığı ileri sürülen kanun hükümleri ilgililerin öznel haklarını etkileyeceği için, Anayasa Mahkemesi kararı gelinceye dek davayı geri bırakma, başka deyimle bir çeşit yürürlüğü durdurma sayılabilecek olan kanunu uygulamama ödevi yüklediği halde iptali. Davalarında somut ve öznel nitelik taşıyan yasa'lar bakımından bir ayrım yapılarak böyle bir olanak tanınmamış olması anayasa koyucunun Anayasa Mahkemesi için bir "dava konusu kanunun yürürlüğünü durdurma" yetkisini öngörmediği düşünmediğini ortaya koyar. Anayasa Mahkemesinin, uygunluk denetimini yaptığı kanunun nasıl bir ozelliği olursa olsun, kendisini yorum ve kıyaslamaya giderek, yasa'ca verilmemiş böyle bir yetki ile donatmasına olanak yoktur.

Görüşmeler sonunda yürütmenin durdurulması isteminin reddi gerektiği yolunda bir görüş çoğunluğu oluşmakla birlikte gerekçeler arasında kimi ayırımlar belirmiştir, istemin reddi konusunda;

aa) Fazıl Uluocak, Şahap Arıç ve Halit Zarbun: "Anayasa'da ve 44 sayılı kanunda Anayasa Mahkemesine kanunların yürürlüğünün durdurulması konusunda yetki tanınmamış olduğu";

bb) İhsan Ecemiş: "Anayasa ve 44 sayılı kanunun Anayasa Mahkemesine kanunların yürürlüğünün durdurulmasına karar verme yetkisini tanımadığı; incelenen kanunun iptali için Anayasa Mahkemesine başvurulmuş olması karşısında kanunun uygulanmamasına yani infazın durdurulmasına karar vermek ise uygulama ile görevli olan yerlere ait bulunduğu";

cc) Muhittin Taylan, Sait Koçak, Ziya Önel, Lütfi Ömerbaş ve Ahmet H. Boyacıoğlu: "Türkiye Cumhuriyeti anayasa'sı kanunların yürürlüğünün durdurulması yetkisini Anayasa Mahkemesine tanımamış ve 44 sayılı Anayasa Mahkemesinin kuruluşu ve yargılama usulleri hakkındaki kanun da böyle bir yetkiyi düzenlememiştir.

"Diğer taraftan anayasa hükümleri ile, kanunların anayasa'ya uyguluğunun denetlenmesi görevi Anayasa Mahkemesine tanınmış ve anayasa'nın 149. maddesinde doğrudan doğruya iptal davası açmaya yetkili olanlar gösterilmiştir. Bu hakkın kamu adına kullanıldığında da kuşku edilmemek gerekir.

"Türkiye Büyük Millet Meclisinin mahkemelerce verilip kesinleşen ölüm cezalarının yerine getirilmesine dair karar tesis etmesi, yani şekli manada kanun koyması, tamamen kişisel sahada tesirini gösteren bir yasama tasarrufudur. Böyle bir kanuna karşı anayasa'nın 149. maddesinde gösterilen merciler tarafından anayasa'ya aykırılıkları nedeniyle dava açılması ve bu davada Anayasa Mahkemesince esasın incelenmesine karar verilmiş olması, bazı hukukî sonuçlar doğurur. Nitekim anayasa'nın itiraz yolu ile anayasa'ya aykırılık iddialarını düzenleyen 151. maddesinin ereği, Anayasa Mahkemesinin vereceği karara kadar davayı gören mahkemenin davayı geri bırakması suretiyle anayasa'ya uygunluk denetiminin etkili olmasını sağlamaktır.

"Mahkemece verilip kesinleşen ölüm cezalarının yerine getirilmesine dair kanun hakkında Anayasa Mahkemesince dava açılmış ve mahkemece işin esasının incelenmesine karar verilmiş olması, ayrıca kanunun kişi haklarının başında gelen yaşama hakkı ile ilgili bulunması, infaz ile ilgili mercilerin, tıpkı 151. maddede öngörüldüğü biçimde hareket etmelerini gerektirir.

"Anayasa'ya aykırılığı ileri sürülen bu davada söz konusu kanunun yürürlüğünün durdurulması hakkındaki istemin, bu nedenlerle Anayasa Mahkemesinin yetkisizliği yönünden reddine karar verilmelidir."

Yolundaki gerekçelere dayanmışlardır. şu duruma göre yürütmenin durdurulması istemi reddedilmeli ve bu sonuç davacıya bildirilmelidir.

Avni Givda, Recai Seçkin, Ahmet Akar, Kani Vrana, Muhittin Gürün ve Şevket Müftügil işin özelliği dolayısıyla dava konusu kanunun yürürlüğünün durdurulması gerektiği görüşünü savunmuşlardır.

5- Belgelerin getirtilmesi konusu:

İşin niteliğindeki ivedilik dolayısıyla esasın incelenmesine yarayacak belgelerin yerlerinden getirtilmesi konusunda başkanlığa yetki verilmesi yerinde olacaktır.

b) Yukarıda açıklanan incelemeler sonunda yine yukarıda belirtilen gerekçelerle:

1- 27/3/1972 Pazartesi saat ona gündem çıkarılmış olmasına ve 44 sayılı kanunun 26. maddesinin dördüncü fıkrası hükmüne göre işin bugün görüşülmesi için ayrıca karar verilmesine yer olmadığına Muhittin Gürün'ün içtüzüğün 33. maddesinin de kanun hükmü ile birlikte nazara alınması gerektiği yolundaki karşı oyu ile ve oyçokluğu ile;

2-Davaya bakmanın Anayasa Mahkemesinin görevi içinde bulunduğuna ve dosyanın eksiği olmadığından işin esasının incelenmesine Şahap Arıç ve Halit Zarbun'un, davanın Anayasa Mahkemesinin görevine girmediği yolundaki karşı oylarıyla ve oyçokluğu ile;

3- Yürütmenin durdurulması isteminin reddine Avni Givda, Recai Seçkin, Ahmet Akar, Kani Vrana, Muhittin Gürün ve Şevket Müftügil'in işin özelliği dolayısıyla dava konusu kanunun yürürlüğünün durdurulması gerektiği yolundaki karşı oylarıyla ve oyçokluğu ile;;

a- İşin esasının incelenmesine yarayacak belgelerin yerlerinden getirtilmesi konusunda başkanlığa yetki verilmesine oybirliğiyle;

5- Kararın, yürütmenin durdurulması istemine ilişkin bölümünün davacı parti genel başkanlığına tebliğine oybirliğiyle 27/3/1972 gününde karar verilmiştir.

b- Gündem düzenlenmesi:

a) Eldeki davanın özelliği dolayısıyla gündem düzenlenmesi işini görüşmek üzere Anayasa Mahkemesi31/3/1972 gününde toplanmıştır. Toplantıya Muhittin Taylan, Avni Givda, Fazıl Uluocak, Sait Koçak, Şahap Arıç, İhsan Ecemiş, Recai Seçkin, Ahmet Akar, Halit Zarbun, Ziya Önel, Kani Vrana, Muhittin Gürün, Lütfi Ömerbaş, Şevket Müftügil ve Ahmet H. Boyacıoğlu katılmışlardır.

Anayasa Mahkemesi içtüzüğünün 33. maddesinin ikinci fıkrası uyarınca gündemin, toplantı gününden en az on gün önce üyelere dağıtılması zorunludur. Ancak ivedi durumlarda bu süre mahkemece kısaltılabilir. Anayasa'ya uygunluk denetimi yapılacak olan 1576 sayılı kanun üç kişi hakkındaki ölüm cezalarının yerine getirilmesine ilişkindir. Anayasa ve 44 sayılı kanun yetki tanımadığı için kanunun yürürlüğünün durdurulmasına karar verilememiştir. Şu durum içtüzükteki gündemlere ilişkin sürelerin olabildiğince kısaltılmasını ve böylece davanın bir ayak önce sonuçlandırılmasını zorunlu kılar.

Avni Givda, Ahmet Akar, Ziya Önel, Muhittin Gürün ve Şevket Müftügil bu görüşe katılmamışlardır.

Gündemin dağıtıldığı günle toplantı günü arasındaki içtüzük gereğince en azından bulunması gerekli süreye yine içtüzüğün verdiği olanaktan yararlanılarak bağlı kalınmaması öngörüldüğüne göre davanın 6/4/1972 saat onda incelenmesi uygun olacaktır.

b) Böylece:

1- İşin niteliği dolayısıyla içtüzükteki gündemlere ilişkin sürelerin kısaltılması Avni Givda, Ahmet Akar, Ziya Önel, Muhittin Gürün ve Şevket Müftügil'in kısaltmaya yer olmadığı yolundaki karşı oylarıyla ve oyçokluğu ile kararlaştırıldıktan sonra:

Davanın 6/4/1972 saat onda incelenmesine Avni Givda, Ahmet Akar, Halit Zarbun; Muhittin Gürün ve Şevket Müftügil'in karşı oylarıyla ve oyçokluğu ile;

2- 4 ve 6 Nisan 1972 günlerindeki işler için başkanlıkça başka gün belirlenmesine oybirliğiyle 31/3/1972 gününde karar verilmiştir.

ıv. Esasın incelenmesi:

Davanın esasına ilişkin rapor, dava dilekçesi, iptali istenilen 1576 sayılı kanun, anayasa'nın konuya değinen maddeleri, bunlarla ilgili yasama belgeleri; konu ile ilişiği bulunan öteki metinler okunduktan sonra gereği görüşülüp düşünüldü:

a- Yeniden gündem düzenlenmesi sorunu:

Görüşmelerin başında Anayasa Mahkemesi içtüzüğünün esasa ilişkin raporların gündemin dağıtılmasından en az on gün önce üyelere verilmesine ilişkin 16. maddesi kuralına olayda uyulmamış olması dolayısıyla 16. maddenin göz önünde bulundurulmasının ve ona göre yeniden gündem düzenlenmesinin gerekip gerekmeyeceği üzerinde durulmuştur.

Anayasa Mahkemesi içtüzüğünün 16. maddesinin düzenlediği de gerçekte bir "gündemlere ilişkin süre" sorunudur. Burada bu bakıma; esasa ilişkin raporun üyelere verilmesi üzerinden en az on gün geçmedikçe gündemin dağıtılamayacağı kuralı bağlanmış olmaktadır. Oysa mahkeme 31/3/1972 gününde içtüzükteki gündemlere ilişkin sürelerin kısaltılmasına karar vermiştir. Şu duruma göre gündemin değiştirilmesine gerek yoktur.

Bu gerekçeye dayanılarak gündemin değiştirilmesinin gerekmediği Avni Givda, Sait Koçak, İhsan Ecemiş, Ahmet Akar, Ziya Önel, Muhittin Gürün ve Şevket Müftügil'in karşı oylarıyla ve oyçokluğu ile kararlaştırıldıktan sonra önce dava konusu kanunun biçim yönünden anayasa'ya aykırı olduğu yolundaki iddialar ele alınarak incelemeye geçildi.

b- 1576 sayılı kanunun biçim yönünden anayasa'ya aykırılığı sorunu:

1- Ölüm cezasının yerine getirilmesi istemine ilişkin dosyanın gönderiliş biçiminden ortaya çıkan sorun:

Ankara Sıkıyönetim Komutanlığı 1 sayılı askerî mahkemesinin 9/10/1971günlü, 1971/13 – 23 sayılı kararıyla ve Türk Ceza Kanununun 146/1. maddesi uyanınca Deniz Gezmiş, Yusuf Aslan ve Hüseyin İnan haklarında verilen ölüm cezasının Askeri Yargıtay 2. dairesinin 10/-1/1972 günlü, 1971/457 – 1972/1 sayılı ilâmıyla onanarak ve tashihi karar istemi de Askeri Yargıtay başsavcılığınca reddedilerek kesinleşmesi üzerine infaz bakımından zorunlu ön işlemlere geçilmesinin gerektiği; 353 sayılı askerî mahkemeler kuruluşu ve yargılama usulü kanununun 244. maddesinin üçüncü fıkrası uyarınca Türkiye Büyük Millet Meclisinden cezanın yerine getirilmesi kararının alınması için Ankara sıkıyönetim komutanlığının dava dosyasının fotokopilerini ve öteki belgeleri başbakanlığa gönderdiği, başbakanlığın da anayasa'nın 64. maddesi gereğince işi Millet Meclisi başkanlığına ilettiği; böylece konunun adalet bakanlığından geçmediği anlaşılmaktadır. Davacı bu durumun 1576 sayılı kanunu biçim yönünden anayasa'ya aykırı düşürdüğünü ileri sürmüştür.

Ne anayasa'da ne de yasama meclisleri içtüzüklerinde kesinleşmiş ölüm cezalarının yerine getirilmesiyle ilgili istemlerin hangi yollardan geçerek Türkiye Büyük Millet Meclisine geleceğini belirleyen bir kural yer almış değildir. 1402 sayılı sıkıyönetim kanununun 6. maddesi uyarınca sıkıyönetim komutanı başbakana karşı sorumlu bulunduğuna; ölüm cezasının sıkıyönetim komutanlığı askerî mahkemesince verilmiş ve Askerî Yargıtaycı onanmış olmasına kesinleşmiş böyle bir ceza üzerinde adalet bakanlığınca kullanılacak herhangi bir yetki düşünülemeyeceğine göre dosyanın sıkıyönetim komutanlığından başbakanlığa, oradan da Millet Meclisi başkanlığına gönderilmesinden de bir aksaklık ve aykırılık görülmesi ve bu tutumun olağan sayılmaması yersiz ve dayanıksız olur.

Şu duruma göre kesinleşmiş ölüm cezasının yerine getirilmesi istemine ilişkin dosyanın Türkiye Büyük Millet Meclisine başbakanlıkça gönderilmiş olmasının dava konusu 1576 sayılı kanunun biçim yönünden iptalini gerektirmeyeceği ortadadır.

2- Millet Meclisi başkanlık divanının görüşmeler sırasındaki durumundan ortaya çıkan sorun:

1576 sayılı kanuna ilişkin teklifin Millet Meclisi genel kurulunda görüşülmesi sırasında başkanlık divanının biri başkan vekîli, ikisi kâtip olmak üzere üç Adalet Partili üyeden oluştuğu anlaşılmaktadır. Davacı bu durumun anayasa'nın 84. maddesinin ruhuna uymayan önemli bir usul ve şekil eksikliği olduğunu ileri sürmüştür.

Bu konu görüşülürken Millet Meclisi başkanlık divanının genel olarak kuruluş biçiminin incelenmesinin gerekip gerekmediği üzerinde durulmuş; davacı, genel olarak Millet Meclisi başkanlık divanının, meclisteki siyasî parti gruplarının güçleri ölçüsünde divana katılmalarım sağlayacak biçimde kurulmadığını ileri sürmemiş ve iddiasını yalnızca o günkü görüşmeleri yöneten üç kişilik kurula yöneltmiş bulunduğundan kanunun araştırılması gerekmediği Muhittin Gürün'ün karşı oyu ile ve oyçokluğu ile kararlaştırıldıktan sonra inceleme sürdürülmüştür.

Anayasa'nın 84. maddesinin birinci fıkrası, yasama meclisleri içtüzüklerinde görev ve adları ve görevlilerin sayısı ile birlikte saptanmış ve buralardaki tanımlamaya uygun (Cumhuriyet Senatosu içtüzüğü madde 3; Millet Meclisinde uygulanmakta olan içtüzük; madde 5) başkanlık divanlarının bir bütün olarak kuruluşunu düzenleyen ilkeyi getirmektedir. Bu ilkeye göre meclislerin başkanlık divanları o meclisteki siyasî parti guruplarının güçleri ölçüsünde divana katılmalarını sağlayacak biçimde kurulur. Bir meclisin başkanlık divanı bu ilkelere uygun olarak kurulduktan sonra divan görevlilerinden belirli bir birleşimi yönetecek olan bir başkan veya başkanvekili ve yukarıda değinilen içtüzükler hükümlerine göre sıra ile görev yapacak en az iki divan kâtibinden oluşmuş kuralda çeşitli nedenlerle ve zorunluluklar yüzünden aynı partiden kimseler bir araya gelmiş olabilirler. Anayasa'nın 84. maddesinin birinci fıkrası ilkesinin bu dar kadrolu kurullarda mutlaka yansıtılması gibi bir düşünce uygulamalarda büyük aksamalara hatta olanaksızlıklara yol açabileceği gibi ilkenin konuluş ereğine de uymaz. Kaldı ki olayda, 1576 sayılı kanuna ilişkin teklifin görüşüldüğü birleşimi yöneten başkanlık kurulunun maksatlı olarak o biçimde oluşturulduğu, başka partilere mensup, sırası gelmiş divan üyelerinin bu kurula girmelerinin engellendiği ve söz konusu başkanlık kurulunun yönetiminde yansız sayılamayacak davranışlar bulunduğu yolunda ne bir bilgi ne de bir iddia vardır.

Şu duruma göre görüşmeler sırasında Millet Meclisi başkanlık divanı üyelerinin aynı partiden kimselerden oluşmuş bulunmasının kanunun biçim yönünden iptalini gerektirdiği düşünülemez.

3- Millet Meclisi ve Cumhuriyet Senatosu genel kurullarında verilmiş öncelik ve ivedilik kararları dolayısıyla ortaya çıkan sorun:

Dava konusu17/3/1972 günlü, 1576 sayılı "Deniz Gezmiş, Yusuf Aslan ve Hüseyin İnan'ın ölüm cezalarının yerine getirilmesine dair kanun"a ilişkin teklifin, Millet Meclisi ve Cumhuriyet Senatosu genel kurullarında görüşülmesi sırasında öncelik ve ivedilik kararları verildiği anlaşılmakta ve davacı bu kararların verilmesinde yasama meclisleri içtüzükleri hükümlerine aykırılık bulunduğunu ileri sürmektedir.

Dosya içindekilere göre durum şudur:

1576 sayılı kanuna ilişkin teklifin Millet Meclisi genel kurulunda görüşülmesinde teklif 10/3/1972 gündeminin "v. iki defa görüşülecek işler – b. birinci görüşmesi yapılacak işler" bölümünün 30. maddesinde yer almışken adalet komisyonu başkanının gerekçesiz önerisi üzerine öncelik karan ve teklifin tümü üzerindeki görüşmeler bitip maddelere geçilmesi kabul edildikten sonra adalet komisyonunun 7/3/1972 günlü 3/744-34 sayılı raporundaki gerekçesiz istem oylanarak, ivedilik kararı verilmiş böylece kanun teklifi öteki bütün işlerden önce ve yalnız bir kez görüşülmüştür.

Kanun teklifinin Cumhuriyet Senatosu genel kurulunda görüşülmesinde de teklif 16/3/1972 gündeminin "v. iki defa görüşülecek işler-b. birinci görüşmesi yapılacak işler" bölümünün birinci maddesinde iken gerekçesiz bir önerge üzerine öncelik karan ve teklifin tümü üzerindeki görüşmeler bitip maddelere geçilmesi kabul edildikten sonra anayasa ve adalet komisyonu raporundaki gerekçesiz istemden ayrıca sunulan gerekçeli öneri oylanarak ivedilik kararı verilmiş; böylece kanun teklifinin Cumhuriyet Senatosu genel kurulunda da öteki bütün işlerden önce ve yalnız bir kez görüşülmesi sağlanmıştır.

Anayasa'nın 85. maddesinin birinci fıkrası uyarınca Türkiye Büyük Millet Meclisi ve meclisler çalışmalarını kendi yaptıkları içtüzüklerin hükümlerine göre yürütürler. Anayasa Mahkemesinin yasama meclisleri içtüzüklerinin biçime ilişkin hükümleri üzerindeki oturmuş görüşü şöyle özetlenebilir: "içtüzüklerin biçime ilişkin tüm hükümlerinin aynı önem derecesinde bulunduğu düşünülemez. Bunların arasında yasama meclisince verilen kararın geçerliği üzerinde etkili olabilecek nitelik taşıyanlar bulunduğu gibi ayrıntı sayılabilecek nitelikte olanlar da vardır. Birinci kümeye girenlere aykırı tutumun iptal nedenini oluşturacağını, buna karşılık öteki biçim kurallarına uymamanın iptali gerektirmeyeceğini kabul etmek yerinde olur. Anayasa'da gösterilmeyen ve yalnız içtüzükte bulunan biçim kuralları arasında böyle bir ayırım yapılması zorunludur. çünkü içtüzüklerdeki biçim kurallarına aşırı bağlılık yasama meclislerinin çalışmalarını gereksizce aksatır. İçtüzük hükümlerine aykırı düşen işlemlerden hangilerinin iptal nedeni sayılacağı sorunu, uygulanacak içtüzük hükmünün önemine ve niteliğine göre çözülecek ve incelemeleri sırasında Anayasa Mahkemesince değerlendirilip saptanacak bir konudur."

Gerek Millet Meclisi'nin kendi içtüzüğü halâ yapılmadığı için toplantı ve çalışmalarında, anayasa'nın geçici üçüncü maddesine dayanılarak, hükümleri uygulanmakta olan Türkiye Büyük Millet Meclisinin 27 Ekim 1957 tarihinden önce yürürlükteki içtüzüğünde (1 Kasım 1956 günlü dâhili nizamname: madde 99, 78), gerekse Cumhuriyet Senatosu içtüzüğünde (madde 69, 44) kanun tasarı ve tekliflerinin iki kez görüşülmesi kural olarak kabul edilmiş; gündemlerin düzenlenmesinde izlenecek sıra saptanmış; hangi tasarıların tek görüşmeye bağlı tutulacağı, iki görüşmeye bağlı tasarı ve tekliflerin bir kez görüşülmesiyle nasıl yetinileceği ve gündemdeki sıraların, bozulması usulü istisna hükümleri halinde ayrıca gösterilmiştir.

Bir kanun tasarı veya teklifinin bir kez görüşülmesiyle yetinilmesi konusuna yasama meclisleri içtüzükleri büyük önem vermişler ve konuya sıkı hükümlere bağlamışlardır. bu hükümler şöyle özetlenebilir: bir tasarı veya teklif yasama meclisine sunulurken veya birinci görüşmesinden önce hükümet, teklif sahibi yahut ilgili komisyon ivedilik kararı verilmesini istemelidir. Ortada yasama meclisini kabul edeceği esaslı bir neden bulunmalıdır. İvedilik kararı yazılı ve gerekçeli olarak istenmelidir. (dâhili nizamname: madde 70, 71, 72 Cumhuriyet Senatosu içtüzüğü madde: 46, 47, 48)

Gündem sırasının bozulabilmesi, başka deyim bir kanun tasarı veya teklifinin gündemdeki öteki işlerden önce görüşülebilmesi için de sıkı koşullar vardır: hükümet veya komisyon öncelikle görüşme kararı istemeli, istem yazılı ve gerekçeli olmalıdır. (dâhil nizamname: madde 74 – Cumhuriyet Senatosu içtüzüğü: madde 45)

İçtüzük hükümleriyle konu üzerinde gösterilen titizlik yerinde ve olağan görülmelidir. Yasaların devlet hayatındaki yerlerinin önemi ve ağırlığı herhangi bir açıklamayı gerektirmeyecek biçimde ortadadır. Böylesine önemli bir yasama belgesinin, üzerinde durularak ereğe en uygun biçimde, eksiksiz olarak çıkabilmesini ve ayrıca manevî değer ve nüfuzunun yüksek tutulmasını sağlamak üzere uyulması en azından zorunlu bulunan kural ve koşulların yeri yasama meclisleri içtüzükleridir. Bu kural ve koşullara göre iki kez görüşülmesi gerekli bir kanun tasarısı veya teklifi üzerinde tek görüşme ile yetinilmesi, başka deyimle ana kuraldan uzaklaşılması elbette güçlü, kabule değer bir gerekçeyi zorunlu kılar, ivedilikle görüşülme istemlerinde gerekçenin açıklanmasının kanunların anayasa'ya uygunluğunun denetlendiği bir ülkede bir başka önemi vardır. Böylece Anayasa Mahkemesi bir kanun tasarı veya teklifinin görüşülmesinde ana kuraldan uzaklaşılması nedeni değerlendirme olanağını bulmuş olacaktır.

İvedilik kararının istenmesi zamanına ilişkin içtüzük hükümleri de önemli, ağır basan biçim kurallarıdır. Kuralın, sonuç olarak ve konuya ilişkin içtüzük maddelerinin tümü birlikte ele alındıkta, ivedilik kararının verilmesi zamanına da saptadığı görülür. Bu zaman tasarı veya teklifin birinci görüşmesinin başlaması ile sona erer. Bundan sonraki evrelerde böyle bir istemde bulunulması veya istemin karara bağlanması artık söz konusu olamaz. Bu da işin niteliğinin bir gereğidir. Çünkü hakkında ivedilik kararı verilmiş bir tasarı veya teklif ancak bir kez görüşülebilecek, tasarı veya teklifte ikinci kez düzeltme ve değişiklik yapılması olanağı kalmayacaktır. Bu durumu görüşmeler başlamadan önce tüm yasama meclisi üyeleri bilmeli ve tutumlarına ona göre yön vermelidirler. Birinci görüşme başladıktan, hele olayda olduğu gibi, maddelere geçilmesi kabul edildikten sonra ivedilik kararı verilmesi ikinci görüşme yolunu ansızın kapatır ve bir bölüm yasama meclisi üyelerini bir oldubitti ile karşılaştırır.

Yasama meclisleri gündemlerindeki sıraların bozulması, değiştirilmesi de önemli bir olgudur. Bunu sağlayacak olan öncelik istemlerinin gerekçeli olmasını zorunlu kılan içtüzük hükümleri üzerinde de yukarıda ivedilik istemi erindeki gerekçeler için söylenenler geçerli olduğundan onları burada tekrarlamanın yeri yoktur.

Yukarıdan beri açıklananlarla varılan sonuç şudur: yasama meclisleri içtüzüklerinin öncelik ve ivedilik istemlerinin gerekçeli olmasına, ivedilik kararlarının kanun tasarı veya teklifinin birinci görüşmesi başlamadan önce verilmesine ve bu buyruğun doğal sonucu olarak da birinci görüşme başlamadan önce karara bağlanmasına ilişkin kuralları bir kanunun geçerliği üzerinde etkili olabilecek nitelikte önemli ve esaslı biçim hükümleridir. Bunlara aykırı tutumlar o kanunun biçim yönünden iptali nedenini oluşturur.

Daha önce de değinildiği üzere dava konusu 1576 sayılı kanuna ilişkin teklifin yasama meclislerindeki görüşmelerinde Millet Meclisinde gerekçesiz istemler üzerine, içtüzüğe uygun olmayan bu önerilerin oylanmasına bile olanak yok iken, öncelik ve ivedilik kararları verilmiş ve ivedilik istemi teklifin tümü üzerindeki görüşmeler bittikten ve maddelere geçilmesi kabul edildikten sonra söz konusu olmuş ve karara bağlanmıştır. Cumhuriyet Senatosunda da -ivedilik isteminin gerekçeli olması dışında – durum böyledir. demek ki teklifin öncelik ve ivedilikle görüşülmesine karar verilirken Millet Meclisinde uygulanan içtüzüğün 70., 71., ve 74. ve Cumhuriyet Senatosu içtüzüğünün 45. ve 46. maddelerine aykırı davranılmıştır. Bu davranış ivedilik kararlarını, öncelik kararlarında olduğu gibi, değersiz ve hükümsüz bıraktığı için ana kuraldan ayrılma ve kanun teklifini bir kez görüşme işlemleri de böylece hukukî dayanaktan yoksun kalmış ve Millet Meclisinde uygulanan içtüzüğün 99. ve Cumhuriyet Senatosu içtüzüğünün 69. maddelerinde yer alan ana kurala da ayrıca aykırı düşülmüştür. Şu durum 1576 sayılı kanunun biçim yönünden iptalini gerekli kılar.

Şurasını da belirtmek yerinde olur ki söz konusu içtüzük kurallarının ayrıntı hükümlerindenmişçesine, ihmal edilebileceğini savunmaya, bu kuralların yukarıda tartışılan nitelikleri elvermez. Kanunların geçerliği için zorunlu belli başlı usul koşullarından birkaçını oluşturan söz konusu kurallara uyulmaksızın çıkarılmış bir kanunun akıbetine bu aykırılığın etkisi olmadığı yolunda bir görüş giderek tüm içtüzük kurallarının uygulanıp uygulanmamasını yasama meclislerinin takdirine bırakmaya varır ve anayasa'nın 85. maddesinin birinci fıkrasının buyurucu hükmünü işlemez duruma getirerek uygulama dışı bırakır. Böyle bir tutumu haklı göstermeğe ve hukuk açısından savunmaya olanak yoktur.

Fazıl Uluocak, Şahap Arıç, Halit Zarbun, Lütfi Ömerbaş ve Ahmet H. Boyacıoğlu 1576 sayılı kanunun biçim yönünden iptali gerektiği yolundaki görüşe katılmamışlardır.

c) Öteki aykırılık iddiaları:

Yukarıda kararın ı sayılı bölümünde özetlenen gerekçesinden de anlaşılacağı üzere davacı başka aykırılık iddialarında da bulunmuştur ancak Millet Meclisi ve Cumhuriyet Senatosu genel kurallarındaki öncelik ve ivedilik kararları verilmesinde yasama meclisleri içtüzüklerine aykırı davranılmasının dava konusu 1576 sayılı kanunu anayasa'nın 85. maddesine aykırı duruma düşürdüğü sonucuna varıldığına ve kanunun iptali öngörüldüğüne göre öteki aykırılık iddialarının incelenmesine yer olmamak gerekir.

ç- İptale ilişkin bölümün yayımlanması sorunu:

Anayasa'nın değişik 152. maddesinin ikinci fıkrası kuralına göre Anayasa Mahkemesince, anayasa'ya aykırı olduğundan iptaline karar verilen kanun, ancak gerekçeli kararın resmî gazetede yayımlandığı günde yürürlükten kalkar.

İşbu kararın tümünün yazılıp yayıma gönderilmesi vakit alacağından işin özelliği dolayısıyla, başka deyimle iptali öngörülen 1576 sayılı kanunun üç kişi hakkındaki kesinleşmiş ölüm cezalarının yerine getirilmesine ilişkin bulunduğu göz önünde tutularak, anayasa'ya uygunluk denetiminin etkisiz kalmasını önlemek üzere kararın iptale ilişkin gerekçeli bölümünün anayasa'nın değişik 152. maddesi uyarınca resmî gazete'de hemen yayımlanmasına karar verilmelidir.

v. Sonuç:

1. Ölüm cezasının yerine getirilmesi istemine ilişkin dosyanın Türkiye Büyük Millet Meclisine başbakanlıkça gönderilmiş olmasının 17/3/1972 günlü, 1576 sayılı kanunun biçim yönünden iptalini gerektirmediğine oybirliğiyle;

2. Görüşmeler sırasında Millet Meclisi başkanlık divanı üyelerinin aynı partiye mensup kişilerden oluşmuş bulunmasının kanunun biçim yönünden iptalini gerektirmediğine oybirliğiyle;

3. Millet Meclisinde öncelik ve ivedilik ve Cumhuriyet Senatosunda öncelik önergelerinde gerekçe gösterilmemek ve her iki yasama meclisinde teklifin maddelerine geçilmesine karar verildikten sonra ivedilik istemleri oylanmak suretiyle yasama meclisleri içtüzüklerine aykırı davranılmasının kanunu anayasa'nın 85. maddesine aykırı duruma düşürdüğüne ve biçim yönünden iptalini gerektirdiğine ve bu nedenle 1576 sayılı kanunun iptaline Fazıl Uluocak, Şahap Arıç, Halit Zarbun, Lütfi Ömerbaş ve Ahmet H. Boyacıoğlu'nun karşı oylarıyla ve oyçokluğu ile;

4. İptal kararına göre öteki aykırılık iddialarının incelenmesine yer olmadığına oybirliğiyle;

5. İşin özelliği dolayısıyla kararın tümü daha sonra ayrıca yayımlanmak üzere kararın iptale ilişkin gerekçeli bölümünün anayasa'nın değişik 152. maddesi uyarınca resmî gazete'de hemen yayımlanmasına oybirliğiyle;

6/4/1972 gününde karar verildi.

Başkan Muhittin Taylan

Başkanvekili Avni Givda

Üye Fazıl Uluocak

Üye Sait Koçak

Üye Şahap Arıç

Üye	İhsan Ecemiş
Üye	Recai Seçkin
Üye	Ahmet Akar
Üye	Halit Zarbun
Üye	Ziya Önel
Üye	Kani Vrana
Üye	Muhittin Gürün
Üye	Lütfi Ömerbaş
Üye	Şevket Müftügil
Üye	Ahmet H. Boyacıoğlu

Karşı oy yazısı

1- Dava konusu kanunun yürürlüğünün durdurulması sorunu: anayasa, iptal davalarında Anayasa Mahkemesine dava konusu kanunun yürürlüğünün durdurulması yetkisini vermemiştir. Üstelik20/9/1971 günlü, 1488 sayılı kanununun anayasa'nın 152. maddesine getirdiği değişikliğe göre artık iptal kararı dahi iptal tarihinde iptal konusu hükmü yürürlükten kaldıramamakta ve iptalin etkisini gösterebilmesi gerekçeli kararın resmî gazete'de yayımlanmasına bağlı bulunmaktadır. Anayasa Mahkemesinin kuruluşu ve yargılama usulleri hakkındaki 22/4/1962 günlü. 44 sayılı kanunda da tabiatıyla konuyu düzenleyecek herhangi bir hüküm yer almamıştır.

Şu durum iptal davası açabilme yetkisinin kullanılmasındaki soyut ve kamusal nitelik ve dava konusu olacak kanunların genellikle belirli öznel hakları doğrudan doğruya, somut, olumsuz ve telafi edilemez biçimde etkiler olmaması ile izah edilebilir. Bunların içinde tek denebilecek istisna biçimsel yönden yasa sayıldığı için anayasa'ya uygunluk denetiminden geçirebileceğini kabul zorunlu bulunan "Türkiye Büyük Millet Meclisinin mahkemelerce verilip kesinleşen ölüm cezalarının yerine getirilmesine ilişkin kararlarını" yansıtan kamulardır. Anayasa koyucunun bu pek istisnaî ve özel konu üzerinde durmadığı, durmuşsa bile – on yıl içinde Anayasa Mahkemesine ancak bu kez ilk olarak ölüm cezasının yerine getirilmesine ilişkin bir kanunun anayasa'ya aykırılığı iddiasıyla başvurulmasının da gösterdiği gibi – pek seyrek ortaya çıkabilecek bir olay için özel bir tedbir öngörmeyi gereksiz bulduğu ve işi Anayasa Mahkemesinin içtihadına bıraktığı düşünülebilir.

Öte yandan anayasa'ca kanunların anayasa'ya uygunluk denetiminin sağlanması yollarından biri olarak öngörülen "anayasa'ya aykırı mahkemelerde ileri sürülmesi" konusunun, başka deyimle Anayasa Mahkemesine itiraz yoluyla başvurma usulünün yer aldığı 151. maddede ise bakılmakta olan davada uygulanacak kanun hükümlerinin mahkemece anayasa'ya aykırı görülmesi veya taraflardan birinin ileri sürdüğü aykırılık iddiasının mahkemece ciddi olduğu kanısına varılması hallerinde, anayasa'ya aykırılığı ortaya atılan hükümler doğrudan doğruya belirli özel hakları etkileyeceği için mahkemenin Anayasa Mahkemesinin vereceği karara kadar davayı geri bırakması kuralı benimsenmiş; böylece – eldeki dava gibi – belirli öznel hakları doğrudan doğruya etkileyen bir kanunun iptal davası yolu ile anayasa'ya uygunluk denetimi yapılırken Anayasa Mahkemesinin nasıl davranması gerektiği konusuna ışık tutulmuştur.

1972/13 esas sayılı davada davacının yürütmenin durdurulması istemi incelenip karara bağlanırken Anayasa Mahkemesine düşen bu işte anayasaya uygunluk denetimi görevim gereği gibi yerine getirebilme yolunu bulmak, bunun için de anayasa'da dava konusu böyle bir kanunun yürürlüğünün durdurulmasını sağlayacak hüküm değil durdurmayı engelleyecek kural bulunup bulunmadığını araştırmaktadır. dava konusu kanun üç kişinin ölüm cezalarının yerine getirilmesine ilişkindir. Kanun bir kez uygulanıp üç kişi ölüm cezasına çarptırıldı mı artık Anayasa Mahkemesinin anayasa'ya uygunluk denetiminden bir etki ve sonuç alınamayacağı ortadadır. Böylece bir durum Anayasa Mahkemesinin denetim görevini yerine getirmemesiyle birdir. Öte yandan anayasa'da dava konusu kanunun Anayasa Mahkemesinin kararına kadar durdurulmasını engelleyecek bir hüküm bulunmadığı gibi yukarıda değinilen 151. madde hükmü öznel haklara ilişkin kanunların anayasa'ya aykırılığı söz konusu olunca tutulacak yolun ilkesini ve örneğini de vermektedir. Burada yapılacak olan, dava konusu kanunun yürürlüğünün durdurulmasına karar vermek ve böylece, davaya bakma Anayasa Mahkemesinin görevi içinde görüldüğüne göre anayasaya uygunluk denetimi gereklerini sonuca etkili olabilecek bir biçimde yerine getirmektedir.

27/3/1972 günlü, ilk inceleme toplantısında yürütmenin durdurulması isteminin reddi yolunda verilen karara yukarıda açıklanan nedenlerle karşıyız.

ıı- Anayasa Mahkemesi içtüzüğündeki gündemlere ilişkin sürelerin kısıtlanması sorunu:

1- Anayasa Mahkemesi içtüzüğünün 16. maddesine göre esasa ilişkin raporların bir örneği gündemin dağıtılmasından en az on gün önce üyelere verilir. 33. maddede ise gündemlerin toplantı gününden en az on gün önce asıl ve yedek üyelere dağıtılacağı yazılıdır. Bu hükümler uyarınca bir isin esası raporun dağıtımı üzerinden en az yirmi gün geçmedikçe görüşülemez. Bu süre içtüzük hazırlanırken uzun tartışmalar sonunda ve ılımlı bir görüşle üyelere karara bağlayacakları işi yeterince inceleme olanağını vermeğe elverişli en kısa zamanın bu olabileceği düşüncesiyle kabul edilmiştir.

İçtüzükte, esasa ilişkin raporun ve gündemin dağıtım günleri arasında en azından bulunması zorunlu on günlük sürenin kısıtlanmasını öngören bir hüküm yoktur. Bu da olağandır. Çünkü kanunların ve yasama meclisleri içtüzüklerinin anayasa'ya uygunluğunu denetleme gibi önemli, ağır ve ciddî bir görevi yerine getirmenin bundan daha kısa bir süreye sığabilecek incelemelere dayandırılması düşünülemez. Gündemin dağıtımı ve toplantı günleri arasında en azından geçmesi gerekli on güne gelince; ivedi durumlarda bu sürenin mahkemece kısıtlanmasına Anayasa Mahkemesi içtüzüğünün 33. maddesinin ikinci fıkrası olanak vermektedir.

İnceleme konusu davada, ivedi bir durumun bulunmadığı bir yana, işin önemi ve özelliği hiç değilse içtüzükteki olağan en az sürelerin korunmasını gerektirir. Bu önem ve özelliğin uzun uzadıya açıklanmasına yer yoktur. Ölüm cezalarının yerine getirilmesine ilişkin bir kanun anayasa'ya uygunluk denetimi için ilk kez Anayasa Mahkemesine gelmektedir. Böyle bir davada uygulanacak esaslar daha önceden benzeri kararlarla ilkelere bağlanmış değildir. Anayasa Mahkemesinin yasama meclisleri içtüzüklerine aykırılık iddiaları ile ilgili birçok eski kararlarının elden ve gözden geçirilmesi gereklidir. Davanın sonucu hiç değilse bugün için, üç insanın ölüm kalım sorununu çözecektir. Onun içindir ki derinlemesine ve ayrıntılı bir incelemeye ve sükûnetle, etraflıca düşünmeye gereksinme vardır. Öte yandan davada yasama meclislerinin görüşmeler sırasında aldığı öncelik ve ivedilik kararlarında içtüzüklere aykırılık bulunduğu iddialarına ağırlık verilmişken Anayasa Mahkemesinin incelemenin daha ilk evresinde kendi içtüzüklerindeki süreleri kısıtlamaya girişmesi ve bunu tartışma konusu yapması yerinde bir davranış olmasa gerektir. Süreleri kısaltmanın, olayla her yönden ilgilenen kamuoyunda yanlış anlaşılmalara yol açması da akla gelebilir. Bir de şu durum unutulmamalıdır: Anayasa Mahkemesi içtüzüğü görüşülen bir işte üyelerin oylarının yeterli bir incelemeye ve tartışmaya dayandırılmasına öylesine önem vermiştir ki görüşmelerin yeterliğinin karar altına alınmasını yasaklamış, (madde: 17/6) ve üyelerden biri işi yeterince incelemeye olanak bulamadığını ileri sürerse o işin görüşülmesinin, tartışmasız, başka bir güne bırakılmasını hükme bağlamıştır. (madde: 17/8). Eldeki davanın görüşülmesi için öngörülen güne kadar yeterli bir incelemenin yetiştirilmesinin çok güç olacağı kimi üyelerce önceden ileri sürülürken gündem anlaşılmazlığının bir çoğunluk azlık, başka deyimle bir sayı sorunuymuş gibi oylama yoluyla çözümüne gidilmesinin içtüzüğün bu konuda yukarıda değinilen iki hükmünün belirlediği ereği ile bağdaştırılamayacağı ortadadır.

Dava konusu kanunun ölüm cezalarının yerine getirilmesine ilişkin bulunuşunun duruma ivedilik kazandırdığı yolundaki bir savda geçerli ve tutarlı olamaz. Çünkü Anayasa Mahkemesi davacının yürütmenin durdurulması isteminin reddine karar vererek 17/3/1972 günlü, 1576 sayılı kanunun özel haklara olan etkisiyle ilişiğini önceden kesmiştir. Şu duruma göre kararın bir hafta önce veya sonra çıkmasının bu yönden bir ağırlığı olması düşünülemez.

Yukarıdan beri açıklananların ortaya koyduğu gibi davada hiç değilse Anayasa Mahkemesi içtüzüğündeki olağan sürelerden yararlanılması zorunluluğu vardır.

Oysa sırf sürelerin kısaltılması konusunu görüşmek üzere yapılan 31/3/1972 günlü toplantıda esasa ilişkin raporun 30/3/1972 de çalışma günü sonuna doğru dağıtıldığı göz önünde bulundurulmaksızın rapor ve gündem dağıtımı günleri arasında geçmesi zorunlu ve kısaltılması olanaksız on günlük süre dahi korunmayarak ve üyelere inceleme için ancak üç buçuk çalışma günü bırakılarak "içtüzükteki gündemlere ilişkin sürenin kısaltılmasına ve davanın 6/4/1972 günü saat 10.00 da görüşülmesine" karar verilmiştir. Bu karara yukarıda belirtilen nedenlerle karşıyız.

2- 6/4/1972 günü, görüşmelerin başında içtüzüğün 16. maddesi göz önünde bulundurularak ona göre yeniden gündem düzenlenmesi konusu ortaya atılmış ve böylece gündem yönünden benimsenen yanlış tutumun düzeltilmesine yol açılmak istenilmişse de çoğunluk bu görüşü benimsememiştir. Gündemin değiştirilmesine yer olmadığı yolundaki karara karşı oy yazısının (ıı – 1) sayılı bölümünde açıklandığı için tekrarlanmasına yer kalmayan ve bu konuda da geçerli olan nedenlerle karşıyız.

ııı- Sonuç:

1972/13 esas sayılı davada 27/3/1972, 31/3/1972 ve 6/4/1972 günlerinde verilen ara kararlarının karşı oyda bulunduğumuz bölümleri ve karşı oyun dayandığı gerekçeler yukarıda belirtildiği gibidir.

Başkan vekili Avni Givda

Üye Ahmet Akar

karşı oy yazısı

Türkiye Cumhuriyeti anayasa'sında, öncelikten, 92. ve 155. maddeleri dışında ivedilik halinde bahseden hiç bir hüküm yer almadığı gibi, anayasa'nın geçici 3. maddesinde "bu anayasa'ya göre kurulan Türkiye Büyük Millet Meclisinin, Millet Meclisinin ve Cumhuriyet Senatosunun toplantı ve çalışmaları için, kendi içtüzükleri yapılıncaya kadar, Türkiye Büyük Millet Meclisinin 27 Ekim 1957 tarihinden önce yürürlükte olan içtüzüğü hükümleri uygulanır." denilmiş ve 85. maddenin birinci fıkrasında, Türkiye Büyük Millet Meclisi ve meclisleri, çalışmalarını, kendi yaptıkları içtüzükleri hükümlerine göre yürütecekleri belirtilmiştir.

İçtüzük hükümlerine yasama meclislerince uyulmamış veya bu hükümlerin hatalı bir biçimde uygulanmış olması, kanunu anayasa'ya mutlaka aykırı bir hale getireceği anlamı, anayasa'nın 85. maddesinden çıkarılamaz. Nitekim Anayasa Mahkemesi, değişik kararlarında ve örneğin 16/11/1965 günlü ve 1964/38 esas 1965/59 sayılı kararında bu hususu (içtüzük hükümleri genellikle, şekle ait kurallardır. Burada hatıra gelen soru, bir kanun yapılırken içtüzüklerin hangi hükümlerine aykırılığın, iptal nedeni sayılıp sayılmayacağıdır. Yasama meclislerince verilen kararın sıhhati üzerinde etkili olabilecek nitelikte bulunanlar olabilir. Bir içtüzük hükümlerine aykırı düşen işlemlerden hangilerinin iptal nedeni sayılacağı, uygulanacak içtüzük hükmünün önemine ve niteliğine göre mahkememizde takdir edilecek bir konudur.) tarzında açıklığa kavuşturmuştur.

O halde, dava konusu 1576 sayılı kanunun Millet Meclisi ve Cumhuriyet Senatosunda öncelik ve ivedilikle görüşülmesine dair kararlar alınırken, kanunun iptalini gerektirecek ölçü ve nitelikte hatalı uygulamada bulunulup bulunmadığının araştırılarak saptanması gerekir.

Anayasa'nın 155. maddesi, anayasa değişiklikleri dışında ivedilik kararı alınamayacağı yolunda bir kural koymamıştır. Öte yandan gerek Millet Meclisi ve gerekse Cumhuriyet Senatosu içtüzükleri öncelik ve ivedilik tekliflerini ve bu hususta genel kurulların karar alma yetkilerini düzenlediği gibi, ayrıca bir defa görüşmeye tabi tutulacak kanunları da göstermiş bulunmaktadır. Millet Meclisi içtüzüklerinin 74. ve Cumhuriyet Senatosu içtüzüğünün 45. maddelerinde, hükümet veya tarafından yazılı ve gerekçeli bir istek üzerine, bir tasarı veya teklifin diğer işlerden önce görüşülmesine karar verilebileceği belirtilmektedir. Gerçekten maddelerin bu yazılış tarzına göre, öncelik isteği yazılı olmak ve gerekçeli bulunmak zorundadır. Oysa ne Millet Meclisi adalet komisyonunun kararınca ve Millet Meclisi başkanlığına sunulan önergede ve nede Cumhuriyet Senatosu anayasa ve adalet komisyonu kararı ile Cumhuriyet Senatosu'na sunulan öncelik önergesinde bir gerekçe yer almamıştır.

Diğer taraftan Millet Meclisi içtüzüğünün 70. maddesinin ikinci fıkrasında, (bir lâyiha veya teklifin yalnız bir defa müzakerede iktifa edilmesi için meclisin kabul edeceği esaslı bir sebep olmadıkça müstaceliyet kararı verilmez.) ve Cumhuriyet Senatosu içtüzüğünün 46. maddesinin ikinci fıkrasında da (bir tasarı veya teklifin yalnız bir defa görüşülmesi ile yetinilmesi için Cumhuriyet Senatosunun kabul edeceği esaslı bir sebep olmadıkça ivedilik kararı verilemez.) denilmesi karşısında, esaslı sebebin var olup olmadığını belli etme ve karar alma hak ve yetkisinin Millet Meclisi ve Cumhuriyet Senatosunun genel kurullarına tanındığı açıkça anlaşılmaktadır. Bu bakımdan Millet Meclisi içtüzüğünün 71. ve Cumhuriyet Senatosu içtüzüğünün 47. maddesindeki şartlar arasında, esaslı sebebin gösterilmemiş olması, komisyon kararı veya önergelerin geçerlilik koşulu olarak ele alınamaz. Çünkü Millet Meclisi ve Cumhuriyet Senatosu genel kurulları öne sürülen sebeplerle bağlı tutulamayacağına göre. Genel kurul kararlarında içtüzük hükümlerinin öngördüğü nitelikte bir sebebin, memleketin içinde bulunduğu durum, özellikle Türkiye Büyük Millet Meclisi'nce itiraz edilen sıkıyönetim ilâm kararı ve bunun defalarca uzatılması, Millet Meclisi ve Cumhuriyet Senatosu genel kurullarınca alınan ivedilik kararının kamu yararı gibi esaslı bir sebebe dayanmadığı yolundaki görüşün isabetli olduğunu da ortaya koymaz.

Kaldı ki her iki meclis içtüzüğünde, ivedilik tekliflerinin ne zamana kadar verileceği düzenlenmiş olmasına rağmen, bu tekliflerin ne zaman oya sunulacağı belirtilmemiştir. Bu bakımdan ivedilik istemlerinin maddelerin görüşülmesine geçildiğinde oylanması, içtüzükte yer alan hükümlere de doğrudan doğruya bir aykırılık olarak tavsif edilemez. Nitekim davacı dahi bu konuda anayasa'ya ve içtüzük hükümlerine aykırılıktan söz etmemiştir.

Özetlemek gerekirse, öncelik ve ivedilik tekliflerinin gerekçe taşımaması, Millet Meclisi ve Cumhuriyet Senatosu genel kurullarınca belirtilen iradeleri zedeleyecek ve bunları anayasa açısından iptal ettirecek nitelikte bir sakatlık ortaya koyamayacağı, alınan ivedilik kararlarının, meclislerde o işin yeterince incelenmemiş olduğunun delil ve karinesi de sayılamayacağı, bu yönden içtüzük hükümlerine ters düşen davranışların sırf bu sebeplerle iptal nedeni olarak ele alınamayacağı cihetle, öncelik ve ivedilik hususunda içtüzüklerde saptanan anayasa'nın kurallara açıklanan biçimdeki hatalı uygulamalar sebebiyle 1576 sayılı yasanın anayasa'nın 85. maddesine aykırılığı sebebiyle iptaline dair çoklukla verilen karara karşıyız.

Üye	Fazıl Uluocak
Üye	Şahap Arıç
Üye	Halit Zarbun
Üye	Lütfi Ömerbaş
Üye	Ahmet H. Boyacıoğlu

Karşı oy yazısı

Davanın görülmesinin Anayasa Mahkemesinin görevine girip girmediği sorununa ait karşı oy:

Anayasa'nın 147. maddesinde ve buna göre hazırlanan Anayasa Mahkemesinin kuruluşu hakkındaki 44 sayılı kanunun 20. maddesinde Anayasa Mahkemesine T. B. M. meclisinin karar niteliğindeki tasarruflarını denetleme yetkisi tanınmamıştır.

T.B.M. meclisinin, ölüm cezalarının yerine getirilmesi hususundaki yetkisi, aşağıda açıkladığım gerekçelere göre kanun değil karar niteliğine haizdir. Bu nedenle davaya bakmak Anayasa Mahkemesinin görevi dışındadır. Zira:

Anayasa'nın 64. maddesinin birinci fıkrası, T. B. M. meclisinin görev ve yetkilerini sayarken kanun yapmak, değiştirmek ve kaldırmak yetkisini açıkladıktan sonra para basılmasına, genel ve özel af ilânına, mahkemelerce verilip kesinleşen ölüm cezalarının yerine getirilmesine karar vermek yetkilerindedir, demektedir.

Anayasa'nın bu hükmü ile kabul edilen prensip, T. B. M meclisinin ölüm cezalarının yerine getirilmesi hususundaki yetkisini ancak karar şeklinde kullanabileceği esasıdır. Bu esas, bu yetkinin, T. B. M meclisinin tamamen takdirine bırakılmış bir yetki olmasından ve niteliğinin kanun şeklinde tasarrufa müsait olmamasından dolayı kabul edilmiştir.

Ölüm cezalarının yerine getirilmesi konusundaki yetkinin karar veya kanun şeklinde olması mücerret bir isim ayrılığı değil, birbirinden farklı çok mühim hukukî sonuçlar meydana getirmektedir. Şöyle ki: Anayasa'mızda prensip olarak T. B. M. meclisinin karar şeklindeki tasarrufları anayasa'ya uygunluk denetimine tabi tutulmamış olduğu halde, kanunlar bu denetime tabi tutulmuştur (anayasa madde 147) ancak, anayasa bu denetime tabi tutmak istemediği kanun hükümlerini ve bu denetime tabi tutmak isteği T. B. M. meclisi kararlarını yine anayasa'nın çeşitli maddelerinde açıkça göstermiştir (anayasa madde 65 ve 81 de olduğu gibi). Bu düzenleme ve esasların sorunu şudur: anayasa'nın bu esaslarına göre karar şeklinde kullanılması gereken T. B. M. meclisinin bu yetkisi, bir anayasa hükmü ile, anayasa'ya uygunluk denetimine tabi olacağı açıkça gösterilmedikçe, prensip olarak bu denetime tabi tutulamaz. Bir anayasa hükmü ile yasama meclisine karar şeklinde kullanılabileceği emredilen bir yetkinin kanun niteliğinde kabulü ve onun anayasa'ya uygunluk denetimine tabi tutulması anayasa'nın 64. maddesinin birinci fıkrası ile T. B. M. meclisinin tamamen takdirine bırakılmış bir konuyu takdir yetkisinin Anayasa Mahkemesine verilmesi sonucunu doğurur ki anayasa'mızla buna cevaz verilmemiştir.

Anayasa'nın 64/1. maddesinde karar şeklinde kullanılacağı açıklanan bu yetkinin kanun şeklinde kullanılması için şöyle bir zorunluluk bulunduğu ileri sürülmektedir:Anayasa'nın 63. maddesinin ikinci fıkrasında; meclisler anayasa'da gösterilen hallerde birlikte toplanır, ilkesi kabul edilmiştir. Anayasa'nın 64/1.maddesinde ölüm cezalarının yerine getirilmesine karar vermek T. B. M. meclisinin yetkilerin dendir, denildiği halde bu hususta birlikte karar verebilmek için 64. maddede, meclislerin birlikte toplanacakları hakkında bir hüküm bulunmaması meclislerin birlikte çalışmalarına imkân vermemektedir. Bu nedenle meclislerin birlikte çalışabilmelerini sağlamak ve bu yolla kaza-î murakabenin sağlanmasını temin için kanun yapma prosedürüne uymak zorunluluğu meydana çıkmaktadır, denilmektedir. Bu görüş anayasa komisyonu raporunda ve madde gerekçesinde yer almıştır. Her ne kadar anayasa'nın 64/1. maddesinde T. B. M. meclisinin bu konuca karar vermek için birlikte toplanacakları hakkında bir hüküm konmamış ise de, bu durumun meydana getirdiği zorunluluk, aslında karar niteliğinde tanınmış olduğu anayasa'nın bir hükmü ile açıklanan bir yetkiye kanun niteliği tanımaya ve onu anayasa'ya uygunluk denetimine tabi tutmaya sebep olamaz.

Anayasa'nın yukarıda açıklanan prensipleri karşısında, 64. maddeye, bu kararın verilebilmesi için meclislerin birlikte toplanacakları hakkında bir hüküm konulması gerekirdi. Bunun konulmamış olması bir zühul eseri olup yoksa bununla anayasa koyucunun, anayasanın yukarıda açıklanan kesin prensipleri karşı-

özelliklerine uymayacak ve karşımıza usul yönünden, esas yönünden birçok müşküller çıkaracaktır. Ve bizi anayasa'da birçok boşluklarla karşılaştıracaktır. Hâlbuki bunlar arasında birer anayasa boşluğu olmayıp, mücerret anayasa'nın karar niteliğinde kabul ettiği bir yetkinin kanun niteliğinde kabul edilmesinden doğmaktadır. Anayasa bu yetkiyi karar niteliğinde kabul ettiği için, bu yetkinin kanun niteliğinde kabul edileceği düşünülmemiş olduğu için, kanun niteliğinde kabul edilmesi halinde ortaya çıkabilecek müşkülleri halletmeye lüzum görülmemiştir. Mesela anayasa'nın tanıdığı karar yetkisinin kanun niteliğinde kabulü her şeyden evvel bunu anayasa'ya uygunluk denetimine tabi tutacak öbür yandan bunun bir kanun telakki edilmesi sebebiyle anayasa-mahkemesinden karar verilmeden önce kanunun yürürlüğünün durdurulması hususunda Anayasa Mahkemesi karar verme yetkisini haiz bulunmadığına dair, ölüm cezasının yerine getirilmesi halinde Anayasa Mahkemesi'nce verilebilecek kanunun iptali hakkındaki bir kararın tesiri olamayacaktır. İşte bütün bu müşküller karar konusunun niteliğinin kanun özelliklerine uymamasının sonuçlarıdır.

Yukarıdan beri açıklanan nedenlerle, yasama meclislerinin anayasa hükmü ile karar niteliğinde tanınan bu yetkilerini kanun yapma usullerine göre kullanmış ve adına da kanun denilmiş olması bunun karar niteliğini değiştiremez. Karar niteliğindeki bir yetkinin kanun niteliğini alabilmesi ancak bir anayasa hükmü ile açıklanmasına bağlıdır. Anayasa'da böyle bir açıklama bulunmadığına göre karar niteliğindeki bu yetkinin kanun olarak kabulü mümkün değildir. Anayasa'nın 64. maddesi ile yasama meclislerine, ölüm cezalarının yerine getirilmesi konusunda tanınan yetkinin karar şeklinde kullanılacağı emredilmiş binnetice bu konuda kanun yapma yetkisi tanınmamıştır.

Anayasamızda TBMM'nin hangi konularda kanun yapma yetkileri bulunduğu sayılmamış ancak hangi konularda kanun yapma yetkisi bulunmadığı bildirilmiş veya bazı konularda yetkisini karar şeklinde kullanılabileceği açıklanmış ise o konularda kanım yapma yetkisi tanınmamış demektir. Anayasa'nın 4. maddesinin son fıkrasının son cümlesindeki, hiç bir kimse veya organ kaynağını anayasa'dan almayan bir devlet yetkisini kullanamaz, ilkesi karşısında yasama meclisleri, ölüm cezalarının yerine getirilmesi konusunda kendilerine anayasa'ca tanınmamış olan bir kanun yetkisi kullanamayacağından, böyle bir yetkinin kullanılmış olması bunun kanun niteliğinin bir hüküm ifade etmemesini, yok hükmünde olmasını, gerektirir ve binnetice ölüm cezalarının yerine getirilmesi konusundaki yetkinin anayasal niteliği olan karar niteliğinin baki olduğu kanun niteliğinin ise vücut bulmamış, yok hükmünde olduğunun kabulünü zorunlu kılar. Bir misal vermek gerekirse: Sevk edilen bir kanun tasarısı henüz yasama meclislerinde usulüne göre görüşülüp kabul edilmemiş olmasına rağmen yanlışlıkla görüşülüp kabul edildiği zannedilerek diğer merasim tamamlanıp ilân edildiği farz edilse, bu hiç bir zaman kanun niteliğini alamaz, kanun olarak vücut bulduğu kabul edilemez, yok hükmündedir. Keza; anayasa'nın 9. maddesi hükmünce. Devlet şeklinin cumhuriyet olduğu hakkındaki anayasa hükmü değiştirilemez ve değiştirilmesi teklif edilemez. Bu ilkeye rağmen yasama meclislerince devlet şeklinin değiştirilmiş olduğu farz edilse, bu değişmeyi vücut bulmuş telakki etmek mümkün değildir. Yok hükmündedir. Zira anayasa'nın 9. maddesi yasama meclislerine böyle bir yetkiyi kullanamayacaklarını beyan etmiş ve bu anayasa hükmünün değiştirilmeyeceğini, yani daima yürürlükte kalacağım kabul etmiştir.

Bu durumda anayasa'nın 4. maddesinin son fıkrasının son cümlesi hükmü ile yasama meclisleri kendilerine tanınmayan bir yetkiyi kullanmaktan men edilmişlerdir. Buna rağmen yasama meclislerince bu yetkinin kullanması onun vücut bulmamış, yok hükmünde olduğu sonucunu doğurur.

Bu misallerde olduğu gibi anayasa'nın 64/1. maddesi hükmü ile ölüm cezalarının yerine getirilmesi hususunda yasama meclisine karar şeklinde kullanabileceği açıklanan yetkinin kanun şeklinde kullanılmış olması da aynı sonuca tabi olur. Bunun kanun niteliği vücut bulmaz. Anayasal niteliği olan karar niteliğinde olduğunun kabulünü zorunlu kılar.

Burada üzerinde durulması gereken bir husus da şudur: Anayasa hükmünce karar şeklinde kullanılması gereken bu yetkinin kanun şeklinde kullanılmış olması halinde, mademki kanun yapma merasimlerine göre yapılmış ve ilân edilmiştir. Bu kanunun Anayasa Mahkemesince iptali suretiyle, bu aykırılık giderilmiş olur şeklindeki görüş tarzı da yukarıdan beri açıklanan anayasal ilkelere aykırı düştüğü gibi böyle bir görüş tarzı o konuda yetkisi bulunmadığı açık olan bir organın bu tasarrufuna muayyen bir süre için muteber bir tasarruf olma niteliğini kazandırır ki böyle bir sonuç anayasa'ca asla kabul edilmiş değildir. şöyle ki: Anayasa'nın 152. maddesi hükmüne göre, Anayasa Mahkemesince iptal edilen kanun hükümleri, resmî gazete'de yayınlandığı veya Anayasa Mahkemesince kararlaştırılan tarihte yürürlükten kalkar ve Anayasa Mahkemesi kararları geriye, yürümez. Bu prensiplerin sonucu, bir kanun hükmünün iptal edilinceye kadar yürürlükte ve muteber bir kanun hükmü olmasını gerektirir.

İşte anayasa'nın yasama meclislerine karar şeklinde kullanacağını bildirdiği bir yetkiyi yasama meclislerinin yalnız kanun yapma prosedürüne uymak zorunda olduğundan dolayı bu tasarrufunu kanun telakki etmek, buna iptal edilinceye kadar yürürlükte ve muteber bir kanun niteliği tanıyıp buna dayanarak fertlere hak tanımak veya mükellefiyetler yüklemek, anayasa'nın yukarıda belirtilen esaslarına uymaz.

Anayasa Mahkemesi'nce iptali suretiyle anayasa'ya aykırılığın giderilmesi her şeyden önce, anayasa'nın kanun yapma yetkisini tanıdığı konularda bu kanununun anayasa'nın diğer bir hükmüne aykırı olarak düzenlenmiş bulunması halinde düşünülmek gerekir. Yoksa anayasa'nın açıkça kanun yapma yetkisi tanımadığı bir konuda yasama meclisinin kanun yapma yetkisini kullanması halinde buna muteber bir kanun niteliği tanımaya olanak yoktur.

Özetlemek gerekirse, yukarıdan beri açıklanan anayasa prensiplerinin sonucu, ölüm cezalarının yerine getirilmesi hakkında yasama meclisinin tasarrufu, karar niteliğinde olup, anayasa'ya uygunluk denetimine tabi değildir. Anayasa'nın 147. maddesinde ve buna göre hazırlanan Anayasa Mahkemesinin kuruluşu hakkındaki 44 sayılı kanunun 20. maddesinde Anayasa Mahkemesine T. B. M. meclisinin karar niteliğindeki tasarruflarının anayasa'ya uygunluğunu denetleme yetkisi tanınmamış olduğundan davaya bakmak Anayasa Mahkemesinin görevine dâhil değildir. Bu nedenlerle ilk inceleme devresinde verilen, davanın görülmesinin Anayasa Mahkemesinin görevi içinde bulunduğuna ilişkin karara karşıyım.

Üye Şahap Arıç

Sayın Şahap Arıç'ın karşı oy yazısına katılıyorum.

Üye Halit Zarbun

Karşı oy yazısı

Yürürlükteki anayasa'mızın, Türkiye Büyük Millet Meclisinin görev ve yetkilerini genel olarak belirten 64. maddesinde yer alan "..........mahkemelerce verilip kesinleşen ölüm cezalarının yerine getirilmesine karar vermek" yetkisinin ceza ve cezanın yerine getirilmesi hukuku alanlarındaki niteliğini saptamak, varılacak sonuç üzerine doğrudan doğruya etkili olacaktır.

Türk Ceza Kanununun 6123 sayılı kanunla değişik 12. maddesinin üçüncü fıkrasında (......idam cezası hükmolunan kimse hakkında mahkûmiyet ilâmı temyiz mahkemesince tasdik ve Türkiye Büyük Millet Meclisince tasvip edildikten sonra ...... infaz olunur.) denilmiştir. 9/7/-1961 günlü ve 334 sayılı Türkiye Cumhuriyeti anayasa'sından önce yürürlükte bulunan 1924 anayasa'sının, Türkiye Büyük Millet Meclisinin görev ve yetkilerini genel olarak gösteren 26. maddesinde "......mahkemelerden sadır olup katiyet kesp etmiş olan idam hükümlerinin infazı" biçiminde yer alan hükme dayanılarak düzenlenmiş olup, yeni anayasa hükümleri karşısında gözden geçirilmemiş bulunan Türk Ceza Kanunun 12. maddesindeki bu hükme göre, idam cezası hükmolunan kimse hakkındaki mahkûmiyet ilâmı Yargıtay'ca tasdik ve Türkiye Büyük Millet Meclisince tasvip edildikten, yani kesinleşen ölüm cezasının yerine getirilmesine bir kanun konusu yapılmak yolu ile karar verildikten sonra yerine getirilebilir.

Bu hükümlerin karşılaştırılması sonunda görülmektedir ki, yeni anayasa'mız, kesinleşen ölüm cezalarının yerine getirilebilmesi için, bunun bir kararla tasvibini yeter saymamış, yerine getirme kararının bir kanun konusu yapılması esasını öngörmüştür. Nitekim anayasa'nın 64. maddesinin gerekçesinde "yasama organı maddede sözü geçen diğer yetkilerini de kanunlar yapılmak yoluyla kullanacaktır. Gerçekten tasan, her iki meclisin bu müşterek yetkilerine ayrı ayrı nasıl iştirak edeceklerini (kanunların yapılması) başlığı altında düzenlenmiş bulunmaktadır. Bu bakımdan, meselâ eski anayasa rejimimizde meclis karan ile yapılan ölüm cezalarının yerine getirilmesi yeni rejimde bir kanun konusu haline getirilmektedir." denmiş olması, yukarıdaki açıklamayı doğrulamaktadır. hatta, temsilciler meclisinde yapılan ikinci görüşme sırasında komisyon sözcüsü, ".......burada karar vermek tabirinin kullanılmasından maksat 64. maddenin başında kanun koyma halinde olduğu gibi maddî manada bir kanun olmaması sebebiyledir. Aslında genel ve özel af ilânına, kesinleşen ölüm cezalarının infazına bir kanun yolu ile karar verilecektir. Bugün, hukukumuzda şu değişiklik olmaktadır. Bundan evvel idamların infazı bir kararla oluyordu. Şimdi iki meclis olduğuna göre, bu idam infazı bir kanun şeklinde meclislerde müzakere edilip çıkacaktır. Yine ayniyle bunun gibi özel af ilânı da böyle olacaktır. Yani, 64. maddede bahsedilen yetkilerin ve faaliyetlerin hepsi şekli manada her iki mecliste de burada bahsi geçen kanunların müzakeresi usulüne göre yapılacaktır. İlerde, yanlış anlamaları önlemek için huzurunuzda bir defa daha arz etmeyi faydalı buldum." biçiminde yaptığı konuşma ile konuyu daha geniş ölçüde açıklığa kavuşturmuş bulunmaktadır. Bu durum karşısında, Türk Ceza Kanunu'nun ölüm cezasına ilişkin 12. maddesinin konumuzu ilgilendiren üçüncü fıkrasının anayasa'nın 64. maddesi hükmü doğrultusunda anlaşılması gerektiğinden, buradaki tasvip işleminin, artık bir kanunla yapılması zorunluluğu ortaya çıkmakta ve bu bakımdan, olayımızda bu işin biçimsel bir kanun konusu yapılmış bulunması anayasa hükümlerine tüm uygun düşmektedir.

Gerek anayasamızda gerek de diğer yasalarda, Türkiye Büyük Millet Meclisi'nce bir kanun konusu yapılmak yolu ile alınan, kesinleşen ölüm cezalarının yerine getirilmesi kararlarının hukukî niteliğini belli eden bir tanımlamaya ve açıklamaya taşlanmamasına karşılık, öğretide bu kararlar, ölüm cezalarının yerine getirilmesi bakımından bir (yerine getirme koşulu) veya (yerine getirme için tamamlayıcı bir koşul) olarak nitelendirilmektedir.

Eski anayasa'mızın 26. maddesinde Türkiye Büyük Millet Meclisinin yetki ve görevleri sayılırken, bunlar arasında cezaların hafifletilmesi ve değiştirilmesi de gösterilmiş ise de, Türkiye Büyük Millet Meclisinin esasen özel af yetkisi de bulunduğundan, yeni anayasa'mızın 64. maddesinde hafifletmeden ve değiştirmeden ayrıca söz etmeye gerek görmemiş bulunduğu, bu maddenin gerekçesinden anlaşılmaktadır.

Ölüm cezalarının, yerine getirilmesinden önce, Türkiye Büyük Millet Meclisinin incelenmesinden geçirilmesindeki esas amacın, yukarıda ki açıklama karşısında, gerekli gördüğünde sahip olduğu özel af hakkını kullanması ve bu arada bu cezanın değiştirilmesi veya hafifletilmesi olanağının araştırılmasını ve böylece kişinin anayasa'ca tanınan ve ortadan kaldırılması halinde ise bir daha geri getirilmesi artık olanaksız hale girecek olan en önemli temel haklarından bulunan yaşama hakkı için bir ek güvence sağlamak olduğu meydana çıkmaktadır. Çünkü anayasamızın 7. maddesi ile 132. maddesinin ikinci fıkrası uyarınca, kesinleşen mahkeme kararlarının yerine getirilmeleri asıl olduğundan, ölüm cezalan hakkında böyle ayrık bir koşulun da konulması, başka bir biçimde yorumlanamaz.

Diğer yönden ölüm cezasının yerine getirilmesine ilişkin kararlar Türkiye Büyük Millet Meclisi'nce biçimsel bir kanuna konu yapılmak yolu ile alınmakta bulunduğuna ve bu davanın konusu olayda dahi bu yolda hareket edildiğine göre yapılan iptal talebi üzerine Anayasa Mahkemesince kendisine gelen işin esasının incelenmesine karar verilmiş bulunması karşısında, söz konusu ölüm cezalarının yerine getirilme olanağı şimdilik ortadan kalkmış oluyor demektir. Çünkü gerek anayasa'nın 64. maddesinde ve gerek Türk Ceza Kanununun 12. maddesinin üçüncü fıkrasında, öngörülen, yerine getirme kararından ibaret yerine getirme koşulunun gerçekleşip gerçekleşmeyeceği kuşkulu bir duruma girmiştir. Türkiye Büyük Millet Meclisi'nce alınan yerine getirme kararını kapsayan kanun Anayasa Mahkemesince iptal edilebilir veya iptal istemi ret olunabilir. Sonuç ret çıktığı takdirde sakıncalı bir sorun doğamaz. Fakat kanun iptal edildiği takdirde, o zamana kadar yerine getirilmemiş olan ölüm cezasının, artık yerine getirme koşulu ortadan kalkmış olacağından, yeni bir karar alınıncaya kadar yerine getirilmesine hukuken olanak düşünülemez. Bir an için cezanın iptal kararından önce yerine getirilmiş olduğunu varsayarsak, yasama organının tekrar ne yolda karar bacağı önceden kestirilemeyeceğinden, ortaya, geriye getirilmesi kabil olmayan bir sonuç çıkabilir. Böyle bir sonuç ise anayasamızın ruhu ve kişinin hakları konusunda koyduğu ilkelerle olduğu gibi, ayrıca tanıdığı insan hakları ve hukukun üstünlüğü ilkeleriyle de bağdaşamaz.

Gerçekten anayasamız 2. maddesinde, cumhuriyetimizin niteliklerini (insan haklarına ve başlangıçta belirtilen temel ilkelere dayanan, millî demokratik, laik ve sosyal bir hukuk devleti) diye tanımlamış bulunmaktadır. Burada sözü geçen anayasamızın başlangıç bölümünün beşinci fıkrasında, anayasamızın, "insan hak ve hürriyetlerini, millî dayanışmayı, sosyal adaleti, ferdin ve toplumun huzur ve refahını gerçekleştirmeyi ve teminat altına almayı mümkün kılacak demokratik hukuk devletini bütün hukukî ve sosyal temelleri ile kurmak için" hazırlandığı belirtilmiştir.

Var olan bir hukuk ve kanun yoluna başvurulmuş olması nedeni ile, kesinleşen bir ölüm cezasının yerine getirilmesini öngören kanunun uygulanmasının durdurulması, nitelikleri yukarıda gösterilen bir demokratik hukuk devletinin anayasasında kişinin temel hakları arasında yer alan yaşama hakkının olağan ve hatta zorunlu bir sonucu olmaktadır.

Anayasamızda ise açılan iptal davaları üzerine, iptali istenen yasa hükmünün uygulanmasının durdurulmasına Anayasa Mahkemesi'nce karar verilebileceğine ilişkin bir hüküm yer almamıştır. Bu nedenledir ki, maddî anlamdaki, yani genel ve objektif kurallar koyan kanunlar hakkında böyle bir görev ve yetkinin varlığı söz konusu edilmeyeceği kuşkusuz olduğu gibi, biçimsel anlamdaki yasalar hakkında ise, Anayasa Mahkemesinin, kendisine açılan davada iptali istenen yasa kuralının uygulanmasını bazı özel ayrık hallerde durdurmaya karar verme görev ve yetkisinin var olduğunu kabul etmek gereklidir.

Bu konuda öğretideki henüz tam bir doğrultu ye açıklık kazanmamış tartışmalara girmeden denilebilir ki, anayasamızda aynı konuda engelleyici veya yasaklayıcı bir hüküm de yer almamış olması nedeni ile. Anayasamızın her zaman ve her şeyden önce göz önünde tutulması ve uyulması gereken demokratik hukuk devleti niteliğine ve koyduğu veya tanıdığı temel hukuk ilkelerine dayanılarak ve anayasanın 151. maddesindeki itiraz yolu ile gelen işlerde davanın ve dolayısıyla uygulamanın durdurulması kuralı da göz önüne alınarak biçimsel yasaların konuları bakımından, yerine getirilmeleri halinde artık geriye dönüşü olmayan kişisel bir sonuç doğurmaları olasılığı varsa, bunların uygulanmalarının bir süre durdurulmasına karar verme görev ve yetkisinin, Anayasa Mahkemesinin görev ve yetkileri içinde esasen var olduğunu kabul zorunlu olmaktadır. Kaldı ki, bir yasanın anayasaya aykırılığı nedeni ile iptal edilmesi gibi çok geniş bir yetkiyi Anayasa Mahkemesine tanıyan anayasamızın daha hafif sonuçlar doğuracak olan, iptali dava edilen yasa kuralının uygulanmasını, belli ve ayrık hallerde, bir süre için erteleme yetkisinin öncelik tanınmış olduğunun kabulü gerekmektedir. Çünkü az aksini gerektiren bir hüküm ve neden olmadıkça, bütünleştirdiği çoğun içinde her zaman vardır.

Anayasamızın özellikle sözü ile sustuğu ve fakat özü ile çözdüğü veya uygun bulduğu bu konudaki sorunu içtihat yolu ile de bir sonuca bağlamak, Anayasa Mahkemesinin görevleri arasındadır. Yargısal uygulamaların tümünde, içtihatlarda birlik ve kararlılığın korunması temel olmakla beraber, diğer yönden içtihatların kalınlaşarak, toplum ve insan yaşantısının oluşum ve gelişiminin doğurduğu ihtiyaçları izlemesi gereken hukuk anlayış ve kurallarının dondurulmasına yol açmaması ve dolayısıyla hukukun, çağın gittikçe deşicin gelişen gerekçelerini yakından izleyerek çağdaş uygar memleketlerdeki ölçü ve yükseklikte oluşup ilerlemesini engelleyici bulunmaması ilkesi de vardır. O halde, yasalarda boşluk olan yerlerde, hukukun üstün kuralları, bütün tarihsel gelişim ve oluşum evre ve aşamalarda geçtiği üzere, mahkemelerin, vicdanî kanıları ile oluşacak olan içtihatlarında uygulama yeri bulmalıdır.

Yeni anayasa düzenimizin kuralsız bıraktığı, bu alandaki boşluk içtihat yolu ile doldurulurken, Anayasa Mahkemesinin, anayasadan gelen anayasa'ya uygunluk denetiminden ibaret görevine engel olunmaması asıl bulunmaktadır. Bu yazımızda açıklanan konu ve hallerde yürütmenin, yani uygulamanın bir süre için durdurulmasına karar verilmesi bir usul sorunudur. Gerek anayasa ve gerekse Anayasa Mahkemesinin kuruluşu ve yargılama usulleri hakkındaki kanun, Anayasa Mahkemesinin anayasaya uygunluk denetiminde uygulanacak usuller yönünden tüm konuları kapsayıcı bir düzenleme getirmemiştir. Yasa koyucu tarafından böyle bir yol seçilmesinin nedeni ise, 44 sayılı kanunun gerekçesinde de belirtildiği üzere, kurulan Anayasa Mahkemesi'nin niteliği itibariyle, karşılaşacağı usul sorunlarını genel ve temel esaslar sayesinde içtihat yolu ile kolaylıkla çözebileceğinin kabul edilmiş olmasıdır. (Millet Meclisi tutanak dergisi cilt: 4, sıra sayısı: 54, sayfa: 2.)

Diğer yönden yukarı ki gerekçe ve düşünce, 44 sayılı kanunla ilgili olarak, Cumhuriyet Senatosu anayasa ve adalet komisyonları ile bütçe komisyonundan müteşekkil karma komisyonunun hazırladığı 15/4/1962 günlü, 1/37-5 sayılı raporun 6. maddesinde aynen "anayasamız, Anayasa Mahkemesince uygulanacak usul bakımından münferit bazı esaslar koymakla yetinmiş ve diğer esasları kanuna bırakmıştır. bu sebeple tasarı metninde usul hükümlerine oldukça geniş bir yer verme ihtiyacı duyulmuş ve hüküm sevk olunmayan hususların da içtihada terk edilmesi uygun görülmüştür." biçiminde tekrar edilmiş bulunmaktadır. (Cumhuriyet Senatosu tutanak dergisi cilt: 3 sıra sayısı: 51. sayfa: 2.)

Demek ki, Anayasa Mahkemesi, yargısal bir görev veya işlem yapılırken, gerek anayasada. Gerekse 44 sayılı kanunda yer alan usul hükümlerini, kamu düzenine ilişkin olmaları nedeniyle her şeyden önce ve kendiliğinden göz önünde tutmak zorunluluğunda olduğu gibi, açıklık bulunmayan hallerde de, karşılaşacağı usul sorunlarını içtihat yoluyla çözmesi aynı nedenle zorunlu olmaktadır. Yani, Anayasa Mahkemesi, boşluk olan hallerde karşılaşacağı her usul sorununu kesinkes çözerek bir sonuç doğuracak karara varmakla yükümlüdür.

"Ceza ve infaz usulü hükümleri, anayasamızın 136. maddesi uyarınca, anayasanın ruhu ile temel ilkelerine ve buyurucu ve yasaklayıcı veyahut sınırlayıcı bir hükmüne aykırı olmamak kaydı ile genel veya usul yasalarında veya diğer yasalarda yer alabilir. Ceza ve infaz usulü yasalarında veya diğer yasalarda infazın durdurulması konusu ile ilgili olarak yer alan hükümlere göre, yukarıda işaret edilen hukuki neden karşısında, ölüm cezasının yerine getirilmesinin Anayasa Mahkemesince iptal davasında verilecek kararın resmî gazete'de ilânına kadar durdurulmasına ilgili yerlerce karar verilmesi olanağı vardır. Ancak, böyle bir olanağın varlığı, Anayasa Mahkemesinin bu konuda karar verme yetkisini ortadan kaldırmaz. Çünkü, sözü geçen yerlerce, yerine getirmenin geriye bırakılmaması halinde, Anayasa Mahkemesinin yasaların anayasaya uygunluk denetimini yapması görev ve yetkisi, bu yasa hakkında önlenmiş demektir. Anayasanın 8. maddesinin "kanunlar anayasaya aykırı olamaz. Anayasa, hükümleri, yasama, yürütme ve yargı organlarını, idare makamlarını ve kişileri bağlayan temel hukuk kurallarıdır." şeklindeki hükmü karşısında, anayasa hükümlerinin üstün tutulması zorunlu bulunmaktadır. O halde, yasaların anayasaya uygunlusunun denetimine ilişkin anayasa kurallarından doğan bir yetki ve görevin diğer yasa kurallarınca önlenmesi düşünülemez.

Kaldı ki, Anayasa Mahkemesi de, iptal davalarında yargısal bir çalışma yanmaktadır. bu bakımdan her mahkeme gibi onun da yargı yetki ve görevinin kapsamı içinde gerekli tedbirleri alma yetkisi vardır. bu nedenle kendisine açılan bir davada iptali istenen biçimsel bir yasa hükmünün, iptal davasının sonuçlandırılmasından önce uygulanması, geriye getirilmesi olanaksız kişisel bir sonucun doğmasını gerektiriyorsa, böyle bir halde, durumun olduğu gibi korunması hukukça zorunlu olacağından, bir yargısal tedbir olarak uygulamanın durdurulmasına karar verilmesi gerektiğinin kabulü de zorunlu olmaktadır.

Yargılama yerlerinin yargısal görev yaptıkları sırada, somut olaylara uygun ve ayrıca yerine getirilebilir bir hüküm kurulabilmek için zorunlu olan ve yargılamayı, olasılığı bulunan gelişmeler nedeniyle tehlikeye uğratmaktan koruyan bir çeşit yargılama araçlarına öğretide koruma tedbirleri denilmektedir. genel olarak, olayın, meydana geldiği zamandaki durumunu bir çok bakımlardan olduğu gibi yaşatmaya, yani, korumaya yarayan., (koruyucu) ve hüküm zamanındaki durumun dahi hukuksal değerini sürdürmeyi amaç güden (önleyici) diye iki bölümde toplanabilen bu tedbirlere, gerek kişi hakları, gerekse kamu düzen ve yaran yönlerinden zorunluluk görüldüğünden, bütün ileri ve uygar memleketlerde olduğu gibi memleketimiz usul yasa ve hükümlerinde de yer verilmiş bulunmaktadır.

Yargılama usulleri yönünden sadece bir araç ve dolayısıyla geçici nitelikte olan bu tedbirler, gecikme ve değişmeleri önlemek ve ayrıca, gerek kişi hakları, gerekse kamu düzen ve yararı yönlerinden haklı görünmek gibi iki temelli koşulun gerçekleşmesi hallerinde uygulanmaktadırlar. Yine bu tedbirler, davalarla yargısal işlemlerde taraf olan veya üçüncü kişiler için, geçici olmakla beraber, aleyhte veya lehte görünebilirler. Ancak, her iki halde dahi amaçları aynı bulunmaktadır.

Anayasa Mahkemesinin iptal davalarının görülmesi sırasında yaptığı görev bir yargılama çalışmasından ibaret bulunduğuna göre, sonunda yerine getirilebilir bir hüküm konulabilmesi, yani anayasaca verilmiş bulunan anayasaya uygunluk denetimi görevini yerine getirebilmesi için, dava konusu yasa kuralı ile ilgili kişisel durumun olduğu gibi korunması zorunlu olabilir. Konumuzda görüldüğü üzere, iptali istenilen yasa hükümlerinin iptal davasının sonuçlanmasından önce ilgili yerlerce uygulanması halinde, Anayasa Mahkemesince verilecek bir iptal kararının artık sonuç doğurması olanağı ortadan kalkmış olacağından, burada kişisel durumun olduğu biçimde korunması için, uygulamanın geçici bir süre durdurulması tedbirinin alınmasında haklı bir neden var demektir.

Anayasa Mahkemesinin böyle bir halde uygulamanın durdurulmasına karar vermesi, kendisi ile ceza ve infaz usulü yasalarına göre bu konuda karar vermekle yetkili ve görevli yerler arasında bir yetki ve görev çatışması durumunu da yaratamaz. Çünkü her iki tarafın yargısal çalışma alanları ayrıdır. Ve böyle bir uygulama, hiç bir halde sakıncalı bir sonucun dogmasını gerektiremez. Diğer yargı yerlerinin uygulamayı, Anayasa Mahkemesi kararma kadar geciktirmelerinin sakıncalı bir durum yaratmayacağı ortadadır. Aslında, Anayasa Mahkemesince uygulamanın durdurulmasına karar verilmesi halinde, diğer yerlerce aksine karar verilmesi de söz konusu edilemez. çünkü. Anayasa Mahkemesinin yetki ve görevleri, üstün kural olan anayasa hükümlerinin hâkim kılınması için verilmiştir. o halde her biri bağlayıcı olan bu üstün hükümler, en önde göz önünde tutularak uygulaması gerekir.

Yukarı ki nedenlerle ilk inceleme sırasında verilen kararın, yürütmenin durdurulması isteminin reddine ilişkin 3. bendine karşıyız.

Üye Recai Seçkin
Üye Kani Vrana
Üye Şevket Müftügil

Karşı oy yazısı

1- İlk incelemede gündem sorunu

Bu işe ilişkin ilk inceleme gündemi 25 Mart 1972 günü, konuya ilişkin ilk inceleme raporu ile birlikte dağıtılmış, bu gündem çağrısında görüşmenin 27 Mart 1972 Pazartesi saat 10 da yapılacağı gösterilmiş ve bu tarihte de konunun ilk incelemesi yapılmıştır.

Şu suretle gündemin dağıtıldığı gün ile ilk incelemenin yapıldığı gün arasında, dağıtım günü sayılmazsa, sadece bir tam işgünü kalmaktadır.

Anayasa Mahkemesi içtüzüğünün (müşterek hükümler) başlıklı yedinci bölümünde yer alan 33. maddesi (gündemler) e ilişkin olup aşağıdaki hükümleri taşımaktadır:

(madde 33- Toplantıların gününü belli etmek ve gündemi düzenlemek başkanlığa aittir. Gerektiğinde belli işlerin gündeme alınmasına mahkemece de karar verilebilir.

Gündem, toplantı gününden en az on gün önce asıl ve yedek üyelere dağıtılır. acele hallerde bu süre, mahkemece kısaltılabilir...........)

Görüldüğü gibi madde hükmü açık olup gündemin toplantı gününden en az on gün önce üyelere dağıtılması gerekmektedir. Acele hallerde mahkeme kararıyla bu süre kısaltılabilir.

Bu dosyanın konusu bir iptal davasıdır. Buna göre, Anayasa Mahkemesi kuruluşu ve yargılama usulü hakkındaki kanunun 26. maddesinin dördüncü fıkrası gereğince Anayasa Mahkemesi, dava dilekçesinde eksiklik bulunup bulunmadığını, dilekçenin kayıt tarihinden itibaren on gün içinde inceleyerek eksik varsa tamamlanmasını ilgililere tebliğ etmek zorundadır.

Şu duruma ve ilk incelemelere ilişkin gündem sorununu da kapsayan, içtüzüğün 33. maddesi hükmüne göre on günlük gündem süresinin kısaltılmasını gerektiren acele bir hal karşısında bulunduğu görülmektedir.

Bu nedenlerle mahkememizin 44 sayılı kanunun 26. maddesindeki müddeti saklı tutacak surette gündem süresini kısaltıcı bir karar alması gerekmektedir.

Kaldı ki iptal davasını açan, ayrıca yürütmenin durdurulmasına da karar verilmesini istemiştir. Bu bakımdan ilk incelemenin acele yapılarak bu istem hakkında bir karar verilmesinin gerekmiş olması da içtüzüğünü, maddesindeki (acele hal) hükmünün uygulanması için, ayrıca, yeter bir neden teşkil etmektedir.

Durum bundan ibaret iken içtüzüğün 33. maddesinin 44 sayılı kanunun 26. maddesine uymadığı yolunda bir yorum yapılarak söz konusu içtüzük maddesinin işlemeyeceği sonucunun çıkarılmasında isabet görmemekteyim.

Bu nedenle kararın konuya ilişkin bölümüne karşıyım.

2- Esasın incelenmesine ilişkin gündemin düzenlenmesi sorunu:

İlk incelemesi 27 Mart 1972 günü yapılan bu işe ait esas inceleme raporu, 30 Mart 1972 günü dağıtılmış ve aynı gün başkanlıkça dağıtılan bir (gündem) ile de (işin ivediliği nedeniyle içtüzükte belirtilen sürelerin kısaltılması yolu ile gündemin kurulca saptanmasına ilişkin görüşme) için mahkeme heyeti 31 Mart 1972 cuma günü saat 14.30'daki toplantıya çağrılmıştır.

Konu, üç kişi hakkında yetkili mahkemece verilmiş olan ölüm cezalarının yerine getirilmesine ilişkin bir kanunun anayasa'ya aykırı olduğu öne sürülerek açılmış bir iptal davasıdır.

Suçluların kimliği ve suçlarının mahiyeti ne olursa olsun, şayet öne sürüldüğü gibi anayasa'ya aykırılık mevcutsa söz konusu kanun iptal olunacağından ölüm cezaları da yerine getirilemeyecektir. kişi hayatı bakımından bu derece önemli ve işlenecek ufak bir yanlışlığın bile bir daha düzeltilmesi mümkün olmayan böyle bir işte (ivedilikten) söz etmek mümkün değildir.

Aksine bu nitelikteki işlerde, kanun ve tüzüklerdeki müddetlerin sonuna kadar inceleme ve araştırmanın sürdürülmesi, hiç bir şekilde müddetlerin kısaltılmasına olanak veren hükümlerden yararlanmanın düşünülmemesi doğru olur.

Bu nedenlerle esasın incelenmesine ilişkin sürelerin kısaltılması kararlarına karşıyım.

3- Esas inceleme raporunun dağıtım müddeti sorunu:

Anayasa Mahkemesi içtüzüğünün esasın incelenmesine ilişkin 16. maddesinin birinci fıkrasının son cümlesinde raportörlerce hazırlanan esas inceleme raporlarının bir örneğinin gündemin dağıtılmasından en az on gün önce üyelere verileceği hükmü yer almaktadır.

Tüzükte, bu müddeti kısaltma konusunda hiç bir makama yetki verilmemiştir.

Yukarıda da belirtildiği gibi konuya ilişkin esas inceleme raporu 31 Mart 1972 gününde dağıtıldığına göre, gündem süresinin kısaltılmasına ilişkin içtüzüğün 33. maddesi uygulanarak süreler kısaltılsa bile, raporların üyelerce gereği gibi incelenmesine imkân bırakmak için içtüzüğün 16. maddesi ile kabul edilmiş olan on günlük sürenin hiç bir şekilde kısaltılması söz konusu olamayacağından esas incelemenin 31 Mart 1972 den on gün geçmedikçe, yani 11 Nisan 1972 den önce yapılması mümkün değildir.

Bu nedeni davanın esasının 6 Nisan 1972 gününde incelenmiş olması da içtüzük hükümlerine aykırı bulunmaktadır.

4- Yürütmenin durdurulmasına karar verme sorunu:

Anayasa'nın 148. maddesinde Anayasa Mahkemesinin uygulayacağı yargılama usullerinden söz edilmektedir.

Bu maddede: (Anayasa Mahkemesi, yüce divan sıfatıyla baktığı davalar dışındaki işleri, dosya üzerinde inceler. Ancak gerekli gördüğü hallerde sözlü açıklamalarını dinlemek üzere ilgilileri çağırır.) Şeklindeki iki usul hükmü dışında Anayasa Mahkemesinin yargılama usullerinin kanunla düzenleneceği kuralı konulmuş bulunmaktadır.

Anayasa Mahkemesinin kuruluşu ve yargılama usulleri hakkındaki 22/4/1962 günlü ve 44 sayılı kanunda, mahkemenin, yüce divan sıfatı ile görev yaparken yürürlükteki kanunlara göre (madde: 34). Parti kapatma davalarına bakarken de ceza muhakemeleri usulü kanununa göre (madde: 32) yargılama yapacağı gösterilmiş, anayasa'ya uygunluk denetimine ilişkin iptal davalarında ve itiraz yoluna başvurmalarda uygulanacağı bir kısım, usul hükümleri de ayrıca düzenlenmiştir.

Bunların dışında genel hükümlere göre öteki yargı organlarınca uygulanan usullere ve tedbirlere ilişkin hükümlere, örneğin yürütmenin dur durulmasına, Anayasa Mahkemesince de gerektiğinde başvurulabileceği hakkında kanunda açık bir gönderme yapılmadığı gibi bunu yasaklayıcı bir hüküm de konulmamıştır.

Şu duruma göre konunun çözümü, Anayasa Mahkemesinin görevinin niteliğinin değerlendirilmesine ve anayasa'nın bu mahkemeyi kurmakla gözetmiş olduğu amacın tayinine bağlı kalmaktadır.

Anayasa Mahkemesi; yasaların anayasa'ya uygunluğunu denetleme, anayasa'ya aykırı yasaların yurttaşlara uygulanmasını önlemek suretiyle anayasa'nın üstünlüğü ilkesini yurt düzeyinde hâkim kılma ve kişilerin anayasanın tam himayesi altında bulundurulmalarını sağlama amacı ile kurulmuş olup bu görevlerin gereği gibi yerine getirilebilmesi için daima bu amaçların göz önünde bulundurulması ve bunlara ulaşmak için kendi kanununda düzenlenen usullerin veya öteki yargı usul kanunlarında mahkemelere verilmiş olan yetkilerin kullanılması zorunludur. Diğer bir deyimle anayasa'nın üstünlüğünü sağlamak için başvurulmasında zorunluluk gördüğü bütün usul kurallarını uygulaması, Anayasa Mahkemesinin görevlerinin tabii bir sonucudur.

Buna göre bir iptal davasına bakılırken veya bir mahkemece yapılan itiraz incelenirken anayasa'nın üstünlüğü prensibi zorunlu kılarsa, yani kanunun uygulanmasının durdurulmaması halinde geri dönülmesi mümkün olmayacak biçimde anayasa'ya aykırılık halinin meydana geleceği belli ise Anayasa Mahkemesi, kesin karara kadar yürütmeyi durdurma kararı verebilir, hatta böyle bir kararı vermekle yükümlüdür. Zira bu yolda karar vermediği takdirde kişileri anayasa himayesinden yoksun bırakmış olur, buna da yetkili değildir. Aksine bu himayeyi sağlamakla görevlidir.

Esasen anayasamızda bu fikrin, itiraz yoluna başvurma halinde kendiliğinden uygulama alanı bulduğu da görülmektedir:

Gerçekten anayasa'nın 1488 sayılı kanunla değişen 151. maddesinde:

(Bir davaya bakmakta olan mahkeme, uygulanacak bir kanunun hükümlerini anayasa'ya aykırı görürse veya taraflardan birinin ileri sürdüğü aykırılık iddiasının ciddi olduğu kanısına varırsa, Anayasa Mahkemesinin bu konuda vereceği karara kadar davayı geri bırakır.) denilmektedir.

Madde hükmü açıktır:

Anayasaya aykırılık ihtimalinin ciddi bir görünüm alması halinde, açılmış olan dava geri bırakılmakta, yani o davanın tarafları hakkında söz konusu kanun hükmünün uygulanması, Anayasa Mahkemesince karar verilinceye kadar durdurulmaktadır.

Madde hükmü anayasa'nın üstünlüğü prensibinin doğal sonucudur. Bu suretle kişi, anayasa'ya aykırı bir kanunun uygulanmasından korunmakta ve anayasa'nın himayesi altına alınmaktadır.

İtiraz yolu için anayasa'da öngörülen bu hükmün benzerine, iptal davaları bölümünde yer verilmemiş olması, genel olarak bu davaların konularının belli kişi veya kişiler olmayıp kanunlardan ibaret bulunması, yani genel ve objektif nitelikte olmasıdır. Bu bakımdan sorunun bu görüntüsüne bakarak anayasa'ya ve Anayasa Mahkemesinin kurulmasına hâkim olan ve yukarıda açıklanan esas fikre iptal davaları alanında değer ve yer verilmemiş olduğu şeklinde bir sonuç çıkarmak doğru değildir.

Bu dosyada olduğu gibi iptal davasının konusu da, belli kişi veya kişiler hakkında anayasa'nın üstünlüğü prensibinin ve anayasa himayesinin sağlanması olursa 151. maddeye kıyasla, kanunun o kişiler hakkında uygulanması, Anayasa Mahkemesince, kesin karar verilinceye kadar durdurulmalıdır.

Bu yolda karar vermeğe Anayasa Mahkemesi bir bakıma da yükümlüdür. Zira yürütmenin durdurulması kararı verilmediği müddetçe usulünce yürürlüğe girmiş bulunan bir kanunun – uygulanmasının her an mümkün olduğu öne sürülebilir. Gerçi hakkında iptal davası açılmış olan bu nitelikteki bir kanunun dava sonuna kadar uygulanması gerekirse de şekli usul kurallarına dayanarak iptal davasının sonucu beklenilmeden kanunun uygulanması karşısında kalınabilir.

Bu dosyanın konusu olan kanun, üç kişi hakkındaki ölüm cezalarının yerine getirilmesine ilişkin olduğuna ve kanun hükmü yerine getirildikten sonra kanunun anayasa'ya aykırı görülmesi halinde iptal edilmesi de zorunlu bulunduğuna göre, artık yaşamaya geri döndürülemeyecek durumda olacak bu kişiler, Anayasa Mahkemesinin tutumu sonucunda anayasa himayesinden yoksun kalmış olurlar ve anayasa'ya göre kesin ve herkesi bağlayıcı nitelikte olan Anayasa Mahkemesi kararı da uygulama olanağını yitirmiş bir belge olarak kalır.

Bu nedenlerle davacının istemine uyularak Anayasa Mahkemesi kesin kararını verinceye kadar söz konusu 1576 sayılı kanunun uygulanmasının durdurulmasına karar verilmelidir.

Kararın konuya ilişkin bölümüne bu düşünce ile karşıyım.

Üye Muhittin Gürün

***

Yaşanan hiçbir gelişme, yapılan hiçbir eylem, açılan hiçbir dava sonuç vermedi ve Deniz'ler TBMM'de yapılan oylama sonucunda, kana susayanların dermanı oldu...

Oylamaya katılıp oy kullananlar ve katılmayanları kitabın son bölümünde yazmakta amaç herhangi bir isimi hedef haline getirmek değil, hayatta ise olurda bu sayfaları tesadüfen karıştırırsa ismini görmesini istememdir.

İsmi kitaplarda geçen büyük insan olmanın gururunu yaşasınlar istedim!

Deniz Gezmiş, Yusuf Aslan ve Hüseyin İnan'ın Ölüm Cezalarının Yerine Getirilmesine Dair Kanun Tasarısına İlişkin Yapılan Oylama Sonucu:

Üye Sayısı: 450
Oy Verenler: 323
Kabul Edenler: 273
Reddedenler: 48
Çekimserler: 2
Oylamaya Katılmayanlar: 118
Açık Üyelikler: 9

Kabul Edenler

ADANA: Cevdet Akçalı, Fazıl Güleç, M. Selahattin Kılıç, Melih Kemal Küçüktepepınar, Ali Cavit Oral, Emir H. Postacı, Kemal Satır, Ahmet Topaloğlu, Turgut Topaloğlu, Alpaslan Türkeş, Hüsamettin Uslu.

ADIYAMAN: M. Zeki Adıyaman, Ali Avni Turanlı

AFYON KARAHİSAR: Hasan Dinçer, Hamdi Hamamcıoğlu, Ali İhsan Ulubahşi, Kazım Uysal

AMASYA: Yavuz Acar, Salih Aygün

ANKARA: Orhan Alp, Oğuz Aygün, Musa Kazım, Coşkun, Orhan Eren, İ. Sıtkı Hatipoğlu, Mustafa Maden, H. Turgut, Toker, Aydın Yalçın, Ferhat Nuri Yıldırım, Şerafettin Yıldırım, Mustafa Kemal Yılmaz

ANTALYA: Hasan Akçalıoğlu, İhsan Ataöv, Süleyman Çiloğlu, Ömer Eken, Rafet Eker, Hasan Ali Gülcan

ARTVİN: Mustafa Rona

AYDIN: Nahit Menteşe, İsmet Sezgin, Fikret Turhangil

BALIKESİR: İbrahim Aytaç, Cihat Bilgehan, M. Şükrü Çavdaroğlu, Kemal Erdem, Ahmet İhsan Kırımlı, M. Nurettin Sandıkçıoğlu, Osman Tarı

BİLECİK: Şadi Binay

BİNGÖL: Mehmet Sddık Aydar, Mehmet Bilgin

BOLU: Nihat Bayramoğlu, Halil İbrahim Cop, Ahmet Çakmak, M. Şükrü Kıyıkoğlu

BURDUR: A. Mukadder Çiloğlu, Mehmet Özbey

BURSA: Cemal Külahlı, Barlas Küntay, Ertuğrul Mat, Kasım Önadım, Mustafa Tayyar, Mehmet Turgut, Ahmet Türkel

ÇANAKKALE: E. Kemal Bağcıoğlu, Zekiye Gülsen, Mesut Hulki Önür, Refet Sezgin

ÇANKIRI: Nurettin Ok

ÇORUM: Yakup Çağlayan, Kemal Demirer, Abdurrahman Güler, İhsan Tombuş, Arslan Topçubaşı

DENİZLİ: Sami Arslan, Mehmet Emin Durul, Hasan Korkmazcan, Ali Uslu

DİYARBAKIR: Hasan Değer, Behzat Eğilli, Abdüllatif Esarioğlu, Necmettin Gönenç, Sabahattin Savcı, Nazif Yıldırım

EDİRNE: İlhami Ertem

ELAZIĞ: Samet Güldoğan, Hayrettin Hanağası

ERZİNCAN: Hüsamettin Atabeyli

ERZURUM: Sabahattin Aras, Turhan Bilgin, Rasim Cinisli, Rıfkı Danışman, Naci Gacıroğlu, Cevat Önder

ESKİŞEHİR: Mehmet İsmet Angı, Şevket Absuzoğlu, Orhan Oğuz, Seyfi Öztürk, M. Şemsettin Sönmez

GAZİANTEP: Ali İhsan Göğüş, İ. Hüseyin İnceoğlu, Mehmet Kılıç, Erdem Ocak, Mehmet Lütfi Söylemez

GİRESUN: Mustafa Kemal Çilesiz, Nizamettin Erkmen, Hidayet İpek, Abdullah İzmen, İ. Kayhan Naiboğlu, E. Emin Turgutalp

GÜMÜŞHANE: Necati Alp, Mustafa Kahraman, Nurettin Özdemir, Ekrem Saatçi

HATAY: Halil Akgöl, Talat Köseoğlu, Hüsnü Özkan, Ali Yılmaz

ISPARTA: Ali İhsan Balım, Süleyman Demirel, Yusuf uysal

İÇEL: Mazhar Arıkan, Kadir Çetin, Cavit Okyayuz, Turhan Özgüner

İSTANBUL: İbrahim Abak, İsmail Arar, Sadettin Bilgiç, Ferruh Bozbeyli, İlhan Egemen Darendelioğlu, Tekin Erer, Nuri Eroğan, Orhan Cemal Fersoy, Hasan Güngör, Mustafa Fevzi Güngör, A. Şeref Laç, Osman Özer, Akgün Silivrili, İsmail Hakkı Tekinel, Naime İkbal Tokgöz, A. Turgut Topaloğlu, Hasan Türkay, Mehmet Yardımcı

İZMİR: Şevket Adalan, Mustafa Akan, Şükrü Akkan, Muzaffer Fazlı Arınç, Burhanettin Asutay, Münir Daldal, Ali Naili Erdem, İhsan Gürşan, Nihad Kürşad, Akın Özdemir, Orhan Demir Sorguç

KARS: Latif Aküzüm, İsmail Hakkı Alaca, Mustafa Doğan, Kemal Kaya, Veyis Koçulu, Osman Yeltekin

KASTAMONU: Orhan Deniz, Sabri Keskin, Mustafa Topçular, Hasan Tosyalı

KAYSERİ: M. Şevket Doğan, Turhan Feyzioğlu, Hayrettin Nakiboğlu, Vedat Ali Özkan, Enver Turgut, Mehmet Türkmenoğlu

KIRKLARELİ: Mehmet Atagün, Feyzullah Çarıkçı, Hasan Korkut

KIRŞEHİR: Cevat Eroğlu, Mustafa Kemal Güneş

KOCAELİ: Cevat Ademoğlu, Vehbi Engiz, Sabri Yahşi

KONYA: İrfan, Baran, Bahri Dağdaş, Mustafa Kubilay İmer, İhsan Kabadayı, Necati Kalaycıoğlu, Etem Kılıçoğlu, Baha Müderrisoğlu, Tahsin Yılmaz Öztuna, Faruk Sükan, Vefa Tanır

KÜTAHYA: Ahmet Fuat Azmioğlu, Ali Erbek, Mesut Erez, İlhan Aksoy

MALATYA: Ahmet Karaaslan, İsmail Hakkı Şengüler

MANİSA: Ertuğrul Akça, Mustafa Orhan Daut, C. Selçuk Gümüşpala, Hilmi Okçu, Vehbi Sınmaz, Kamil Şahinoğlu, Önal Şakar

MARAŞ: Atilla İmamoğlu, Veysi Kadıoğlu, M. Zekeriya Kürşad

MARDİN: Esat Kemal Aybar, Abdülkadir Kermoğlu, Abdülkadir Özmen, Abdürrahim Türk

MUĞLA: Adnan Akarca, Mualla Akarca, Ahmet Buldanlı, İzzet Oktay

MUŞ: Nimet Ağaoğlu, Kasım Emre

NEVŞEHİR: Hüsamettin Başer, Esat Kıratlıoğlu

NİĞDE: M. Naci Çerezci, H. Avni Kavurmacıoğlu, M. Nuri Domanoğlu, Haydar Özalp

ORDU: Ata Bodur, Cengiz Ekinci, Hamdi Mağden, Kemal Şensoy

RİZE: Erol Akçal, Hasan Basri Albayrak, Salih Zeki Köseoğlu

ıri Bayar, Yaşar Bir, Güngör Hun, M.

at Asal, Mustafa Boyar, Doğan Kitap-
ırt, Hüseyin Özalp, Bahattin Uzunoğ-

liker, Mehmet Nebi Oktay
Biçer
Akova, Kadir Eroğan, Tevfik Koral-
)nder
Orhan Öztrak
eyin Abbas, İsmet Hilmi Balcı, Osman
hmet Kazova, Reşit Önder Yusuf Ulu-

Ahmet İhsan Birincioğlu, Necati Çakı-
kmen, Selahattin Güven, Cevat Küçük,

met Aksoy, Necmettin Cevheri, Meh-
Bahri Karakeçili
n Dengiz, M. Fahri Uğrasızoğlu
net Emin Erdinç, Kinyas Kartal, Fuat
net Salih Yıldız
smet Kapısız, Turgut Nizamoğlu, Neşet

AK: Fuat Ak, Ahmet Nihat Akın, Ah-
'ekin Müftüoğlu, Kevni Nedimoğlu

Reddedenler

NİĞDE:Mevlüt Ocakçıoğlu

ORDU: Ferda Güley

SAKARYA: B. Turgut Boztepe, Hayrettin Uysal

SAMSUN: Yaşar Akal

SİİRT: Adil Yaşa

TEKİRDAĞ: Yılmaz Alpaslan

TUNCELİ: Hüseyin Yenipınar

UŞAK: Adil Turan

ZONGULDAK: Bülent Ecevit, Kemal Okyay

KAYSERİ: Tufan Doğan Avşargil, Mehmet Yücel

KIRKLARELİ: Beyti Arda

KONYA: Mustafa Üstündağ

MALATYA: Hakkı Gökçe, İsmet İnönü

MANİSA: Muammer Ertem, Mustafa Ok

MARAŞ: Mehmet Özdal

MUĞLA: Ali Döğerli

MUŞ: Nermin Neftçi

EDİRNE: Cevat Sayın

ELAZIĞ: Mehmet Aytuğ

ERZİNCAN: Hasan Çetinkaya

ERZURUM: Selçuk Erverdi

İÇEL: Celal Kargılı

İSTANBUL: Mehmet Ali Aybar, Hüseyin Dolu Necdet Uğur, Reşit Ülker, Lebit Yurdoğlu

İZMİR: Şerif Bakşık, M. Hulusi Çakır

KARS: Kemal Güven

ADIYAMAN: Kemal Kırıkoğlu, Yusuf Ziya Yılmaz

ANKARA: Kemal Ataman, İbrahim Cüceloğlu, A. Sakıp Hiçerimez, Osman Soğukpınar, Yusuf Ziya Yağcı

ARTVİN: Abdullah Naci Budak

BİTLİS: Kenan Mümtaz Akışık

BOLU: Kemal Demir

BURDUR: Nadi Yavuzkan

BURSA: Nail Atlı

ÇANKIRI: Nuri Çelik Yazıcıoğlu

Çekimserler:

ERZURUM: Gıyasettin Karaca

SAMSUN: Nihat Kale

Oylamaya Katılmayanlar:

ADANA: Ali Rıza Güllüoğlu

AFYON KARAHİSAR: Mehmet Rıza Çerçel, Şevki Güler, Süleyman Mutlu

AĞRI: Abdülkerim Beyazıt, Nevzat Güngör, Kasım Küfrevi

AMASYA: Vehbi Meşhur, Kazım Ulusoy

ANKARA: Hüseyin Balan, Orhan Birgit, Sinan Bosna, Osman Bölükbaşı, Şinasi Özdenoğlu, Emin Paksüt, Suna Tural, Cengizhan Yorulmaz

ANTALYA: Ömer Buyrukçu

ARTVİN: Sabit Osman Avcı

AYDIN: Kemal Ziya Öztürk, Mehmet Çelik, M. Kemal Yılmaz

BALIKESİR: Salih Zeki Altınbaş, Mehmet Niyazi Gürer, Mevlüt Yılmaz

BİLECİK: Mehmet Ergül

BİTLİS: Abidin İnan Gaydalı

BURSA: Sadrettin Çanga, İbrahim Öktem

ÇANAKKALE: Mustafa Çalıkoğlu

ÇANKIRI: Hazım Dağlı, Arif Tosyalıoğlu

ÇORUM: Cahit Angın, Ali Naki Ulusoy

DENİZLİ: İlhan Açıkalın, Fuat Avcı, Hüdai Oral

EDİRNE: Veli Gülkan

ELAZIĞ: Ali Rıza Septioğlu

ERZİNCAN: Sadık Perinçek, Naci Yıldırım

ERZURUM: Fetullah Taşkesenlioğlu

ESKİŞEHİR: B. Sıtkı Karacaşehir

GAZİANTEP: Şinasi Çolakoğlu

HATAY: Abdullah Cilli, M. Sait Reşa

ISPARTA: Hüsamettin Akmumcu

İÇEL: Hilmi Türkmen, Çetin Yılmaz

İSTANBUL: Eşref Derinçay, İbrahim Elmalı, Bahir Ersoy, Orhan Eyüboğlu, Orhan Kabibay, Rıza Kuas, Sezai Orkunt, Haydar Özdemir, M. Kazım Özeke, İlhami Sancar

İZMİR: Coşkun Karagözoğlu, Talat Orhon, Şinasi Osma, Kemal Önder, Ali Naki Üner

KARS: Turgut Artaç

KASTAMONU: Muzaffer Akdoğanlı, Mehmet Seydibeylioğlu

KIRŞEHİR: Mustafa Aksoy

KONYA: Necmettin Erbakan, Sezai Ergun, Sadi Koçaş, Orhan Okay, Özer Ölçmen

KÜTAHYA: Mehmet Ersoy, Kemal Kacar

MALATYA: Mustafa Kaftan

MANİSA: Veli Bakırlı, Süleyman Çağlar

MARAŞ: M. Nejat Çuhadar, İbrahim Öztürk

MARDİN: Şevki Altındağ, Seyfi Güneştan

ORDU: Memduh Ekşi, Ata Topaloğlu, Orhan Vural

RİZE: Sami Kumbasar

SAMSUN: Kamran Evliyaoğlu, İlyas Kılıç

SİİRT: Selahattin oran

SİNOP: Hilmi İşgüzar, Mustafa Kaptan, Tevfik Fikret Övet

SİVAS: Vahit Bozatlı, Hüseyin Çınar, Ahmet Durakoğlu, Ekrem Kangal, M. Kemal Paloğlu, Mustafa Timisi

TEKİRDAĞ: Nedim Karahilal, Mustafa Sabri Sözeri

TOKAT: İsmail Hakkı Birler

TRABZON: Mehmet Aslantürk, Mehmet Ali Oksal, Ahmet Şener

TUNCELİ: Kenan Aral

URFA: Necati Aksoy, Vehbi Melik

YOZGAT: İsmail Hakkı Akdoğan, Abdullah Baştürk, Celal Ahmet Sungur

ZONGULDAK: Hüseyin Baytürk, Fevzi Fırat, Cahit Karakaş

Biterken...

Ve sevda çok uzun meşakkatli bir yoldur... Dikenler kanatır o yolda yürüyen ayakları, kimi zaman yılanlar çıyanlar karşına çıkar. Tüm bu zorluklara rağmen o yolda yürümeyi göze almaktır sevda...

Onlar sevdalıydı, sevdalı bıçkın gençler, kimine göre daha çocuk yaştaydılar, ama yürüdüler... Korkmadan, sakınmadan yürüdüler, canlarını feda ettiler bu sevda uğruna, ki o sevda koskoca bir vatana, halka olan sevdaydı...

Deniz'lerin hayatı mutlak ki değil bir kitaba, onlarca kitaba sığdırılmayacak kadar uzundu. Bu kitapta anlatılmak istenen, onları tanımayan ya da yanlış tanıyan gençliğe kısa bir hatırlatmaydı.

Hukuksuzluk şimdi nasıl devam ediyorsa, nerede ne zaman nasıl devam ettiğinin de bir belgesi olmalıydı yarınlara, onlarca kitap yazıldı, onlarca şarkı söylendi "onlar" için, bu kitapta on'lardan birisi...

Günümüz iktidarı nasıl hukuk tanımadan at koşturuyorsa ülkemizde, yolsuzluk, hırsızlık yapanları, tecavüzcüleri nasıl yargılamayıp mahkûm etmiyor, suçu ülkesini sevmekten ve istekleri bağımsızlıktan başka bir şey olmayan onlarca gazeteciyi, aydını, öğrenciyi hapishanelerde tutuyorsa, Deniz'lerin zamanında da böyleydi. Yani hükümet olma gücüne sahip ve hükümet olabilen bir avuç Amerika markalı maşa, on yıllardır aynı zulmü sefaleti uyguluyorlar bu halka, aynı sefa ve zenginlik içinde yaşıyorlar.

Evet Deniz olunmalı, Hüseyin olunmalı, Yusuf olunmalı, Mahir olunmalı, İbo olunmalı...

On'lar gibi başı dik, onurlu namuslu olunmalı ve onlar gibi FEDA ruhunu taşımalıyız. Eğer bir halk kendisini zulme, sefalete layık görüyorsa orada kandırılmış, beyinleri uyuşturulmuş, uyutulmuş insanlar var demektir. Uyandırmalıyız, birilerini kendilerine gelmesi için uyarmalıyız...

Sancılı yılların kuşatılmış sokaklarında yürüyordu bu çocuklar, çıkarsız ve riyasız yürüyorlardı güneşe...

Onlardan bize, bugünlere kalan miras, mücadele ve direniş kültürüdür. Halen Amerika emperyalizminin hüküm sürdüğü ve gerici akımlarla halka baskı uygulayan bir iktidar hegemonyası mevcuttur.

Tam bağımsız gerçekten demokratik Türkiye'yi ellerimizle inşa edebilmemiz için, çok fazla okumak, araştırmak ve geçmişten dersler çıkartmak gereklidir.

Yok, Onlar Ölmedi...
Kavga Devam Ediyor...

Dağların doruklarında, fabrikalarda, dersliklerde, köylerde, şehirlerde tüketilen nefes, asırlardır süren zulme boyun eğmemenin mirasıdır bizlere. Pir Sultan Abdal'dan, Şeyh Bedrettin'den, Deniz'lere kadar uzanan bir mirastır bize kalan.

Sömürü, baskı ve zulüm sürdüğü sürece bu onurlu direniş gelecek nesillere miras olarak devredilmeye devam edecektir.

Mahir ve yoldaşları Kızıldere'de katledilirken son sözleri de, özlemleri de, tam bağımsız özgür Türkiye'ydi. Sinan'lar Nurhak'ta aynı sevda uğruna, İbrahim Kaypakkaya Diyarbakır zindanlarında aynı özlemi duyarken katledildi.

Onlar ölmek var dönmek yok dediler...

Deniz, Yusuf ve Hüseyin, üç yiğit yürek, üç can da aynı sevdayı düşleyerek vurdular boyunlarına ilmiği...

Yüzlerinde aşkın rengi, gözlerinde onurun ışıltısı, vurdular tabureye...

***

68, Küresel İsyanın adıydı. ABD'de, Fransa'da, Arjantin'de, Küba'da, Prag'da 68 baharı yaşanıyordu. Ayaklanmalar, eylemler, isyanlar iktidarların keyfi yönetimlerine, baskılarına korku salmaya başlamıştı. Avrupa'yı kasıp kavuran isyan dalgası, Ernesto Che Guevera'nın bir efsane gibi kulaktan kulağa yayılan mücadelesi, Filistin...

Ve Türkiyeli gençler tüm bu yaşananlardan etkilenir, zaten ülkenin içinde bulunduğu durum ve Amerikancı yönetim, oligarşik dikta da buna yeterli zemini bilmeden hazırlamıştır.

68 Kuşağının Türkiyeli devrimcileri henüz yeni üniversiteli olmuş, okumayı, araştırmayı, sorgulamayı seven bir gençlikti. Şimdiki gençliğin hayal bile edemeyeceği kadar entelektüel, insancıl ve gerçek vatanseverdi. Birçoğu iyi eğitimli ve varlıklı ailelerin çocuklarıydı. İsteseler hiçbir haksızlığı, zulmü sorgulamadan refah içerisinde bir hayat sürebilecek donanımlara sahiptiler. Ancak onlar sefalet içinde acı çeken halklarının yanında olmayı tercih ettiler, sırça köşklerinden ülkeyi peşkeş çeken ve halkına zulüm eden iktidarların yanında değil...

Deniz'lerin idamını engellemek için yola çıkan Mahir 10 yoldaşı ile Kızıldere'de katledildiğinde 27 yaşındaydı. Amerikan emperyalizmine ve sömürüye başkaldıran Sinan, Nurhak Dağları'nda bedenini kurşunlara siper ettiğinde henüz 27'sindeydi. İbrahim, Diyarbakır zindanında özgür Türkiye hayaline veda ederken daha 24'ünde bile değildi.

Evet, onlar koca bir dünya istemişlerdi. Onlar eşitlik, özgürlük istemişlerdi ve bu birilerini gerçekten çok rahatsız, huzursuz etmişti. Yüzyıllar boyunca her iktidar kendisini huzursuz eden, rantını engelleyen yiğit yürekli kadınları, adamları hep katletti. Kimisi darağaçlarında, kimisi kör kurşunlarla yok edildi, susturuldu. Ancak insanlık tarihi hiçbir zaman bu tiranları affetmedi, affetmeyecek...

Deniz, dönemin İçişleri Bakanına, "Ben, Türkiye Halk Kurtuluş Ordusu'nun kumandanı değil, neferiyim," diye çıkışıyordu. Bakanı susturuyordu. Arkasında işçiler, köylüler, öğrenciler, yani halkı olan Deniz.

Şimdiki iktidarın İçişleri Bakanı köylüsüne takla attırmaya, öğrencisini zindanlara atmaya, işçisini coplatmaya çalışıyor. Deniz öldü sanıyor, yanılıyor...

Bir ülkeyi karşılıksız sevmenin huzurunu yaşıyor, her adımını güvenle ve geleceğe dair binbir güzel umutla atıyorlardı. Onların özlemi eşit ve tam bağımsız bir Türkiye idi...

Dışa bağımlı özellikle ABD emperyalizmi ve sözcülüğü altında ülkeyi yönetmeye çalışan iktidar erklerinin yüzlerine yansıyan, her an sıkıntılı ruh hallerinden eser yoktu onlarda, onlar dürüst ve halkın gerçek refahı için yaşıyor, ölüyorlardı...

Gün geliyor direnişin adı ODTÜ oluyordu, gün geliyor Dolmabahçe. Bazen bir slogan her şeyi anlatmaya yetiyordu; "6. Filo Defol!"

Onların hiçbir zaman dillere destan, anlatılacak aşkları olmadı, olduysa da kimse bilmedi. Onların tek sevdası vatanları, halkları oldu.

Türküler, marşlar onları anlattı, bize taşıdı hep o umut için çırpınan yürekleri. "Beraber yürüdük biz bu yollarda" şarkısını en çok biz hak ettik, ... Ama bezirgânlar onu da satın aldı. Bize "Gündoğdu" marşı yetti...

Deniz, "Yaşasın Türk ve Kürt Halklarının Devrimci Bağımsızlık Mücadelesi!" diye haykırıyordu, son nefesinde; Yusuf, "Biz Halkımızın Hizmetindeyiz, Sizler Amerika'nın Hizmetinde!"; Hüseyin, "Yaşasın İşçiler, Köylüler ve Yaşasın Devrimciler! Kahrolsun Faşizm!" diyordu onuruyla ölümsüzlüğe doğru giderken.

Deniz'in özlemi devam ediyor, Kürt ve Türk halklarının devrimci bağımsızlık mücadelesi sürüyor. Yusuf'un söz ettiği iktidarlar on yıllardır halkı sömürüyor, zulüm ediyor. Hüseyin'in sloganlarında kavga büyüyor.

Ve bir sabah gazetelerde önemsiz bir haber; Ali Elverdi evinde boğularak öldü! Deniz'lerin darağacında sallanan bedenlerini sigara içerek ve gülümseyerek izleyen, üç yüreğin, üç fidanın katili, boğularak öldü!

Tarih, hiçbir zaman zulmedene kayıtsız kalmadı, kalmayacak. Er ya da geç halkın aşına, suyuna göz diken, kanı ile beslenen zorbalar eceliyle bile ölürken böyle can çekişecekti, çekişecekler...

Sadece 68 gençliği değildi bedel ödeyen, ancak onlar Türkiye halklarının simgesi olmayı da hak etmişler, öncü olmuşlardı bağımsızlık mücadelesinde. 78 gençliği de bedel ödedi, sokak ortalarında katledildi, darağaçlarında söylediler son sözlerini. Ama tarih ne Erdal'ları unuttu, ne de cuntacı, Amerika sevdalısı ressamları...

Deniz...

Yusuf...

Hüseyin...

nimini İstanbul'da tamamlayan Deniz, bu
l hareketle tanıştı ve eylemlere katılmaya
5 senesinde Türkiye İşçi Partisi[1] (TİP) Üs-
aşkanlığına üye oldu.
hinde ilk gözaltıyla tanıştı. Bu gözaltı An-
anbul'a yürüyen ve Taksim Anıtına çelenk
yen Çorum Belediyesi temizlik işçilerinin
eticilerinin protestosu esnasında gerçekleş-
966'da İstanbul Hukuk Fakültesine kaydı-
ve kısa sürede gençlik mücadelesinde ön

çi Partisi (TİP) 13 Şubat 1961 tarihinde kuruldu. Ku-
Şaban Yıldız, Kemal Nebioğlu, Rıza Kuas ve Kemal
dikacalar vardı. Avni Erakalın partinin ilk başkanı-
ı ilk yıllarda sosyalist bir çizgiden uzak olan TİP,
larla hareket etme kararını daha sonradan aldı ve 9
hinde Mehmet Ali Aybar Genel Başkanlığa seçildi.
nde önemli bir başarı kazandı ve yüzde 2,8 oy ile
etvekili gönderdi.
ların, gençlik önderlerinin Türkiye devriminin so-
tıkları önemli bir çatı halindeydi. Mihri Belli önder-
Milli Demokratik Devrimi, Behice Boran ve Sadun
ise Sosyalist Devrim çizgisini savunuyordu. Bu tar-
bölünme noktasına kadar taşıdı. 1969 yılında yapılan
lise sadece 2 tane milletvekili gönderebildi. Mehmet
yılında istifa etti, Behice Boran Genel Başkan oldu.
irlikte parti kapatıldı ve yöneticileri yargılanarak
ar.
tahliye olan Behice Boran ve arkadaşları 1975 Ma-
i tekrar kurdular ancak hiçbir varlık gösteremeyen
le birlikte tekrar kapatıldı. Behice Boran 12 Eylül
nun yaşandı günlerde yurtdışına çıktı. Hayatını
nra partinin başına Nihat Sargın getirildi. Parti 1987
e Komünist Parti'si (TKP) ile birleşerek Türkiye
ist Partisi (TBKP) adını aldı.

DEN

Deniz, 27 Şubat 1947
çesinde doğdu. Erzurum
ilköğretim müfettişi olan
Tortum İlçesi nüfusuna
Mukaddes Hanım'ın me
renimini Sivas'ta tamaml

Cemil Bey ve Mukac
vardır. Büyük oğulları B
eğitimini yarıda bırakara
mış, küçük çocukları Ha
dir. Deniz küçük kardeş
masını istemiştir, hatta v
kitaplarını kardeşine bıra

Lise öğr
dönemde S
başladı. 19
küdar İlçe
1966 tar
kara'dan İs
koymak ist
Türk-İş yör
ti. 7 Kasım
nı yaptırdı
plana çıktı.

[1] Türkiye İ
rucuları içind
Türker gibi se
dır. Kurulduğ
sosyalist aydı
Şubat 1962 ta
1965 seçimler
meclise 15 mil
Parti, aydı
runlarını tartı
liğindeki gru
Eren'in grubu
tışmalar TİP'i
seçimlerde m
Ali Aybar 197
12 Mart ile
mahkûm oldu
1974 affı i
yıs'ında parti
TİP 12 Eylül
hukuksuzluğ
kaybettikten s
yılında Türk
Birleşik Komü

19 Ocak 1967 tarihinde Türkiye Milli Talebe Federasyonu[2] (TMTF) binasının yeddi emine verilmesi esnasında çıkan olaylarda ve 22 Kasım 1967'de öğrenci örgütlerinin tertip ettiği Kıbrıs Mitingi sırasında ABD bayrağını yaktığı gerekçesi ile gözaltına alındı.

30 Ocak 1968'de Hukuk Fakültesindeki arkadaşları ile amaç maddesi: *"Türkiye'nin ulusal tam bağımsızlığı ve Türk halkının her türlü sömürüden uzak olarak en ileri uygarlık düzeyine ulaşması için, Atatürk Devrimi doğrultusunda elinden gelen katkılarda bulunmaktır."* olan Devrimci Hukuklular Örgütünü kurdu.

7 Mart 1968 tarihinde İstanbul Üniversitesi Fen Fakültesi konferans salonunda düzenlenen bir toplantıda konuşma yapan Devlet Bakanı Seyfi Öztürk'ü protesto ettiği için tutuklandı ve 2 Mayıs'a kadar tutuklu kaldı. 6. Filo'ya[3] karşı yapılan eylemlerden kaynaklı 30 Mayıs'ta tekrar yargılandı ve beraat etti.

---

[2] Türkiye Milli Talebe Federasyonu (TMTF) 17 Mayıs 1948'de İstanbul Teknik Üniversite Talebe Birliği ve İstanbul Üniversitesi Talebe Birliği yöneticileri tarafından kuruldu. "Milli" unvanını 20 Eylül 1948 tarihinde Bakanlar Kurulu kararıyla aldı. 36 tane farklı öğrenci örgütünün çalışmaları ile 1951 yılında üye sayısını 19 binin üzerine çıkarttı. Bu yıllarda irtica ve gericilik karşısında ciddi çalışmalar yaptı. Demokrat Parti (DP) örgütü ele geçirmek için çok çaba sarfetti ve bunda da başarılı oldu. 27 Mayıs ile birlikte Federasyon yeniden CHP'li gençlerin eline geçti.

[3] ABD Deniz Kuvvetlerine bağlı olan donanma, Türkiye'ye her geldiğinde sert protestolarla karşılandı. Türkiye'deki antiemperyalist mücadelenin bir simgesi haline geldi. Vedat Demircioğlu'nun katledilmesine neden oldu. Dolmabahçe açıklarında askerleri, devrimci gençler tarafından denize döküldü. Emperyalist mücadelenin simgesi haline gelen *"6. Filo Defol!"* sloganı adeta emperyalizme başkaldırının da dile gelişiydi.

Her geçen gün öğrenci eylemleri içinde daha aktif rol almaya başlayan Deniz, İstanbul Üniversitesinin 12 Haziran 1968'deki işgaline önderlik yaptı. İşgalin ardından İstanbul'a tekrar gelen 6. Filo'yu protesto eylemlerine de katıldı ve 30 Temmuz 1968 tarihinde tutuklandı. 20 Eylül'de serbest bırakıldı.

Türkiye İşçi Partisi (TİP) bünyesinde ayrışmalara ve tartışmalara yol açan Milli Demokratik Devrim (MDD) görüşüne sahip çıktı. Öğrenci hareketleri içinde aktif bir biçimde olması, bu görüşün öğrenciler arasında yaygınlaşmasına ve benimsenmesine yol açtı.

1968 Ekim'inde eylemlerde beraber olduğu yakın arkadaşları; Cihan Alptekin, Cevat Ercişli, Selahattin Okur, Mustafa İlker Gürkan, Mustafa Lütfü Kıyıcı, Devran Seymen, Mehdi Beşpınar, Saim Kurul ve Ömer Erim Süerkan ile birlikte Devrimci Öğrenci Birliği'ni[4] (DÖB) kurdu.

---

[4] Fikir Kulüpleri Federasyonu (FKF) içinde başlayan ve özellikle İstanbul Sekretaryası ile öğrenciler arasında çıkan uyuşmazlıklar Devrimci Öğrenci Birliği'nin (DÖB) kurulmasına yol açtı. Dernek yayınladığı tüzükte amacını, *"Ülkemizde devrimci düşünceyi yaşatmak ve yaymak"* olarak belirliyordu. DÖB militan ve kararlı bir duruş sergileyerek dönem içerisindeki bütün antiemperyalist gösterilerde öne çıktı. FKF'nin düzenlediği 3. Kurultayda MDD çizgisini benimseyenler tekrar yönetime geçti ve DÖB'lü öğrenciler tekrar FKF'ye katılma kararı aldı.

DÖB, Ankara Üniversitesi Talebe Birliği (AÜTB) ve Ortadoğu Teknik Üniversitesi Öğrenci Birliği ile birlikte 1 Kasım 1968'de *"Samsun'dan Ankara'ya Mustafa Kemal Yürüyüşü"*[5]nü düzenledi.

28 Kasım 1968 tarihinde Vietnam kasabı olarak da bilinen ABD Büyükelçisi Kommer'in gelişi sırasında Yeşilköy Havaalanında düzenlenen eylem sırasında gözaltına alınarak tutuklandı ve bir süre sonra serbest bırakıldı.

---

[5] Gençlik mücadelesi içerisinde antiemperyalist bilinci pekiştirmek ve yaymak için gençlik örgütleri Samsundan Ankara'ya yürümek ve 10 Kasım'da Anıtkabiri ziyaret etmek kararı aldılar. Yürüyüş henüz başlar başlamaz Samsun'da polis müdahalesiyle karşılaştı ve bir grup öğrenci gözaltına alındı. Öğrencilerin serbest bırakılmasından sonra yürüyüş devam etti. Ankara'ya gelindiğinde Ankaralıları mitinge çağıran ve Deniz'in okuduğu bildiride şu sözler yer alıyordu: *"Büyük Türk Milleti! Atatürk İçin Toplanalım! Mustafa Kemal'in milli kurtuluş idealini yaşatmak için, Mustafa Kemal devrimlerine saldıran karanlık güçlere dur demek için, Gazi Mustafa Kemal'in milli kurtuluş saflarında toplanalım! Yaşasın Türkiye! Yaşasın yarının bağımsız Türkiye'si için mücadele!"*

Dönemin başbakanı Süleyman Demirel bu yürüyüş ile ilgili kendisine sorulan bir soruda şu cevabı veriyordu: *"Yollar yürümekle aşınmaz."*

16 Mart 1969'da sağ görüşlü öğrencilerin girişimlerine öğrenci kitlesiyle karşılık verdi. Bu gerekçe ile 19 Martta tutuklanarak 3 Nisan tarihine kadar hapishanede kaldı.

İstanbul Hukuk Fakültesi öğrencilerinin, reform tasarısının gerçekleşmemesini protesto ettikleri 31 Mayıs 1969'da ki işgale önderlik yaptı. Üniversitenin kapatılıp polise teslim edilmesi çıkan çatışmada yaralandı. Bu olaydan sonra hakkında tutuklama kararı çıkmasına karşın, hastaneden kaçarak Haziran ayının sonunda Filistin'e gitti.

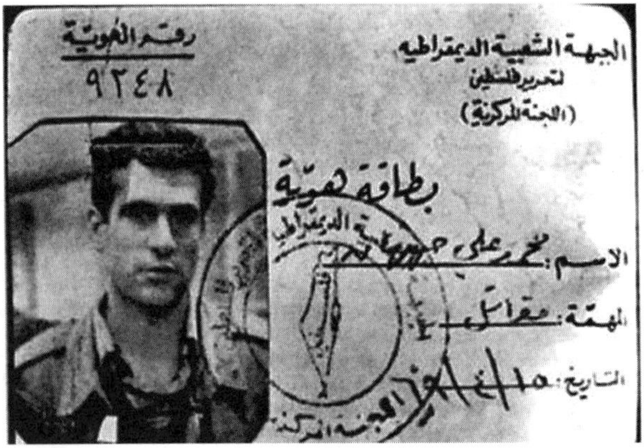

23 Haziran 1969'da henüz Filistin'e gitmeden önce TMGT'nin önderliğinde toplanan 1. Devrimci Milliyetçi Gençlik Kurultayı'na yine hakkında tutuklama kararı bulunan Fikir Kulüpleri Federasyonu (FKF) başkanı Yusuf Küpeli ile birlikte bir mücadele programı hazırlayarak gönderdi.

Eylül ayına kadar Filistin[6] kamplarında gerilla eğitimi gören Deniz, 1 Eylül 1969 tarihinde "10 Haziran tarihinde düzenlenen üniversite işgaline önderlik yaptığı gerekçesi ile" Hukuk Fakültesinden ihraç edildi.

23 Eylül 1969 tarihinde ihbar edilmesi üzerine, Hukuk Fakültesinde polisler tarafından yakalandı ve 25 Kasım'a kadar tutuklu kaldı. Fakat Battal Mehetoğlu'nun[7] Yıldız Devlet ve Mühendislik Akademisinde

---

[6] Türkiyeli devrimciler için Filistin kampları ve Sovyetler Birliği (Doğu Bloklu Ülkeler) neredeyse ikinci adres gibiydi. Türkiye Komünist Partili (TKP) olup da Sovyetler Birliğinde bulunan üniversitelerde eğitim görmeyen ya da orada kurulu olan parti okullarında ders görmeyen kalmamış gibiydi.

Silahlı mücadeleyi ön planda tutan grupların ise Filistin en önemli uğrak yerleriydi. 68 Kuşağı Filistin mücadelesine sonsuz bir saygı duyuyordu. Deniz ve arkadaşları Filistin kamplarında gerilla eğitimi gören ve en sık giden gruplardandı. Filistin Kurtuluş Örgütü (FKÖ) ile Deniz ve arkadaşları arasında iyi bir ilişki ortaya çıkmasına neden olan bu trafik, karşılıklı beklentilerinde artmasına neden oluyordu. İki taraf içinde ilişki, enternasyonalist dayanışma noktasında açıklanıyor, Türkiyeli devrimci gençler Filistin'de askeri eğitimden geçiyor, Filistinliler de Türkiye'yi Ortadoğu'da yeni bir devrimci başkaldırının adresi olarak tanımlıyorlardı.

Bu süreçte Bora Gözen sekiz arkadaşıyla birlikte, İsrail'e karşı Filistinlilerle omuz omuza çarpışırken katledildiler. Filistin kamplarıyla kurulan sıkı bağ 12 Eylül hukuksuzluğunun hüküm sürdüğü günlerde de devam etti. Birçok sol görüşlü grup Filistin kamplarında eğitim görmeye devam etti.

[7]Malatyalı devrimci, alevi bir ailenin çocuğu olan Battal Mehetoğlu, 14 Aralık 1969 Pazar (Bazı kaynaklarda Cuma namazından çıkan gericiler olarak belirtilse de objektif ve dürüst tavrımızı her alanda gösterme mecburiyetimizi unutmamalıyız.) günü Yıldız Devlet ve Mühendislik Akademisi önünde gericiler tarafından katledil-

sağcılar tarafından öldürülmesinden sonra okulda yapılan aramada bulunan dürbünlü bir tüfeğin Deniz'e ait olduğu öne sürülerek hakkında tekrar tutuklama kararı çıkartıldı. 20 Aralıkta Cihan Alptekin ile birlikte yakalanan Deniz, 18 Eylül 1970'e kadar tutuklu kaldı.

Son tutukluluğunun ardından mücadelesini daha da genişleterek ve öğrenci hareketlerinden uzaklaşarak, Sinan Cemgil ve Hüseyin İnan ile birlikte Türkiye Halk Kurtuluş Ordusu'nu (THKO) kurdu. 11 Ocak 1970'de İş Bankası Ankara Emek şubesi soygunu ve 4 Mart 1971'de 4 Amerikan askerinin kaçırılması gibi eylemlerden sonra örgüt yayınladığı bir bildiri ile kamuoyuna duyuruldu.

12 Mart darbesinin yapıldığı ilk günlerde Yusuf Aslan ile birlikte Sivas'a gitmek için yola çıktılar. Motosikletlerinin arıza yaptığı bir esnada, oradaki köylülerden birisinin yaptığı ihbar sonucunda polislerin bölgeye gelmesiyle birlikte çatışmada Yusuf ile birbirlerini kaybettiler. Yusuf Elmalı bölgesinde iken, Deniz ise 16 Mart 1971 Salı günü Sivas'a bağlı Şarkışla İlçesinin Gemerek nahiyesinde etrafı kuşatılarak yakalandı ve Kayseri'ye getirildi. Buradan dönemin İçişleri Bakanı olan Haldun Menteşeoğlu'nun makamına, Ankara'ya götürüldü. Basın mensuplarının önünde Deniz ile Bakan arasında şöyle bir diyalog gerçekleşti:

---

miştir. Ünlü Şair Ece Ayhan *"Meçhul Öğrenci Anıtı"* isimli şiirini Mehetoğlu için yazmıştır.

GÖRSELLER

DENİZ GEZMİŞ
Ankara 1 nolu Askeri mahke-
sinin 9.10.1971 tarih ve 971-13
esas 971-23 karar sayılı
hükmü ile T.C.K. 146-1 mad-
desi uyarınca ölüm ceza-
sına mahkûm edilmiştir.

Hürriyet

KARAR: 18 İDAM

3 sanık da beşer sene ceza yedi

6.FİLO DEFOL

Deniz Ge
ve yirn
arkadaş
duruşması

Hürriyet

YILDIRIM BASKI

Deniz GEZMİŞ

Yusuf ASLAN

Hüseyin İNAN

İDAM EDİLDİLER

Yararlanılan Kaynak Kitaplar ve İnternet Siteleri:

İnönü ALPAT, *Türkiye Solu Sözlüğü*, Dipnot Yayınları, 3. Baskı, 2008, Ankara.

Turhan FEYİZOĞLU, *Sinan/Nurhak Dağlarından Sonsuzluğa*, Ozan Yayıncılık, 5. Baskı, 2006, İstanbul.

Turhan FEYİZOĞLU, *Deniz/Bir İsyancının İzleri*, Ozan Yayıncılık, 2002, İstanbul.

Tarkan Tufan, *Deniz Fırtınalı Yıllar*, Nokta Kitap, 10. Baskı, 2008, İstanbul.

Necdet Pekmezci, *Son Nefer Deniz*, Sıfır6 Yayınevi, 1. Baskı, 2011, Ankara.

Oral Çalışlar, *Denizler İdama Giderken*, Güncel Yayıncılık, 4. Baskı, 2008, İstanbul.

Mete Kızık, *Küresel İsyan 68*, Günizi Yayıncılık, 1. Baskı, 2008, İstanbul.

www.bianet.org
www.odatv.com
www.turksolu.org
www.wikipedia.org
www.tutsaklar.wordpress.com
www.sosyalistforum.net
www.thko.wordpress.com